Heinrich von Kleist, Wilhelmine von Zenge, Karl Biedermann

Heinrich von Kleists Briefe an seine Braut

Heinrich von Kleist, Wilhelmine von Zenge, Karl Biedermann

Heinrich von Kleists Briefe an seine Braut

ISBN/EAN: 9783743684829

Hergestellt in Europa, USA, Kanada, Australien, Japan

Cover: Foto ©ninafisch / pixelio.de

Weitere Bücher finden Sie auf **www.hansebooks.com**

Heinrich von Kleists Briefe an seine Braut.

Zum ersten Male vollständig nach den Original-
handschriften herausgegeben

von

Karl Biedermann,

ord. Honorarprofessor an der Universität Leipzig.

Mit den Bildnissen Kleists und seiner Braut.

Breslau.
Druck und Verlag von S. Schottlaender.
1884.

Inhalts-Verzeichniß.

Berichtigungen und Zusätze.

Seite 36 Zeile 8 von oben: Frau von Löschbrand war die älteste (Stief-) Schwester Kleists, Wilhelmine oder Minna genannt.

— 44 Zeile 13 von unten muß es heißen: geliebtes Mädchen.
— 53 = 3 von oben muß es heißen: Knopf.
— 103 beginnt ein neuer Brief: Würzburg, d. 11. October mit der Ziffer XIII. Die folgenden Ziffern, bis mit XIX., sind daher je um eine vorzurücken.
— 235 Zeile 1 von oben fehlt das Notenzeichen *).
— 241 = 11 von unten muß es heißen daß statt da.

Vorwort des Herausgebers.

Zum erſten Mal erſcheinen hier die Briefe des Dichters Heinrich von Kleiſt an ſeine Braut, Wilhelmine von Zenge, vollſtändig und unverkürzt, aus den Originalhand-ſchriften wortgetreu abgedruckt.

Bis vor zwei Jahren kannte man nur einen Theil dieſer Briefe, nämlich die von Eduard von Bülow in ſeinem Buche „Heinrich von Kleiſts Leben und Briefe“ (1848) mitgetheilten. Es waren das 76 Briefe, aus verſchiedenen Zeiten, mit Lücken dazwiſchen.

Bülow ſagte im Vorwort zu ſeinem Buche (S. VI):

„Die Hauptquellen meiner Nachrichten (über Kleiſt) waren . . ., dann die beiden verehrungswürdigen Frauen, deren die Briefe vorzugsweiſe gedenken.“

Darunter konnten nur die Braut und deren Schweſter Luiſe verſtanden ſein.

Weiter bemerkte Bülow im Buche ſelbſt (S. 13):

„Kleiſts Briefe an ſeine Braut mußten für die Geſchichte ſeines Innern theilweiſe wichtig ſein. Ein halbes Jahrhundert, welches darüber hingegangen, hat die zarteſten Bedenken gegen die Ver-öffentlichung gehoben, und ſo wurden ſie mir auf meine Bitte mitgetheilt. Ich lege ſie hierbei dem Publikum vor“.

Hiernach ſollte man meinen, es ſeien ſämmtliche Briefe Kleiſts an ſeine Braut, die Bülow der Leſewelt vorlege. Dem iſt aber, wie ſchon geſagt, nicht ſo. Auch hat ſich wohl Bülow ungenau ausgedrückt, wenn er ſo ſpricht, als habe er die Briefe unmittelbar von der Braut und mit deren Ermächtigung, ſie zu ver-öffentlichen, erhalten. Vielmehr möchte ich glauben, er ſei auf einem anderen Wege mittelbar in den Beſitz der Briefe gelangt. Ich theile unten einen Brief mit, den die ehemalige Braut Kleiſts (lange nach des letztern Tode) an eine Freundin schrieb und mit welchem sie dieser Freundin — infolge eines von L. Tieck geäußerten und von der Schwester der Braut, Luise, befürworteten Wunsches — „einige" Briefe von Kleist zustellte, indem sie es „ihrem Zart= gefühl überläßt, was sie davon Herrn Tieck mittheilen wolle." Da nun Bülow bei seinem Buche über Kleist, nach seiner eigenen Versicherung, Tieck zu Rathe gezogen, da er ferner darin neben den Briefen Kleists an seine Braut auch einen Brief des Dichters an einen Freund mitgetheilt hat, den Tieck aus einer sächsischen Stadt zugesandt erhalten hatte, so liegt die Vermuthung nahe, daß Tieck auch die von Kleists ehemaliger Braut ihm selbst durch deren Freundin zugemittelten Briefe an Bülow weitergegeben hat und daß diese es sind, welche Bülow veröffentlichte. Hätte Bülow sämmtliche Briefe Kleists von der Braut oder sonstwem er= halten, warum sollte er dann nur einen Theil davon, und gerade den, wie sich zeigen wird, am wenigsten interessanten, mitgetheilt haben?

Ob Bülow vor dem Abdruck jener 16 Briefe die Genehmigung der Adressatin (die damals noch lebte) zu deren Veröffentlichung eingeholt hat, ist mir nicht bekannt und läßt sich schwerlich ermitteln.

Uebrigens ist selbst die Veröffentlichung dieser 16 Briefe bei Bülow keine ganz vollständige und wortgetreue.

So sind die Briefe „Würzburg 10. October 1800," „Berlin 9. April 1801," „Leipzig 21. Mai 1801" gekürzt, die Briefe „Würzburg 11. October 1800," „Berlin 22. März 1801" in den Schlußsätzen abgeändert; endlich trägt der Brief: „Berlin 30. November 1800" das falsche Datum: „3. November."

Ich meinerseits war so glücklich, die Originale sämmt= licher noch vorhandener Briefe H. v. Kleists an seine Braut zu entdecken, und zwar im Besitze von nahen Verwandten dieser letzteren. Es waren im Ganzen 34 Briefe, wenn ich jedesmal als Einen Brief alles das rechne, was anscheinend gleichzeitig abge= sandt, wenn auch an verschiedenen Tagen geschrieben und daher mit mehreren Datis versehen war. Die Briefe befanden sich noch in den Originalcouverts; auf letzteren war von der Hand der Braut jedesmal Ort und Datum der Absendung vermerkt (einen Post= stempel gab es damals noch nicht), desgleichen die Reihenfolge der empfangenen Briefe. Das Format der Briefe ist klein Quart, das Papier graues, unbeschnittenes Büttenpapier (wie es damals im Gebrauch war), die Handschrift eine deutliche, bis auf ganz wenige Worte leicht lesbare. Aus einzelnen Vermerken Kleists, verglichen mit den vorhandenen Briefen, geht hervor, daß nicht alle von ihm abgesandte Briefe auch richtig angekommen sind, was bei den damaligen Posteinrichtungen und bei dem Umstande, daß im Jahre 1800, wo Kleist seine Reise nach Süddeutschland machte, gerade dort kriegerische Verwickelungen zwischen Oesterreich und Frankreich stattfanden, nicht Wunder nehmen kann. Die Siegel auf den Couverts sind groß und scharf ausgeprägt. Entweder als eine Sonderbarkeit des in so vieler Hinsicht sonderlinghaften Dichters oder als Absicht (um das Verhältniß nach außen geheim zu halten) muß es gelten, daß er zum Verschlusse dieser Briefe nur zum Theil das Kleistsche Familienwappen benutzt hat, während die auf der süddeutschen Reise geschriebenen Briefe mit dem Wappen seines Reisebegleiters, eines Herrn von Brokes, die von Berlin abgesandten mit dem Familienwappen der Braut gesiegelt sind: in Berlin wohnte Kleist mit einem dort lebenden Bruder der Braut zusammen und hat wohl dessen Petschaft zum Siegeln genommen.

Ich habe, nachdem ich von den dermaligen Eigenthümerinnen der Briefe die Genehmigung zu deren Veröffentlichung erbeten und erlangt hatte, zunächst die nicht schon von Bülow veröffentlichten 18 Briefe ihrem größten Theile nach in der Zeitschrift „Nord und Süd" mitgetheilt, und zwar in zwei Serien, die erste im Octoberheft 1881, die zweite im September- und Octoberheft 1882.

Mit Rücksicht auf den beschränkten Raum einer Zeitschrift ließ ich aber nicht blos mehrere für das Hauptthema dieser Correspondenz minder wichtige Briefe gänzlich weg, sondern kürzte auch in den andern manche zu ausführliche und gleichfalls mehr nebensächliche Schilderung.

Die infolge dieser Veröffentlichung an mich gelangten mehrfachen Anfragen wegen Fortsetzung und Vervollständigung derselben überzeugten mich, ein wie großes Interesse heutzutage nicht blos den Werken, sondern auch der Persönlichkeit und dem Lebensgange des ebenso hochbegabten als unglücklichen Dichters sich zuwendet. Den Wünschen der vielen Freunde und Verehrer Kleists glaubte ich daher zu entsprechen, wenn ich eine Separatausgabe seiner Briefe an seine Braut veranstaltete, welche sowohl die von Bülow veröffentlichten, als die von mir in „Nord und Süd" mitgetheilten, überhaupt Alles, was von solchen Briefen vorhanden und in meinen Händen war, enthielte. Gleichzeitig bin ich mir bewußt, damit ebensowohl eine Pflicht der Pietät gegen die Manen Kleists zu erfüllen, als der deutschen Literaturgeschichte einen Dienst zu leisten.

Die Briefe Kleists an seine Braut umfassen einen Zeitraum von kaum mehr als zwei Jahren — vom Anfang des Jahres 1800 bis zum 20. Mai 1802. Insofern können sie natürlich nicht die gleiche Wichtigkeit für die Kenntniß des ganzen inneren und äußeren Lebens Kleists beanspruchen, wie die Briefe des Dichters an seine Schwester Ulrike, die von 1795 bis zu seinem Tode (1811) reichen. In anderen Beziehungen jedoch bieten sie ein kaum geringeres, ja in manchen sogar ein noch größeres Interesse, als jene. Abgesehen davon, daß sie über zwei charakteristische Vorkommnisse im Leben Kleists, seine Reise nach Süddeutschland i. J. 1800 und seine Pariser Reise i. J. 1801, sich ungleich ausführlicher verbreiten, als die Briefe an Ulrike, so zeigen sie uns auch den Dichter von einer Seite, von welcher er sonst nirgends erscheint — als Liebenden. Denn von allen andern Liebesverhältnissen Kleists, früheren und späteren, wissen wir nichts, als ein paar (noch dazu theilweise nur unsichere) Namen und Vorgänge; das zu Wilhelmine v. Zenge können wir in diesen Briefen von seiner Entstehung an bis zu seiner Auflösung durch alle Stadien hindurch verfolgen.

Dazu kommt endlich, daß gerade in diesen zwei Jahren und im Rahmen dieses Liebesverhältnisses sich jene innere Krisis im Leben Kleists vollzieht, die zuletzt, in allerdings fast überraschender Weise, damit abschließt, daß derselbe sich als berufenen Dichter fühlt, erkennt und bethätigt. Es läßt sich daher im Voraus vermuthen (und die ganze Reihenfolge der Briefe wird dies bestätigen), daß gerade in diesen Mittheilungen an seine Braut, in den Selbstbetrachtungen, die er im Verkehr mit ihr anstellt, in den Ideen und Empfindungen, die er gegen sie ausspricht, uns mancher interessante Einblick in das innerste Wesen des sonst meist so streng in sich verschlossenen Dichters vergönnt sein wird.

Zum bessern Verständniß des Inhalts der Briefe sei hier zu=
nächst im Allgemeinen Folgendes vorausgeschickt:*)

Bernd Heinrich Wilhelm von Kleist, der Sohn des preußischen
Stabscapitains Joachim Friedrich von Kleist aus dessen zweiter
Ehe mit einem Fräulein v. Pannwitz, geboren (nach den neueren
Forschungen R. Stegens) am 18. October 1777 zu Frankfurt a/O.,
war bis zum Jahre 1798 ebenfalls Offizier, Secondelieutenant
in der preußischen Garde. Allein, getrieben von einem lebhaften
Drange nach höherer Geistesbildung, nahm er — sehr gegen den
Wunsch seiner Verwandten — seinen Abschied und bezog Ostern
1799 die Universität seiner Vaterstadt. Sein Vater war schon
1788, seine Mutter 1793 gestorben. Seine noch unverheiratheten
Schwestern lebten unter dem Schutze der „Tante Massow", einer
Schwester von Kleists Mutter, in Frankfurt a./O. und bewohnten
das elterliche Haus. Dorthin kehrte jetzt Kleist zurück.

In unmittelbarer Nachbarschaft dieses Hauses wohnte der
General von Zenge mit zahlreicher Familie. Mit dessen Töchtern
waren die Kleistschen Schwestern eng befreundet. Auch Kleist trat
in diesen Kreis ein, fühlte sich bald darin heimisch und nahm
insbesondere an der dort gepflegten heitern Geselligkeit lebhaften
Antheil. Doch zeigte sich schon damals sein lehrhaftes, immer auf
die Fortbildung, wie seiner selbst, so auch seiner Umgebung
gerichtetes, dabei von einer gewissen Pedanterie nicht freies Wesen:
er suchte die Sprechweise der Mädchen, die an Provinzialismen
litt, zu verbessern**), hielt ihnen auch Vorlesungen über philo=

---

*) Wer sich über Kleists Leben und Wesen näher unterrichten möchte, den ver=
weise ich — außer auf die Vorreden Ludwig Tiecks und Julian Schmidts zu Kleists
Werken — auf folgende Schriften und Abhandlungen: „H. v. Kleists Leben und
Briefe", von Ed. v. Bülow, 1848. „H. v Kleist" von Dr. Adolf Wilbrandt, 1663.
„Kleists Briefe an seine Schwester Ulrike" herausgegeben mit Vorrede von A.
Koberstein 1860. H. v. Treitschkes Abhandlungen über H. v. Kleist in den „Preuß.
Jahrbüchern" von 1858, Dezemberheft. O. Wenzels „Beitrag zur Lebensgeschichte
Kleists" in der Sonntagsbeilage zur Vossischen Zeitung von 1880 Nr. 37 und 38.
„H. v. Kleist und seine Familie", von R. Stegen in der „Gegenwart" vom
13. Mai 1882. „H. v. Kleist in der Schweiz." von Theophil Zolling, 1882; endlich
eine sehr eingehende Abhandlung über H. v. Kleist von Felix Bamberg in der „All=
gemeinen deutschen Biographie" 16. Band (1882), S. 127—149.

**) Sonderbar ist, daß, wie die untenstehenden Briefe ausweisen, Kleists eigene
Schreibweise mehrfach solche Provinzialismen zeigt.

sophische und culturgeschichtliche Gegenstände, wozu er sich sogar ein förmliches Katheder bauen ließ.

Zu dem ältesten Fräulein v. Zenge, Wilhelmine, geboren am 20. August 1780*), trat Kleist allmälig in ein innigeres Verhältniß. Es muß dies ungefähr um die Jahreswende von 1799 zu 1800 geschehen sein. Am 12. November 1799 schrieb Kleist an seine Schwester Ulrike (Koberstein, S. 9):

„Die älteste Zenge, Minette, hat einen feinen Sinn, der für schönere Eindrücke zuweilen empfänglich ist; wenigstens bin ich zufrieden, wenn sie mich zuweilen mit Interesse anhört, ob ich gleich nicht viel von ihr wieder erfahre."

Bald darauf mag eine größere Annäherung zwischen Beiden stattgefunden haben. Wilhelmine scheint für das, zwar mit manchen Eigenheiten behaftete, aber durchaus edle und ideale Wesen Kleists ein tieferes Interesse gefaßt zu haben, und Kleist wiederum war glücklich, von einem liebenswürdigen, gefühlvollen Mädchen sich näher beachtet und verstanden zu sehen.

Eine sonderbare Laune des Liebenden hätte beinahe gleich von Haus aus das Verhältniß wieder zerstört. Kleist verlangte von seiner Braut und deren Schwester Luise, die allein um die Liebe der Beiden wußte, diese Liebe solle streng verborgen gehalten werden nicht blos vor Fremden, sondern auch vor den Aeltern Wilhelminens**). Dazu wollte Letztere sich nicht verstehen. Endlich entschloß sich Kleist auf ihre und Luisens Bitten und Vorstellungen, dem General von Zenge sich zu entdecken und dessen Genehmigung zur Verlobung mit seiner Tochter zu erbitten. Er muß wohl zuerst ein mündliches Gespräch mit dem General gehabt haben, wobei dieser gegen die Liebe Wilhelminens zu Kleist keinen Widerspruch erhoben, aber verlangt zu haben scheint, daß ein näheres Verhältniß der beiden jungen Leute vor der Hand noch unterbleibe — wahrscheinlich so lange, bis Kleist irgend welche feste Existenz haben werde. Darauf deutet wenigstens der erste der vorhandenen Briefe Kleists an

---

*) Sonderbarer Weise hat Kleist in dem Briefe Würzburg, 10. October 1800 (S. 96) den Geburtstag seiner Braut, ebenso wie seinen eigenen, verfrüht.

**) Dieselbe Laune brachte ihn später um die Hand eines liebenswürdigen und reichen Mädchens, der Nichte des Appellationsraths Körner, welche mit ihm brach, weil er verlangte, sie müsse ihm hinter dem Rücken ihres Oheims schreiben.

Wilhelmine, bei dem leider Datum und Eingang fehlen. Nach
demselben muß man annehmen, daß Kleist schon vorher Wilhelminen
schriftlich ein Liebesgeständniß gemacht hatte und daß er dieses
nur jetzt wiederholt, um auch von ihr ein klares Bekenntniß
ihrer Gegenliebe zu erhalten. Außerdem handelt der Brief zum
größten Theil von der Frage, welchen Beruf Kleist ergreifen solle.
In seiner Kritik der verschiedenen Berufsarten zeigt sich schon
einigermaßen der Poet oder, besser gesagt, der Idealist, dem
fast jeder praktische Beruf zu profan erscheint. Bemerkenswerth
ist dagegen die hier von ihm gegebene Erklärung, daß er „entschlossen sei, sich für ein Amt zu bilden". Der Gegensatz dieser
Erklärung zu der späteren entschiedenen Abneigung Kleists gegen
jedes Amt ist wichtig sowohl für die Geschichte seines inneren
Lebens als für sein Verhältniß zu Wilhelminen.

Der Brief an den General, von welchem in dem beigelegten
Zettel an Wilhelmine die Rede ist, liegt nicht vor, was um so
bedauerlicher ist, als die in dem Zettel enthaltenen Andeutungen
über ein in dem Briefe gegebenes „Versprechen" ohne diesen Brief
selbst nicht recht verständlich sind.

Der nächste Brief an Wilhelmine ist datirt vom 30. Mai 1800.
Er ist charakteristisch für Kleist und dessen nie ruhenden Trieb
des Philosophirens und Doctrens. In höchst doctrinärer Weise
behandelt er das Thema: „Welcher von zwei Eheleuten verliert
am meisten bei dem Tode des andern" — ein Thema, das, sollte
man meinen, einem jungen, eben erst verlobten Manne so fern
als nur möglich liegen müßte!

Bülow in seiner Kleistbiographie sagt (S. 14): „Wiewohl
Kleist Haus an Haus mit Wilhelminen wohnte, schrieb er ihr beinahe täglich die leidenschaftlichsten Briefe".

Woher Bülow dies hat, weiß ich nicht; vorhanden ist von
diesen „leidenschaftlichen" Briefen keiner, während doch sonst alle
Briefe sorgfältig aufbewahrt sind*).

Nach Bülow (S. 15) wäre Kleist im Frühsommer 1800 (also

*) Wie wenig zuverlässig Bülow — trotz der ganz sicheren Quellen, deren er
sich rühmt — in manchen seiner Mittheilungen und Behauptungen ist, beweist u. A.
der von ihm S. 24 gegebene Abriß des letzten Briefs Kleists an seine Braut, der
mit dem wirklichen Texte dieses Briefs keineswegs übereinstimmt.

bald nach jenem Briefe vom 30. Mai) von Frankfurt a./O. fort-
und wieder nach Berlin gegangen, theils um seine Studien auf
eigene Hand dort fortzusetzen, theils um sich auf eine Stellung im
Staatsdienst vorzubereiten. Mit Letzterem kann es nicht recht
Ernst gewesen sein, denn Kleist schreibt später einmal an seine
Schwester Ulrike (Koberstein S. 27): es sei genug, wenn die
Welt wisse, er habe Geschäfte beim Minister Struensee, „welches",
setzt er sogleich hinzu, „zum Theil (!) wahr ist". Was sonst von
Kleists damaligem Aufenthalte in Berlin erzählt wird, von Bekanntschaften, die er angeknüpft u. s. w., ist unbestimmt und ohne
nähere Belege. Ganz unerklärlich erscheint es, daß aus dieser Zeit
von Berlin aus kein einziger Brief Kleists an seine Braut vorhanden
ist, ebenso wenig wie an seine Schwester Ulrike.

Der erste wieder an die Braut (seit dem vom 30. Mai) ist
einer vom 16. August. Derselbe ist von Berlin aus datirt, aber,
wie man sieht, unmittelbar nach der Abreise von Frankfurt a./O.
geschrieben; er athmet den noch ganz frischen Schmerz der
Trennung. Wenn man diesen Brief, und ebenso, wenn man den
an Ulrike vom 14. August liest, so hat man den Eindruck, als
habe Kleist erst jetzt Frankfurt und seine dortigen Lieben verlassen.
Dem scheint nun allerdings ein anderer Brief an Ulrike (Koberstein S. 25) zu widersprechen, worin Kleist schreibt, er sei „auf acht
Tage in Frankfurt". Nur leider ist dieser Brief ohne Datum.

Wenn es darin am Schlusse heißt: „Schreibe mir ein paar
Worte nach Berlin," so beweist dies nur, daß Kleist damals nach
Berlin ging, nicht, daß er dort bereits gewesen war. Wenn er
ebenda schreibt: „Ich mußte mir diese Zerstreuung machen, weil mich
das Brüten über die Zukunft wieder ganz verstimmt hatte," so könnte
man eher an einen vorübergehenden Aufenthalt an irgend einem
einsamen Orte, etwa auf dem Lande, denken, als an Berlin, wo
es ihm doch, zumal wenn er dort allerhand interessante Bekanntschaften gemacht hatte, an „Zerstreuung" nicht fehlen konnte.

Auch das ist auffallend, daß, wie Kleist unterm 16. August
schreibt, er sofort nach seiner Ankunft in Berlin von Polizeiwegen
nach seiner Legitimation gefragt wird. Wenn er bereits mehrere
Monate dort gelebt hatte, wäre dies wohl schwerlich geschehen.

Es ist wohl gesagt worden: Kleist habe, nachdem er den Ge-

danken jener mysteriösen Reise gefaßt, von der sogleich näher die
Rede sein wird, für nöthig befunden, nochmals nach Frankfurt a./O.
zu reisen, um mit seiner Braut persönlich sich darüber zu besprechen.
Allein wir wissen jetzt durch den ersten Brief an Wilhelmine (aus
dem Anfang des Jahres 1800), daß Kleist mit einem solchen Gedanken sich schon damals trug; denn er schreibt in einer N. S. zu
dem Zettel, in dem er ihr den Brief an ihren Vater ankündigt:

„Von meiner Reise habe ich, aus Gründen, die Sie selbst entschuldigen werden, nichts erwähnt. Schweigen Sie daher auch davon!
Wir verstehen uns ja!"

Hiernach scheint es nicht, als hätte Kleist nöthig gehabt, erst
nochmals nach Frankfurt zu kommen, um seine Braut über seine
Reise zu verständigen und zu beruhigen.

Genug, hier ist für Kleistbiographen noch eine Lücke aus-
zufüllen.

Der Brief vom 16. August ist der erste einer langen Reihe
von Briefen (nicht weniger als 11), die sich insgesammt auf die
schon erwähnte Reise beziehen. Ueber Grund, Zweck und Erfolg dieser Reise schwebt ein tiefes, von Kleist selbst geflissent-
lich unterhaltenes, von seinen Biographen bis jetzt noch nicht ge-
lichtetes Dunkel. Auch die unten folgenden Briefe tragen leider
wenig dazu bei, dasselbe aufzuhellen.

Koberstein meint (S. 26, 29, 32, 35, 39, 42): nach gewissen
Aeußerungen Kleists an seine Schwester möchte man annehmen,
daß es bei dieser Reise „auf die nicht gefahrlose Entdeckung eines
Geheimnisses im Fabrikwesen abgesehen gewesen sei", giebt aber
zu, daß andere Aeußerungen Kleists dem widersprächen. In
den Briefen an die Braut findet eine solche Annahme keine Unterstützung. Von einer Nichte Kleists, die Koberstein darum befragte,
erfuhr er nur: „Ihre Tante (Ulrike) habe gesagt, die Reise sei
politischer Natur gewesen." Das würde allerdings zu der merk-
würdigen Mittheilung Kleists an seine Braut (Dresden, 3. September 1800) stimmen, wonach Kleist vom englischen Gesandten
Eröffnungen erhalten haben will, die ihn veranlaßt hätten, „nicht
nach Wien, sondern entweder nach Würzburg oder nach Straßburg
zu gehen". Nur drängt sich gegen eine solche officielle politische
Mission (denn das müßte es gewesen sein, wenn Kleist den englischen
Gesandten aufsuchen und von ihm Eröffnungen empfangen konnte)

ein gewisses Bedenken auf. Wie, einem jungen Menschen von
kaum 23 Jahren, ohne jede nähere Beziehung zum auswärtigen
Amte, ohne irgend welche vorher abgelegte Probe diplomatischen
Geschickes, sollte man eine solche doch jedenfalls bedeutungsvolle
Mission anvertraut haben? Was ferner gegen jede Art von
amtlichem Auftrag spricht, ist eine Aeußerung Kleists in einem
Briefe an Ulrike (Koberstein, S. 33), wonach er das Geld, welches
er von ihr erbat, „nicht zu den Reisekosten, sondern zu dem eigentlichen Zweck seiner Reise" brauchte. Wenn die preußische Regierung
ihm einen ganz oder auch nur halb officiellen Auftrag ertheilt hätte,
würde sie ihn da nicht auch mit den Mitteln zu dessen Ausführung
versehen, würde sie ihm zugemuthet haben, diese Mittel selbst zu
bestreiten oder doch vorzuschließen?

Eine ganz neue Conjectur hat Wilbrandt (S. 62 ff.) aufgestellt,
und ihm sind spätere Biographen, wie Bamberg, wenigstens halb
und halb gefolgt. Danach hätte Kleist bei dieser Reise nur „sich
selbst, d. h. seinen Dichterberuf gesucht". Zur Begründung
dieser Hypothese, von der er selbst gesteht, daß sie „etwas seltsam
erscheinen werde", beruft sich Wilbrandt zunächst auf Kleists
„wunderlichen, leidenschaftlichen Hang, innere Entscheidungen durch
eine wilde Improvisation zu erzwingen," sodann auf allerlei Brief-
stellen, z. B. die an seine Braut Würzburg, 10. October: „er
habe eine große Idee für seine Braut im Sinne", „in fünf Jahren,
hoffe er, werde das Werk fertig sein" (Wilbrandt denkt hier an
eine Dichtung, in der Kleist seine Braut habe verherrlichen wollen);
den Brief an seine Schwester vom 14. August (Koberstein S. 26),
worin er erklärt: es gelte, „das Glück, die Ehre, vielleicht das
Leben eines Menschen durch diese Reise zu erretten"; ferner auf
gewisse Kundgebungen einer erhöhten Stimmung nach der Reise,
z. B. wenn Kleist an die Schwester schreibt: „Ich achte mein
ganzes Vermögen nicht um das, was ich mir auf dieser Reise erworben habe"; „wie bin ich so froh, oh, ich bin es nie in meinem
Leben so herzlich gewesen; jetzt erst öffnet sich mir etwas, was
mich in der Zukunft anlächelt, wie Erdenglück" (Koberstein,
S. 35, 37); wenn er weiter erklärt, er sei „mehr als jemals abge-
neigt, ein Amt anzunehmen," denn „die Sphäre für seinen Geist
und sein Herz habe sich ganz unendlich erweitert", und wenn er

dann, um zu zeigen, daß „viele Männer geringfügig angefangen und königlich ihre Laufbahn beschlossen hätten", sich auf — Shakespeare beruft. Auch eine Aeußerung an seiner Braut aus einem späteren Briefe (vom 16. Nov. 1800) könnte man hierher ziehen; dort spricht Kleist von „dem wichtigsten Tage seines Lebens zu Würzburg" — so als ob ihm dort plötzlich ein neues, großes Glück aufgegangen sei. Und ein rein innerliches Glück müßte dies wohl sein, denn von einem äußeren Erfolge der mit so hohen Erwartungen angetretenen Reise — etwa einer dadurch gesicherten Anstellung für ihn oder dergleichen — ist nicht das Geringste zu spüren. Als die allerbedeutsamste Stelle in dieser Beziehung möchte endlich wohl folgende anzusehen sein in einem Briefe vom 19. September von Würzburg aus an die Braut: „Hast Du Dich aus Mißtrauen von mir losreißen wollen, so gieb es jetzt wieder auf, jetzt, wo bald eine Sonne über mich aufgehen wird. Wie würdest Du in Kurzem herüberblicken mit Wehmuth und Trauer zu mir, von dem Du Dich losgerissen, gerade da er Deiner Liebe am Würdigsten war! Wie würdest Du Dich selbst herabwürdigen, wenn ich heraufstiege vor Deinen Augen, geschmückt mit dem Lorbeer meiner That!"

Das Alles scheint in der That auf einen solchen idealen Zweck der Reise, wie Wilbrandt ihn annimmt, hinzudeuten. Gleichwohl stehen der Wilbrandt'schen Hypothese auch gewichtige Bedenken entgegen. Ich will nicht davon sprechen, daß eine so weit getriebene Mystification, wie die, welche Kleist durch das Gerede von dem englischen Gesandten, von Wien und Straßburg u. s. w. mit seiner Braut getrieben hätte, wenn wirklich der ganzen Reise gar kein äußerer Zweck zu Grunde lag, gegen die Wahrhaftigkeit streitet, auf die Kleist sonst immer bei sich und Andern so viel hielt. Auch nicht davon, daß es doch ebenso wenig zu der von ihm so vielgepriesenen „Uneigennützigkeit" stimmen möchte, wenn er von Schwester und Freund ein Geldopfer von zusammen beiläufig 1000 Thalern theils erbeten, theils angenommen hätte lediglich für einen seine Person betreffenden Zweck, von dem es ihm selbst doch mehr als ungewiß sein mußte, ob er denselben auf diesem Wege erreichen und ob er so im Stande sein würde, jene Opfer wieder auszugleichen. Aber, auch abgesehen von Alledem, erscheint

*

der ganze Plan, wie ihn Wilbrandt sich denkt, doch gar zu aben-
teuerlich und unreif. Wenn ein Goethe in der Vollkraft und im
Vollgefühl längst erprobter dichterischer Begabung sich nach Italien,
als dem Inbegriff alles Natur= und Kunstschönen, sehnt, weil er
dort seiner schöpferischen Phantasie ihre letzte Weihe zu geben
hofft, so begreifen wir das. Wenn aber ein junger Mann, der
noch keinerlei Proben dichterischer Veranlagung gegeben hat, sich
angeblich darum auf den Postwagen setzt, ein Stück in die Welt
hinein fährt, endlich ein paar Wochen in — Würzburg sitzen bleibt,
um zu sehen, ob sich nicht ein dichterische Genius in ihm rege, so ist
das doch gar zu barok, so barok, daß man es selbst einem Kleist —
trotz aller seiner Schrullen — kaum zutrauen möchte.

Wenn gesagt würde, Kleist habe, um überhaupt zur Klarheit
in sich zu kommen, sich einmal aus den gewöhnlichen Verhältnissen
völlig herausreißen, den fortwährenden peinlichen Fragen: „was
er denn werden wolle,“ mit einem Male entgehen und in ganz
neuen Umgebungen, unter ganz neuen Eindrücken, mit sich und
dem vertrauten und feingebildeten Freunde Brokes allein, über
seine Zukunft zu Rathe gehen wollen, so würde mir das noch eher
glaublich erscheinen, obschon freilich die oben angeführten sittlichen
Bedenken auch dann nicht schwinden.

Nun könnte es immerhin sein, daß, wenn auch nicht der be-
wußte Zweck, so doch der thatsächliche Erfolg dieser Reise wirklich
der gewesen wäre, daß Kleist „seinen Dichterberuf gefunden hätte“.
Wilbrandt nimmt dies an. Er findet, daß die Reise einen
„poetischen Natursinn“ in Kleist geweckt habe, daß am Ende derselben eine, vorher noch nicht bemerkbare, „Schiller'sche Rhetorik“
bei ihm hervortrete; er bezieht sich auf das „Gedicht an Wilhelmine“,
welches, meint er, „nicht wohl anders als in diese Periode (d. h.
während oder nach der Reise) verwiesen werden könne“. Ich
bedaure, dieses letzte Argument mit Bezugnahme auf Kleists Brief
an seine Braut vom 21. August 1800 entkräften zu müssen. Aus
diesem Briefe geht deutlich hervor, daß das betreffende Gedicht
bereits v o r der Würzburger Reise vorhanden war. Außerdem
ist es ungewiß, ob dasselbe (welches in der Originalhandschrift
nicht die Ueberschrift „an Wilhelmine“ hat) überhaupt von Kleist
herrührt. (Siehe unten S. 240). Aber auch was die Spuren

„poetiſchen Naturſinns" und „Schillerſcher Rhetorik" betrifft, ſo
glaube ich ſolche ebenſo gut ſchon in den erſten, wie in den letzten
Reiſebriefen zu finden. Ich verweiſe z. B. auf die Schilderung
der Reiſe von Leipzig nach Dresden ſo wie der durch's Erzgebirge.
Es möchte daher kaum geſagt werden können: erſt die Reiſe habe
ſolche hervorgerufen. Daß die Reiſe (wie wohl jede Reiſe thut),
Kleiſts Beobachtungs- und Schilderungsgabe angeregt und genährt
habe, will ich damit durchaus nicht beſtreiten. In den Briefen,
die Kleiſt von unterwegs an ſeine Braut ſchreibt, erhalten wir
ganz hübſche Reiſebilder, anmuthige Naturſchilderungen (bisweilen,
wie die auf S. 104 u. 106, von faſt Jean Paul'ſchem Schwunge),
ſcharfe Abriſſe von Land und Leuten, von Oertlichkeiten und
Einrichtungen, auch ſatiriſche Seitenhiebe auf einzelne Lebens-
erſcheinungen, manche geiſtreiche allgemeine Betrachtungen über
Menſchen und Dinge, manche tiefe Einblicke in Kleiſts eignes
Inneres, endlich einzelne wirklich poetiſche Gleichniſſe und Bilder.
Allein das Alles iſt doch noch weit entfernt von der Erſchließung
eines wirklichen „Dichterberufs" im großen Style. Daß ihm ein
ſolcher auch durch dieſe Reiſe noch nicht aufgegangen war, daß er
vielmehr über ſeine eigentliche Lebensaufgabe nach wie vor im
Unklaren ſich befand, das bezeugen die ſpäteren Briefe an ſeine
Braut, das bezeugt vor Allem der Umſtand, daß er ſich auch nach
dieſer Reiſe wieder in die Kant'ſche Philoſophie, und zwar in
ihren abgezogenſten Theil, die Erkenntnißlehre, vertiefte, was
er ſchwerlich gethan haben würde, wenn durch die Reiſe wirklich
ſein dichteriſches Talent in Fluß gerathen wäre. Ging er doch
ſogar (nach ſeinem Briefe vom 13. Nov. 1800) damals mit dem
abenteuerlichen Gedanken um, als Lehrer der Kant'ſchen Philoſophie
in — Frankreich! — ſich und ſeiner Braut eine Exiſtenz zu gründen.

Da mit einem Male ward er nicht blos an dieſer Philoſophie,
ſondern an der Wiſſenſchaft überhaupt und an allem Wiſſen irre.
Hätte er ſich bereits als Dichter von Gottes Gnaden gefühlt, ſo
würde dieſe Losſagung vom abſtracten Denken ſeinem dichteriſchen
Schaffen zu gute gekommen ſein, wie das bei Schiller der Fall
war, als dieſer nach beinahe allzulanger Vertiefung in eben dieſe
Kant'ſche Philoſophie ſich endlich davon losſagte und zur Poeſie
zurückkehrte. Mit Kleiſt war dies anders; er verfiel in einen

**

„Ekel" an aller geistigen Thätigkeit und wußte sich zuletzt, um mit sich selbst in's Reine zu kommen, mit nichts Anderem zu helfen als — abermals mit einer Reise!

Wilbrandt betrachtet auch diese zweite Reise als eine Argonautenfahrt nach dem goldnen Vlies der Poeste. Kleists eigne Bekenntnisse freilich lassen eher alles Andere als einen solchen bestimmten Plan vermuthen. Er gesteht ganz offen und ehrlich seiner Braut, daß eigentlich nur ein unbedachtes Wort von ihm, dann die ihm selbst sehr unwillkommene Bereitwilligkeit seiner Schwester Ulrike, ihn zu begleiten, endlich des Schwagers Carl vorschnell prahlerisches Gerede von seinem Vorhaben ihn gegen Wunsch und Willen zwängen, eine Reise, und zwar eine Reise nach Paris, zu unternehmen.

Die Reise selbst übte, den Briefen Kleists nach zu urtheilen, keineswegs auch nur einen ähnlichen erfrischenden und anregenden Einfluß auf seinen Geist und sein Gemüth aus, wie die vorjährige dies gethan, eher einen noch mehr verdüsternden. Wilbrandt findet zwar (S. 112): auf dieser Pariser Reise sei „Kleists Phantaste glänzender aufgeblüht", „sein Geist habe sich verfeinert, sein Styl an Beredsamkeit gewonnen; Alles kündige die endliche Entfaltung seines Genie an". Ich kann jedoch dem nicht beistimmen; mir scheint im Gegentheil die Ausdrucksweise Kleists in diesen Briefen im Vergleich zu der in den Briefen von der Würzburger Reise eher einen Rückschritt, als einen Fortschritt gemacht zu haben. Seine Bilder und Gleichnisse haben oft etwas Gesuchtes, ja Schwülstiges, beispielsweise S. 179, S. 187 oben, S. 218, vor Allem S. 189; an solchen Stellen wiederum, wo man mit Recht poetische Darstellungen erwartet, ist er auffallend wortkarg. Mit der hochromantischen Gegend von Mainz bis Coblenz (die er selbst „so schön wie ein Dichtertraum" nennt) findet er sich in drei Zeilen ab (S. 200), während er bei der früheren Reise von weit weniger malerischen Landstrichen ausführliche und wirklich poetische Schilderungen gab. Nur die scharfe Charakteristik der Pariser Zustände und die dazwischen gestreute kleine Idylle (S. 211 ff.) machen hiervon eine Ausnahme.

So weit die Briefe uns Einblicke in den Seelenzustand Kleists auf dieser Pariser Reise gestatten, so sehen wir ihn zunächst noch fortwährend bewegt und geängstet von den Gedanken, daß alles Wissen, damit aber auch alles Streben nach Bildung eitel sei. Zumal in Paris — diesem modernen Babylon, wie er es schildert — gewinnt der Rousseau'sche Geist des Widerwillens gegen alle Civilisation und der Sehnsucht nach der einfachen Natur völlige Macht über ihn. Die Maxime seines Freundes Brokes, daß „Handeln" besser sei als „Wissen", tritt ihm lebendig vor die Seele. Er hatte schon die Schiffer auf der Elbe um ihre saure Arbeit beneidet, die sie im Schweiße ihres Angesichts vollführten, und hatte selbst das Ruder des Nachens ergriffen, in dem er fuhr, um zu erproben, ob auch er zu harter Beschäftigung tauge (S. 188). Als das wünschenswertheste Loos erscheint ihm je mehr und mehr ein Leben außerhalb und fern von der Welt, der Gesellschaft. Etwas schaffen — „Gutes thun", wie er es auch wohl nennt — das, meint er, sei mehr werth, als alle Schätze der Wissenschaft.

Was verstand er unter Schaffen? Bülow und Wilbrandt meinen: „Dichterisches Produciren", und Wilbrandt glaubt sogar, daß auf dieser Pariser Reise bereits der erste Entwurf zum „Robert Guiscard" entstanden sei. Eine Stelle in dem Briefe Paris, 10. Oct. 1801 (S. 223) könnte in der That auf so etwas schließen lassen. Kleist schreibt da: „Ich habe mir in einsamer Stunde ein Ideal ausgearbeitet, aber ich begreife nicht, wie ein Dichter das Kind seiner Liebe einem so rohen Haufen, wie die Menschen sind, übergeben kann. Dich wollte ich wohl in das Gewölbe führen, wo ich mein Kind, wie die vestalische Priesterin das ihrige, feierlich aufbewahre".

Allein, mag dem sein wie ihm wolle, die drängende Frage nach einem äußeren Lebensberuf, der (da Kleist sein kleines Vermögen nun schon beinahe aufgezehrt hatte) zugleich für ihn ein Erwerb sein mußte, war damit nicht erledigt. Als „Erwerbszweig" wollte Kleist damals das Dichten (wenn er dies unter dem „Bücherschreiben" versteht) schlechterdings nicht angesehen wissen. Und so kam er immer wieder auf seine Rousseau'sche Idee eines Lebens außerhalb der Gesellschaft zurück. Diese Idee gewann bei ihm immer greifbarere Gestalt. Er wollte alles Ernstes sich in einem stillen Winkel der Erde, in der Schweiz, mit dem Reste seines Vermögens ankaufen, einfacher Landmann, Bauer werden, selbst seinen Acker pflügen, allem Ehrgeiz, in der Welt etwas zu sein und zu gelten, ein- für allemal entsagen (S. 224 f.).

Wie Kleist eine solche ganz materielle Beschäftigung mit der höchsten idealen, der dichterischen (angenommen, daß wirklich der Dichterdrang jetzt bei ihm zum Durchbruch gekommen war), zu vereinbaren und zu verschmelzen gedachte, darüber ist er sich selbst schwerlich klar gewesen. Keinesfalls hat er seiner Braut sich in dieser Doppelstellung gezeigt, noch hat sie seine geheimnißvollen Andeutungen in diesem Sinne verstanden. Was er von ihr forderte, war: sie solle sich gleich ihm aus den gewohnten Verhältnissen herausreißen, von Allem, was ihr nahe stand, von Eltern und Verwandten lossagen, das Vaterland auf Nimmerwiederkehren verlassen, mit ihm in einem Thal der Schweiz sich verbergen und für immer darauf verzichten, daß er, ihr Gatte, je etwas Anderes sei oder werde, als — ein schweizerischer Bauer! Von einer dichterischen Beschäftigung, die er daneben treiben wolle, kann er ihr unmöglich etwas gesagt haben, denn alle ihre Einwürfe (die er selbst in seinem letzten Briefe von der Reise, Frankfurt a/M. 2. Dez. 1801, aufführt, um sie zu widerlegen) richten sich nur gegen seinen Plan, ein Landmann zu werden und sich für immer aus Deutschland zu verbannen. Auch gegen die Schwester Ulrike hebt Kleist fortwährend nur diese materielle Seite seiner Zukunftspläne hervor. „Ich bin so sichtbar dazu geboren," schreibt er ihr noch am 12. Januar 1802 aus Bern (Koberstein, S. 63), „ein stilles, dunkles, unscheinbares Leben zu führen". Er glaubt, er habe sich in Frankfurt a/O. (bei seinen Studien) zu übermäßig angestrengt, denn seit dieser Zeit sei sein Geist seltsam abgespannt. „Darum," führt er fort, „soll der Geist für jetzt ruhen, wie ein erschöpftes Feld, desto mehr will ich arbeiten mit Händen und Füßen" (Koberstein S. 64). Auch Ulrike dachte daher an nichts Anderes, als daß er einfacher Landmann werden wolle, und sie bekämpfte (wie er selbst seiner Braut gesteht) diesen Plan lebhaft, einmal, weil sie dessen Ausführbarkeit bezweifelte, dann aber auch, weil sie nicht glaubte, daß derselbe, wenn ausgeführt, ihren Bruder glücklich machen würde.

Die Braut hatte auf seinen Brief aus Frankfurt a./M. noch einmal, gegen Ende des Jahres 1801, geantwortet, ihm nochmals Vorstellungen gemacht, und wohl gehofft, er werde sich eines Andern besinnen. Kleist war indeß, nachdem er sich von Ulriken in Frankfurt a./M. getrennt hatte (die nun allein nach Hause reiste), in die

Schweiz gegangen, erst nach Bern, später nach Thun. An seine Schwester hatte er von da aus wieder geschrieben, hatte sie ersucht, ihm den Rest seines Vermögens zu schicken, womit er sich nun wirklich in der Schweiz ankaufen wollte. Gegen seine Braut schwieg er gänzlich.

Inzwischen war ihm aber sein Entschluß, ein Gut anzukaufen, wegen gewisser Unruhen in der Schweiz schon wieder leid geworden. Unter diesen Umständen „sah er es als ein Glück an, daß seine Braut ihm nicht hatte in die Schweiz folgen wollen" (S. 238). Auch von der vorher so zäh verfochtenen Idee, jedem Ehrgeiz zu entsagen und gerade deswegen sich „außerhalb der Welt" ein Plätzchen zu suchen, war er zurückgekommen; er hatte nun wirklich angefangen, zu dichten, und trug sich mit dem brennenden Verlangen, als berühmter Dichter in seinem Vaterlande wieder zu erscheinen. „Ich arbeite für die Rückkehr zu Euch", schreibt er an seine Schwester am 1. Mai 1802 (Koberstein S. 75).

„Vielleicht in einem Jahre" hoffte er dies Ziel zu erreichen (ebenda S. 76).

Aber nicht blos für den Ruhm, sondern er ist jetzt auch — ohne ideale Scrupel mehr — für den Erwerb thätig. Er hatte Geschäftsverbindungen mit der Gesnerschen Verlagshandlung in Bern angeknüpft. Seiner Schwester schrieb er fast launig: „Von allen Sorgen vor dem Hungertode bin ich befreit, obschon, was ich erwerbe, so grade wieder draufgeht" (ebenda).

So wesentlich war in kurzer Zeit Kleists innerliche wie äußerliche Lage verändert! Man sollte denken, er hätte nun, nach Maßgabe dieser veränderten Lage, auch mit seiner Braut wieder anknüpfen können und sollen. Er selbst fand, daß sie wohlgethan, ihm nicht auf seinen phantastischen Plan hin in die Schweiz zu folgen. Er hatte einst von Paris aus sich gegen sie berühmt, er könnte durch „Bücherschreiben", wenn er nur wollte, „mehr, als er bedürfe, verdienen." Jenen Stolz, um keinen Preis für's Geld schreiben zu wollen, hatte er seitdem aufgegeben. Und endlich floß ihm jetzt eine Quelle productiver Thätigkeit, die dichterische, auf welche er die größten Hoffnungen, sowohl für seinen Erwerb, als für die Befriedigung seines Ehrgeizes, setzte. Er hatte seine Braut früher wiederholt vertröstet — auf „fünf Jahre", auf „zehn

Jahre", und sie hatte sich vertrösten lassen, hatte in ihrer Liebe zu ihm nicht gewankt. Jetzt, da er sein dichterisches Talent erkannt und zu bethätigen angefangen, konnte er mit bestem Grunde sie bitten, nur noch eine kurze Probezeit (er selbst setzte diese ja auf „vielleicht ein Jahr") ihm zu gönnen, bis sich zeige, ob sein Talent ausgiebig genug sei, um ihr und ihm eine Existenz dadurch zu sichern. Ob seine Braut und ob deren Eltern es darauf hin wagen würden, ihr Schicksal an das seine zu ketten, das konnte und mußte er wenigstens abwarten; geschah es nicht, forderten sie von ihm als Bedingung ihrer Einwilligung, daß er sein Dichten wieder aufgebe und eine feste Anstellung suche — dann erst stand er vor der entscheidenden Wahl: ob er der Braut, ob er den Musen entsagen solle. Ohne daß er diesen letzten Versuch gemacht, ließ sich nicht wohl sagen, er habe, wie sein neuester Biograph, Bamberg, ihm (S. 137) als „Verdienst" anrechnet, „seinem Dichterberuf seine Liebe geopfert."

Allein Kleist war offenbar durch Wilhelminens Weigerung, ohne Weiteres auf seinen Plan einzugehen (den er doch selbst inzwischen wieder aufgegeben hatte!), in seiner Eigenliebe gekränkt. Er hatte (wie wohl nicht unrichtig Zolling S. 5 bemerkt) in seiner Braut „jenes Ideal einer Geliebten zu finden geglaubt, das er später im ‚Käthchen von Heilbronn' verkörperte: ganz selbstlose, blinde, von allen Rücksichten freie Hingebung, Demuth und Unterwürfigkeit". So ließ er nicht nur den von Wilhelminen um die Jahreswende ihm geschriebenen Brief gänzlich unerwidert, sondern er antwortete auch auf den letzten, vom 10. April 1802, der, ohne ihm Vorwürfe oder Vorstellungen zu machen, nur in alter Liebe und Treue sich an sein Herz wendete, erst nach beinahe sechs Wochen. Er sagte ihr kein Wort des Trostes über den Tod des Bruders, der doch auch ihm so nahe gestanden, über den tiefen Gram ihrer Eltern wegen dieses Verlustes, über ihre eigene schwere Erkrankung. In einem fast harten und kalten Tone, der gewaltig absticht von dem warmen Gefühl in seinen früheren Briefen und von den wiederholten Betheuerungen inniger und unwandelbarer Liebe, bricht er ganz einfach jede Beziehung zu ihr ab. Ja, er schließt mit einer offenbaren Unwahrheit, oder, wenn ich es mild ausdrücken soll, mit einer Selbsttäuschung, wenn er sich anstellt, als habe er nur aus äußerem Zwange — weil er keine Mittel sehe, für sich und sie eine Existenz zu schaffen — nach schwerem Kampfe ihr entsagt, und als breche eine kaum vernarbte Wunde in seinem Herzen wieder auf, da ihr Brief die Erinnerung an sie wecke, während er doch wenige Wochen vorher — nachdem er schon den Brief Wilhelminens vom 10. April erhalten hatte! — in dem Briefe an Ulrike vom 1. Mai (Koberstein S. 74) dieser in bester Laune von seinen neuen Bekanntschaften in der Schweiz, von seiner „Streiferei durch den Aargau" mit Bschokke und L. Wieland, besonders ausführlich aber von dem romantisch-idyllischen Leben erzählt hatte, das er auf der Aarinsel bei Thun mit einer Fischerstochter führe!*)

Man hat versucht, die Schuld des Bruchs zwischen Kleist und seiner Braut von Kleist abzuwenden, ja ihn als Opfer einer „Treulosigkeit" seiner Braut darzustellen, sogar die Krankheit, in die er bald darauf verfiel (in Folge einer Ueberspannung durch „übermäßige Production", wie Bolling S. 70 wohl richtig annimmt), für die Nachwirkung der tiefen seelischen Erschütterung auszugeben, welche jener Bruch ihm zugefügt habe.

Die obigen Ausführungen zeigen jedoch wohl zur Genüge, wie wenig berechtigt diese Unterstellungen sind. Man hat die Braut gewissermaßen verantwortlich machen wollen für alles Unglück in Kleists fernerem Leben, ja selbst für seinen gewaltsamen Tod. Wäre

---

*) Ich setze die Stelle wörtlich her, um zu zeigen, welch' scharfer Contrast zwischen den beiden Briefen, dem vom 1. und dem vom 20. Mai, besteht. „Auf der Insel wohnt Niemand, als auf der andern Seite eine kleine Fischerfamilie. Der Vater hat mir von zwei Töchtern eine in's Haus gegeben, die mir die Wirthschaft führt, ein freundlich-liebliches Mädchen, das sich ausnimmt wie ihr Taufname „Moibeli". Mit der Sonne stehen wir auf; sie pflanzt mir Blumen in den Garten, bereitet mir die Küche, während ich arbeite; dann essen wir zusammen; Sonntags zieht sie ihre schöne Schweizertracht an, ein Geschenk von mir; wir schiffen uns über sie geht in die Kirche nach Thun, ich besteige das Schreckhorn (?) und nach der Andacht kehren wir Beide zurück. Weiter weiß ich von der ganzen Welt nichts mehr. Ich würde ganz ohne alle widrigen Gefühle sein, wenn ich nicht, durch mein ganzes Leben daran gewöhnt, sie mir selbst verschaffen müßte. So habe ich z. B. jetzt eine seltsame Furcht, ich möchte sterben, ehe ich meine Arbeit vollendet habe." So, wie er hier sein Leben mit dem „Moibli" schildert, mochte er sich wohl das mit seiner Braut, wenn diese ihm in die Schweiz folge, gedacht haben. Er hatte dabei nur vergessen, daß, wenn dieses einsame Leben ihm nicht mehr genüge und es ihn wieder „in die Welt" hinaus treibe (wie das in Wirklichkeit schon nach wenig Monaten geschah), die Lage einer angetrauten Braut eine ganz andere sein würde, als die des „Moibli", das einfach zu seinem Vater zurückkehrte.

die Braut, sagt Bülow (S. 23) ihm in die Schweiz gefolgt, so würde
er, auch wenn er sich auf die Länge als Bauer nicht glücklich gefühlt
hätte, doch als Familienhaupt besonnener gehandelt haben; auch
hätte sich sein dichterisches Talent bei der dadurch gewonnenen
inneren Ruhe und äußeren Behaglichkeit glücklicher entfaltet.
Bülow bedenkt nur nicht, daß die Braut von einem „dichterischen
Talente", dem sie zur „Entfaltung" verhelfen sollte, nichts wissen
und kaum etwas ahnen konnte, da Kleist ihr seinen Plan, Bauer
zu werden, immer nur als Selbstzweck, niemals als bloßes Mittel
zu etwas Höherem dargestellt hatte.

Wieder andere Biographen (z. B. Dolling) haben einen Mangel
an höherem, idealerem Sinne darin gefunden, daß die Braut
nicht schlechthin den „idyllischen Plänen" des Dichters gefolgt sei,
sondern an die Realitäten des Lebens, an das Bedürfniß einer
gesicherten Existenz gedacht habe. Kleist selbst hat früher (wie
seine Briefe bezeugen) die Berechtigung dieses Bedürfnisses nicht
verkannt; er hat sogar noch in der Zeit, wo er mit dem Entschluß, eine Anstellung zu suchen (den er bei Eingehung des
Verhältnisses zu Wilhelminen ausdrücklich gegen sie ausge-
sprochen), schon gebrochen hatte, doch um so eifriger nach
anderen Mitteln und Wegen einer gesicherten Existenz ausgeschaut.
Und immer wieder muß gesagt werden: einem bereits erprobten
dichterischen oder sonstigen Talente würde vielleicht die Braut,
selbst ohne anderweite festere Bürgschaften, ihr Schicksal anvertraut haben; wer aber möchte ihr und vollends ihren Eltern es
verargen, wenn sie besorgt wurden, da Kleist sich zu gar nichts
entschließen wollte, und seine Zukunftspläne lediglich auf ein paar
fast kindische Ideen hinauskamen, wie die, den Franzosen deutschen
Unterricht zu geben oder sie die Kant'sche Philosophie zu lehren?
Welche Prätension, daß die Braut blindlings den „idyllischen
Plänen" Kleists, d. h., auf deutsch gesagt, einer zeitweiligen Laune
von ihm folgen sollte, von ihm, der vielleicht einmal in der
Zukunft sich als Dichter entpuppen würde! Wie ganz anders
verfuhr in ganz ähnlicher Lage unser großer Schiller! Er war
bereits ein berühmter Dichter; er hatte außerdem eine, wenn auch
bescheidene, Anstellung und einen bestimmten Beruf und Erwerb,
als er an's Heirathen dachte; aber wie sorgsam, wie ängstlich
rechnet er zusammen, was ein Hausstand kosten werde und was

er als ſicheres Einkommen dazu mitbringe, ehe er es unternimmt, ſeine Braut aufzufordern, ihm in ſein Haus zu folgen!

Das Liebesverhältniß Kleiſts und Wilhelminens iſt überhaupt Gegenſtand ſehr verſchiedenartiger Beurtheilungen geworden. Kleiſt habe immer nur „nüchtern, doctrinär, lehrhaft“ an ſeine Braut geſchrieben, ſagt Julian Schmidt (Einleitung in „Kleiſts Geſammelte Schriften“ S. XVII.), und folgert daraus: „man möchte an der Wahrheit ſeiner Liebe zweifeln“. Ebenſo bemerkt Treitſchke („Hiſtoriſche und politiſche Aufſätze“, 4. Aufl. 1. Band, S. 81.): „Jeder Brief beginnt mit einigen zärtlichen Worten, deren abſtracte Metaphern ſtarke Zweifel an der Tiefe der Empfindung erregen. Darauf folgt eine regelrechte Schulſtunde“ ꝛc. — „kurz“, ſo ſchließt auch Treitſchke, „er liebte ſie nicht,“ und: „die Braut hat ihn nie beglückt, das bezeugen ſeine Briefe“. Gödeke vollends („Grundriß zur Geſchichte der deutſchen Dichtung, 3. Band, S. 47) ſagt kurz abſprechend: „Mit ſeiner Braut brach Kleiſt, weil er ſie für nicht genug gebildet hielt“. Solche und ähnliche Urtheile werden dann, wie das ſo geht, ungeprüft nach- und weitergeſprochen.

Zum Theil trägt daran allerdings die bisherige unvollſtändige Kenntniß des Kleiſt’ſchen Briefwechſels mit ſeiner Braut die Schuld. Die Auswahl der Briefe bei Bülow war keine glückliche. Wenn dieſelbe (wie es ſcheint) von der ehemaligen Braut Kleiſts herrührte, ſo erklärt ſie ſich nur aus einer übergroßen Beſcheidenheit, vermöge deren die Braut gerade den beſten Theil der Briefe darum zurückbehielt, weil darin (wie ſie an die Freundin ſchreibt) „zu viel von ihr die Rede war“.

Jetzt, wo die ganze Reihenfolge der Briefe vorliegt, wird man nicht mehr ſagen können, dieſelben ſeien blos „doctrinär“, oder, ſie entbehrten der eigentlichen Tiefe der Empfindung. Ich verweiſe insbeſondere auf die Briefe vom 16. u. 20 Auguſt, vom 3. 4. 15. 19. September, vom 22. 29. 30. November 1800, vom 11. und 12. Januar 1801. In dieſen und anderen erkennt man ganz deutlich den warmen Herzſchlag Kleiſts, findet man unverkennbar ausgeſprochen, daß er ſeine Braut wahrhaft liebte. Mit allen Faſern ſeines Weſens klammert er ſich an den Gedanken einer Verbindung mit ihr. Immer von Neuem ſpricht er die volle Zuverſicht aus, ſie zu beglücken und durch ſie beglückt zu werden. Alle Kräfte ſeiner Seele ſpannt er an, um einen Weg zu finden, der ihn diesem Ziele näher bringen könnte, und ist selig, wenn er einen solchen gefunden zu haben glaubt. Wiederholt bittet er die Geliebte, ihm zu vertrauen, wie er ihr vertraue, und „ruhig zu sein" über ihrer Beider Zukunft, die ihm vor Allem am Herzen liege.

Das sind keine „abstracte Metaphern", wie Treitschke meint, noch sind es etwa blos poetische Selbsttäuschungen. Wäre Letzteres der Fall, so möchte wohl, wie das bei dichterisch angelegten Naturen so leicht vorkommt, ein Wechsel in Kleist Liebesempfindungen eingetreten sein. Davon aber wissen wir in dieser ganzen Zeit nichts. Er selbst gesteht der Geliebten ganz offenherzig — das eine Mal, daß die Erinnerung an eine frühere Neigung (zu dem Frl. v. Linkersdorf) ihm momentan einige Unruhe verursacht, ein anderes Mal, daß er sie, Wilhelmine, nach ihren Eigenschaften mit anderen Mädchen seiner Bekanntschaft verglichen habe, aber beide Male geht ihr Bild siegreich aus diesem Kampf mit anderen Bildern hervor.

Daß Kleist die Geliebte zum Gegenstande fortgesetzter Bildungsversuche, also auch häufiger Kritiken macht, darf man weder ihm als einen Mangel an Liebe, noch ihr als einen Mangel an denjenigen Eigenschaften anrechnen, welche einen Mann wirklich hätten beglücken können. Vielmehr war das eine Eigenthümlichkeit, eine, wenn man will, krankhafte Anlage Kleists. Es giebt Menschen, die das unglückliche Talent haben, sowohl an sich selbst, als auch an denen, die ihnen am nächsten stehen, immerfort zu mäkeln und zu meistern, niemals zufrieden zu sein. Zu diesen Menschen gehörte Kleist. Daher sehen wir ihn von einem allerdings ganz löblichen Drange nach Vervollkommnung seiner selbst und seiner Umgebung erfüllt; aber wir sehen ihn auch ebensowohl selbstquälerisch gegen sich, als ungerecht gegen die ihm Nächststehenden verfahren*).

Zum Theil gehorchte auch Kleist darin einem allgemeinen Zuge der Zeit. Im vorigen Jahrhundert war es Sitte geworden (und diese Sitte reichte noch in's jetzige herüber), über das eigene und ein fremdes Ich weitläuftige Betrachtungen anzustellen, sich selbst und Andere mit hochgespannten Idealen von Vollkommenheit anzu-

---

*) Sogar seine Lieblingsschwester Ulrike verschonte er nicht. In einem langen Briefe (Roberstein S. 18—24) hält er ihr eine förmliche Vorlesung darüber, wie tadelnswerth es sei, daß sie keinen festen Lebensplan habe. Schon im nächsten Briefe aber (ebenda S. 25) muß er eingestehen, daß es ihm selbst eben so gehe.

spornen, aber auch mit Vorwürfen, daß man olchen Idealen nicht
entspreche, zu quälen. Die Briefe Kleists an Wilhelmine erinnern
in dieser Beziehung bisweilen an die Briefe Herders an seine
Braut Caroline Flachsland.

Daß Wilhelmine von Benge die gewiß wohlgemeinten, aber
in ihrer pedantisch hofmeisterlichen Art doch oft recht unliebens-
würdigen Bemühungen ihres Verlobten, „sie zu bilden", so geduldig
hinnahm, daß sie sich denselben nach Kräften anzupassen, daß sie in
die labyrintischen Kreuz- und Querzüge ihres Verlobten sich zu
finden, seine oft sehr dunkeln Gedankengänge zu verstehen, die
krankhaften Erregungen seines unglücklichen Gemüthes zu schonen
und zu heilen suchte, wie wir aus seinen eigenen Andeutungen
über den Inhalt ihrer Briefe, obschon wir letztere selbst leider nicht
besitzen, entnehmen können (S. 108, 137, 140, 145, 160, 168, u. s. w.)
das Alles sind doch wohl starke Beweise nicht blos von einer
warmen Liebe, sondern auch von jener echten Geistes- und Gemüths-
bildung, womit ein liebendes Weib die Launen und Schwächen des
geliebten Mannes erträgt, weil es seine edlen Eigenschaften zu erkennen und zu würdigen weiß. Mit wie schönem Sinne Wilhelmine
ihr Verhältniß zu Kleist auch noch dann auffaßte, nachdem er dasselbe
in so schroffer Weise gelöst hatte, welches zarte Andenken sie seiner
Persönlichkeit, welches herzliche Mitleid sie seinem traurigen Ge-
schicke widmete, bezeugt jener Brief an die Freundin, den ich
unten mittheile.

Nach Alledem möchte wohl Gödekes absprechender Ausdruck:
„Kleist habe mit seiner Braut gebrochen, weil sie ihm nicht gebildet genug gewesen", möchte Treitschkes hartes Wort: „Sie
hat ihn nie beglückt", der Berichtigung bedürfen. Wenn ihr,
ihn dauernd zu beglücken, nicht gelang, so frage ich: hatte Kleist
überhaupt die Fähigkeit, dauernd beglückt zu werden? Er hat
später noch manche Verhältnisse angeknüpft, aber hat eines ihn
dauernd beglückt? Weder die Nichte Börners, noch Wielands
anmuthige Tochter vermochten ihm auch nur entfernt so lange
zu genügen, wie Wilhelmine von Benge; das idyllische Spiel mit
dem „Moidli" auf der Aarinsel war eben ein Spiel — es ist
unaufgeklärt, ob mehr blos romantischer oder mehr sinnlicher Art —
die unselige Beziehung zu Henriette Vogel aber endete mit dem
grellen Mißklange eines Doppelmordes (21. Nov. 1811), der,

bei der faft frivolen Weife, wie er vollzogen ward, felbft der ver-
föhnenden Tragik nahezu entbehrt.

Kleift felbft hat übrigens feiner Braut das ehrendfte Zeugniß
ihres Innern Werthes und deffen, was fie ihm gewefen, in den
Worten ausgeftellt, die er am 14. April 1801 an fie fchrieb (S. 176):

„Dir hat die Liebe wenig von ihren Freuden, doch viel von
ihrem Kummer zugetheilt; Du hätteft ein fo ruhiges Schickfal
verdient, warum mußte der Himmel Dein Loos an einen Jüngling
knüpfen, den feine feltfam gefpannte Seele ewig unruhig bewegt?
Du bift fo vielen Glückes würdig; ich bin es Dir fchuldig, Du
haft mir durch fo viel Edelmuth die Schuld auferlegt. Warum
kann ich fie nicht bezahlen? Warum kann ich Dir nichts zum
Lohne geben als Thränen? O Gott gebe mir nur die Möglichkeit, diefe Thränen einft wieder mit Freuden vergüten zu können!"

Wilhelmine von Zenge heirathete fpäter den bekannten Philo-
fophen Wilhelm Traugott Krug, damals Profeffor an der Uni-
verfität zu Frankfurt a.O. Er ward 1804 als Kants Nachfolger
nach Königsberg, 1809 nach Leipzig berufen. Sie lebte mit ihm
in faft vierzigjähriger glücklicher Ehe. Er ftarb den 13. Januar
1842; fie folgte ihm am 25. April 1852.

Kurz vor der Ueberfiedelung des Krugfchen Ehepaares nach
Königsberg kam Kleift (der fchon 1802 aus der Schweiz nach Deutfch-
land zurückgekehrt war) nach Frankfurt a.O. Sowohl er als feine
ehemalige Braut vermieden damals eine Wiederbegegnung. Als aber
Kleift 1806 längere Zeit in Königsberg verweilte, traf er mit Wilhelmine und ihrer Schwefter Luife in einer Gefellfchaft zufammen,
ward von letzterer ihrem Schwager, dem Profeffor Krug, vorgeftellt
und verkehrte dann mehrfach in deffen Haufe. So erzählt Bülow. In
dem Briefe der Profefforin Krug an eine Freundin ift nur von einem
Befuche die Rede, den Kleift ihr und ihrem Manne während der
letzten Jahre feines Lebens, alfo wohl in Leipzig, abgeftattet habe.

Ich komme noch einmal auf eine andere Seite des Kleift'fchen
Briefwechfels zurück, die ich oben nur beiläufig berührt habe,
nämlich auf die Frage: ob und inwiefern derfelbe uns den Dichter
Kleift kennen lehre. Es ift merkwürdig, daß während der ganzen
zwei Jahre, durch welche diefer Briefwechfel fich hinzieht, irgend
welche deutliche Spuren dichterifcher Thätigkeit, ja auch nur eines
klaren Bewußtfeins Kleifts von feinem Dichterberufe fchlechterdings

nicht zu entdecken sind. Die einmal flüchtig hingeworfene Aeußerung: „Ich will ein Gedicht machen," will nichts bedeuten. Selbst von einer receptiven Beschäftigung mit Poesie, dem Studium von Dichtwerken und den dadurch empfangenen Eindrücken, enthalten die Briefe so gut wie nichts (die Erwähnung des Schiller'schen „Wallenstein" etwa ausgenommen), während wir doch durch Zschokkes „Selbstschau" wissen, daß Kleist schon bei seiner ersten Bekanntschaft mit diesem (Anfang 1802) sich als genauer Kenner und warmer Verehrer vor Allem Goethes, demnächst der Romantiker, Tiecks und der Schlegels, zu erkennen gab. Es ist das um so auffallender, als man meinen sollte, Kleist hätte von Derartigem öfter zu seiner Braut sprechen müssen, theils um ihren ästhetischen Geschmack zu bilden (wie er ihr Denkvermögen zu schulen suchte), theils aber auch, um dadurch ihr selbst ein möglichst lebhaftes Interesse an der Poesie beizubringen und sie so für seinen eigenen Entschluß, sich der Poesie zu widmen, vorzubereiten.

Ob dieser Entschluß bei ihm schon damals erwacht war, ob die Würzburger, ob die Pariser Reise dazu in Beziehung stand — diese Fragen habe ich oben bereits abgehandelt. Daß einzelne poetische Entwürfe, wie der „Robert Guiscard" oder auch die „Familie Schroffenstein", wenigstens auf der zweiten jener Reisen vielleicht schon entstanden sein mögen, hat allerdings insofern etwas für sich, als sonst kaum zu erklären wäre, wie die Ausarbeitung derselben so rasch hätte vor sich gehen können. Denn die „Familie Schroffenstein" las er seinen Schweizerischen Freunden (wenn auch nur in erster Bearbeitung) schon im zeitigen Frühjahr 1802 vor, nachdem er kaum zwei Monate zuvor (er kam Mitte Decembers 1801 nach Basel) von seiner Pariser Reise zurück= und in die Schweiz gekommen war, und den „Robert Guiscard" hatte er, als er 1803 zu Wieland nach Weimar kam, nach seiner Aussage schon zum dritten Male begonnen.

Auf alle Fälle scheint sich Kleists dichterisches Talent sehr plötzlich — man möchte sagen mit Einem Ruck — entfaltet zu haben. Bülow selbst meint (S. 29): erst der Aufenthalt in der Schweiz habe ihn eigentlich „zum Dichter gemacht".

Nun sollte man denken, bei der langen und tiefgehenden inneren Gährung, die Kleist (wie ja diese Briefe bezeugen, durchgemacht, hätte sein dichterischer Drang, als er endlich zum Durchbruch kam, wenigstens zunächst einen sogenannten patho-

logischen Charakter annehmen, d. h. eben diese inneren Seelen-
zustände und ihre Entwickelung abspiegeln müssen, wie das bei
Goethe, wie das auch bei Tieck in ihrer Jugend der Fall war:
man hätte von ihm etwa einen neuen „Faust", oder „Wilhelm
Meister" oder „William Lovell" erwarten können. Aber auch
darin zeigt sich Kleist unberechenbar. Er, der bis dahin in
seinem Denken und Thun als der allersubjectivste Mensch erschien,
der mit der Außenwelt und ihren Zuständen sich nur schwer ab-
und darin zurechtfinden konnte, er tritt sogleich in jenen ersten
Dramen und ebenso im „Zerbrochenen Krug" nicht nur mit ganz ob-
jectiven Stoffen, sondern auch mit einem ganz realistischen Stile auf,
mit einer haarscharfen Charakteristik, mit einer lebhaft vorwärts
drängenden Handlung. Das romantische Element, welches neben
dem realistischen Kleists Dichtweise kennzeichnet, kommt erst später,
im „Käthchen", im „Prinzen von Homburg", mehr zum Vorschein.

So viel als allgemeine Einleitung! Was mir zur Erläuterung
einzelner Stellen in diesen Briefen nöthig schien, das habe ich in
Anmerkungen unter dem Texte beigefügt. Ich habe mich dabei
streng auf das Nothwendige beschränkt. Jede in diesen Briefen
etwa vorkommende Beziehung auf Personen, Oertlichkeiten u. dgl.,
auch wenn solche für den eigentlichen Inhalt der Briefe und für
das Verhältniß der Correspondirenden zu einander gleichgiltig
sind, ausführlich zu erläutern, also einen sog. gelehrten Commentar
zu liefern, diesen Ehrgeiz hatte ich nicht; ich finde, daß dadurch die
Leser öfters von dem Interesse an der Hauptsache mehr abgezogen,
als in dieselbe eingeführt werden.

Die Schreibweise Kleists habe ich unverändert beibehalten,
obschon seine Orthographie und namentlich seine Interpunction
an manchen Eigenthümlichkeiten leidet. Ich habe auf solche Eigenthümlichkeiten einige Male ausdrücklich aufmerksam gemacht, damit
es nicht scheine, als seien diese durch eine Ungenauigkeit oder einen
Druckfehler in den Text gekommen.

Als eine den Verehrern hoffentlich willkommene Gabe hat der
Herr Verleger diesem Buche neben dem Bildniß des Dichters selbst (wie
solches schon in der Bülow'schen Biographie sich fand) auch ein Jugend-
portrait der Braut vorangestellt, wozu das Original darzuleihen,
ein naher Verwandter derselben die große Freundlichkeit hatte.

Leipzig, im September 1883.

I.

Frankfurt a. d. O.*)

(Der Eingang fehlt.) .... sichtbar die Zuversicht, von Ihnen geliebt zu werden? ... Athmet nicht in jeder Zeile das frohe Selbstbewußtsein der erhörten und beglückten Liebe? — Und doch — wer hat es mir gesagt? Und wo steht es geschrieben?

Zwar — was soll ich aus dem Frohsinn, der auch Sie seit gestern belebt, was soll ich aus der Freudenthräne, die Sie bei der Erklärung Ihres Vaters vergossen haben, was soll ich aus der Güte, mit welcher Sie mich in diesen Tagen zuweilen angeblickt haben, was soll ich aus dem innigen Vertrauen, mit welchem Sie in einigen der verflossenen Abende, besonders gestern am Fortepiano, zu mir sprachen, was soll ich aus der Kühnheit, mit welcher Sie sich jetzt, weil Sie es dürfen, selbst in Gegenwart Anderer mir nähern, da Sie sonst immer schüchtern von mir entfernt blieben — ich frage, was soll ich aus allen diesen fast unzweifelhaften Zügen anderes schließen, was anderes, Wilhelmine, als daß ich geliebt werde?

Aber darf ich meinen Augen und meinen Ohren, darf ich meinem Witze und meinem Scharfsinn, darf ich dem Gefühle meines leichtgläubigen Herzens, das sich schon einmal von ähnlichen Zeichen täuschen ließ, wohl trauen? Muß

---

*) Ohne Datum, jedenfalls aus der ersten Zeit des Jahres 1800.

Kleists Briefe.   1 ich nicht mißtrauisch werden auf meine Schlüsse, da sie mir selbst schon einmal gezeigt haben, wie falsch sie zuweilen sind? Was kann ich im Grunde, reiflich überlegt, mehr glauben, als was ich vor einem halben Jahre auch schon wußte, ich frage, was kann ich mehr glauben, als daß Sie mich schätzen und daß Sie mich wie einen Freund lieben?

Und doch wünsche ich mehr, und doch möchte ich gern wissen, was Ihr Herz für mich fühlt. Wilhelmine! lassen Sie mich einen Blick in Ihr Herz thun! Oeffnen Sie mir es einmal mit Vertrauen und Offenherzigkeit! So viel Vertrauen, so viel unbegrenztes Vertrauen von meiner Seite verdient doch wohl einige Erwiederung von der Ihrigen. Ich will nicht sagen, daß Sie mich lieben müßten, weil ich Sie liebe; aber vertrauen müssen Sie sich mir, weil ich mich Ihnen unbegrenzt vertraut habe. — Wilhel=mine! Schreiben Sie mir einmal recht innig und herzlich! Führen Sie mich einmal in das Heiligthum Ihres Herzens, das ich noch nicht mit Genauigkeit kenne!

Wenn der Glaube, den ich aus der Innigkeit Ihres Betragens gegen mich schöpfte, zu kühn und auch zu über=eilt war, so scheuen Sie sich nicht, es mir zu sagen! Ich werde mit den Hoffnungen, die Sie mir gewiß nicht ent=ziehen werden, zufrieden sein. Aber auch dann, Wilhelmine, wenn mein Glaube gegründet wäre, auch dann scheuen Sie sich nicht, sich mir ganz zu vertrauen! Sagen Sie es mir, wenn Sie mich lieben — denn warum wollten Sie sich dessen schämen? Bin ich nicht ein edler Mensch, Wilhelmine?

Zwar — eigentlich — — ich will es Ihnen nur offenherzig gestehen, Wilhelmine, was Sie auch immerhin von meiner Eitelkeit denken mögen — eigentlich bin ich es fest überzeugt, daß Sie mich lieben. Aber, Gott weiß, welche seltsame Reihe von Gedanken mich wünschen lehrt, daß Sie es mir sagen mögten. Ich glaube, daß ich entzückt sein werde und daß Sie mir einen Augenblick voll der üppigsten und innigsten Freude bereiten werden, wenn Ihre Hand sich entschließen könnte, diese drei Worte niederzuschreiben: ich liebe Dich.

Ja, Wilhelmine, sagen Sie mir diese drei herrlichen Worte: sie sollen für die ganze Dauer meines künftigen Lebens gelten. Sagen Sie sie mir einmal und lassen Sie uns dann bald dahin kommen, daß wir nicht mehr nöthig haben, sie uns zu wiederholen! Denn nicht durch Worte, aber durch Handlungen zeigt sich wahre Treue und wahre Liebe. Lassen Sie uns bald recht innig vertraut werden, damit wir uns ganz kennen lernen! Ich weiß nichts, Wilhelmine, in meiner Seele regt sich kein Gedanke, kein Gefühl in meinem Busen, das ich scheuen dürfte Ihnen mitzutheilen. Und was könnten Sie mir wohl zu verheimlichen haben? Und was könnte Sie wohl bewegen, die erste Bedingung der Liebe, das Vertrauen, zu verletzen? — Also offenherzig, Wilhelmine, immer offenherzig! Was wir auch denken und fühlen und wünschen — etwas Unedles kann es nicht sein, und darum wollen wir es uns freimüthig mittheilen. Vertrauen und Achtung, das sind die beiden unzertrennlichen Grundpfeiler der Liebe, ohne welche sie nicht bestehen kann; denn ohne Achtung hat die Liebe keinen Werth und ohne Vertrauen keine Freude.

Ja, Wilhelmine, auch die Achtung ist eine unwiderrufliche Bedingung der Liebe. Lassen Sie uns daher unaufhörlich uns bemühen, nicht nur die Achtung, die wir gegen-

seitig für einander tragen, zu erhalten, sondern auch zu
erhöhen. Denn dieser Zweck ist es erst, welcher der Liebe
ihren höchsten Werth giebt: edler und besser sollen
wir durch die Liebe werden, und wenn wir diesen
Zweck nicht erreichen, Wilhelmine, so mißverstehen wir uns.
Lassen Sie uns daher immer mit sanfter, menschenfreund=
licher Strenge über unser gegenseitiges Betragen wachen.
Von Ihnen wenigstens wünsche ich es, daß Sie mir offen=
herzig alles sagen, was Ihnen vielleicht an mir mißfallen
könnte. Ich darf mich getrauen, alle Ihre Forderungen zu
erfüllen, weil ich nicht fürchte, daß Sie überspannte For=
derungen machen werden. Fahren Sie wenigstens fort, sich
so zu betragen, daß ich mein höchstes Glück in Ihre Liebe
und in Ihre Achtung setze; dann werden sich alle die guten
Eindrücke, von denen Sie vielleicht nichts ahnen, und die
ich Ihnen dennoch innig und herzlich danke, verdoppeln und
verdreifachen.

— Dafür will ich denn auch an Ihrer Bildung arbeiten,
Wilhelmine, und den Werth des Mädchens, das ich liebe,
immer noch mehr veredeln und erhöhen.

Und nun noch eine Hauptsache, Wilhelmine! Sie wissen,
daß ich bereits entschlossen bin, mich für ein Amt zu bilden:
aber noch bin ich nicht entschieden, für welches Amt ich
mich bilden soll. Ich wende jede müßige Stunde zum
Behufe der Ueberlegung über diesen Gegenstand an. Ich
wäge die Wünsche meines Herzens gegen die Forderungen
meiner Vernunft ab; aber die Schalen der Wage schwanken
unter den unbestimmten Gewichten. Soll ich die Rechte
studiren? — Ach, Wilhelmine, ich hörte letzthin in dem
Naturrechte die Frage aufwerfen, ob die Verträge der
Liebenden gelten könnten, weil sie in der Leidenschaft ge=

schätzen — und was soll ich von einer Wissenschaft halten, die sich den Kopf darüber zerbricht, ob es ein Eigenthum in der Welt giebt und die mir*) daher nur zweifeln lehren würde, ob ich Sie auch wohl jemals mit Recht die Meine nennen darf?

Nein, nein, Wilhelmine, nicht die Rechte will ich studiren, nicht die schwankenden, ungewissen, zweideutigen Rechte der Vernunft will ich studiren; an die Rechte meines Herzens will ich mich halten, und ausüben will ich sie, was auch alle Systeme der Philosophen dagegen einwenden mögen. — Oder soll ich mich für das diplomatische Fach bestimmen? — Ach, Wilhelmine, ich erkenne nur ein höchstes Gesetz an, die Rechtschaffenheit, und die Politik kennt nur ihren Vortheil. Auch wäre der Aufenthalt an fremden Höfen kein Schauplatz für das Glück der Liebe. An den Höfen herrscht die Mode, und die Liebe flieht vor der unbescheidenen Spötterin. — Oder soll ich mich für das Finanzfach bestimmen? — Das wäre etwas. Wenn mir auch gleich der Klang rollender Münzen eben nicht lieb und angenehm ist, so sei es dennoch! Der Einklang unserer Herzen möge mich entschädigen und ich verwerfe diesen Lebensweg nicht, wenn er zu unserem Ziele führen kann. —

Auch noch ein Amt steht mir offen, ein ehrenvolles Amt, das mir zugleich alle wissenschaftlichen Genüsse ge= währen würde, aber freilich kein glänzendes Amt, ein Amt, von dem man freilich als Bürger des Staates nicht, wohl aber als Weltbürger weiter schreiten kann — ich meine ein akademisches Amt. — Endlich bleibt es mir noch übrig, die Oekonomie zu studiren, um die wichtige Kunst zu

---

*) So steht im Original.

lernen, mit geringen Kräften große Wirkungen hervorzu=
bringen. Wenn ich mir diese große Kunst aneignen könnte,
dann, Wilhelmine, könnte ich ganz glücklich sein, dann könnte
ich, ein freier Mensch, mein ganzes Leben Ihnen und meinem
höchsten Zwecke — oder vielmehr, weil es die Rangordnung
so will — meinem höchsten Zwecke und Ihnen widmen.

So stehe ich jetzt, wie Herkules, am fünffachen Scheide=
wege und sinne, welchen Weg ich wählen soll. Das Gewicht
des Zweckes, den ich beabsichtige, macht mich schüchtern bei
der Wahl. Glücklich, glücklich, Wilhelmine, möchte ich gern
werden und darf man da nicht schüchtern sein, den rechten
Weg zu verfehlen? Zwar, ich glaube, daß ich auf jedem
dieser Lebenswege glücklich sein würde, wenn ich ihn nur
an Ihrer Seite zurücklegen kann. Aber wer weiß, Wilhelmine,
ob Sie nicht vielleicht besondere Wünsche haben, die es werth
sind, auch in Erwägung gezogen zu werden?

Daher fordere ich Sie auf, mir Ihre Gedanken über
alle diese Pläne, und Ihre Wünsche in dieser Hinsicht mit=
zutheilen. Auch wäre es mir lieb, von Ihnen zu erfahren,
was Sie sich wohl eigentlich von einer Zukunft an meiner
Seite versprechen? Ich verspreche nicht unbedingt, den Wunsch
zu erfüllen, den Sie mir mittheilen werden; aber ich ver=
spreche, bei gleich vortheilhaften Aussichten denjenigen Lebens=
weg einzuschlagen, der Ihren Wünschen am meisten entspricht.
Sei es dann auch der mühsamste, der beschwerdenvollste
Weg, Wilhelmine, ich fühle mich mit Muth und Kraft aus=
gerüstet, um alle Hindernisse zu übersteigen; und wenn mir
der Schweiß über die Schläfe rollt und meine Kräfte von
der ewigen Anstrengung ermatten, so soll mich tröstend das
Bild der Zukunft anlächeln und der Gedanke mir neuen
Muth und neue Kraft geben: ich arbeite ja für Wil=
helmine.   Heinrich Kleist.

Dem vorstehenden Briefe beigelegt war folgender Zettel:

Inliegenden Brief bin ich entschlossen morgen Abend Ihrem Vater zu übergeben. Ich fühle seit gestern Abend, daß ich meinem Versprechen, nichts für meine Liebe zu thun, das ein Betrug Ihrer würdigen Aeltern wäre, nicht treu bleiben kann. Vor Ihnen zu stehen und nicht sprechen zu dürfen, weil Andere diese Sprache nicht hören sollen, Ihre Hand in der meinigen zu halten und nicht sprechen zu dürfen, weil ich mich*) diese Sprache gegen Sie nicht erlauben will, ist eine Qual, die ich aufheben will und muß. Ich will es daher erfahren, ob ich Sie mit Recht lieben darf, oder gar nicht. Ist das letzte, so bin ich entschlossen, das Versprechen, welches ich Ihrem Vater in den letzten Zeilen meines Briefes gebe, auszuführen. Ist es nicht, so bin ich glücklich — Wilhelmine! Bestes Mädchen! Habe ich in dem Briefe an Ihren Vater zu kühn in Ihrer Seele gesprochen? Wenn Ihnen etwas darin mißfällt, so sagen Sie es mir morgen, und ich ändere es ab.

Ich sehe, daß das neue Morgenlicht meines Herzens zu hell leuchtet und schon zu sehr bemerkt wird. Ohne diesen Brief könnte ich Ihrem Rufe schaden, der mir doch theurer ist als alles in der Welt. Es komme nun auch, was der Himmel über mich verhängt, ich bin ruhig bei der Ueberzeugung, daß ich recht so thue.   Heinrich Kleist.

N. S. Wenn Sie morgen einen Spaziergang nicht abschlagen, so könnte ich von Ihnen erfahren, was Sie von diesem Schritte urtheilen und denken. — Von meiner Reise habe ich, aus Gründen, die Sie selbst entschuldigen werden, nichts erwähnt. Schweigen Sie daher auch davon! Wir verstehen uns ja.

------

*) So im Original.

II.

Liebe Wilhelmine. Die wechselseitige Uebung in der Beantwortung zweifelhafter Fragen hat einen so vielseitigen Nutzen für unsere Bildung, daß es wohl der Mühe werth ist, die Sache ganz so ernsthaft zu nehmen, wie sie ist und Dir eine kleine Anleitung zu leichteren und zweckmäßigeren Entscheidungen zu geben. Denn durch solche schriftlichen Auflösungen interessanter Aufgaben üben wir uns nicht nur in der Anwendung der Grammatik und im Stile, sondern auch in dem Gebrauch unserer höheren Seelenkräfte; und endlich wird dadurch auch unser Urtheil über zweifelhafte Gegenstände festgestellt und wir selbst auf die Art nach und nach immer um eine und wieder um eine interessante Wahrheit reicher.

Die Antwort auf meine erste Frage ist, ihrem Sinne nach, ganz so, und die Antwort auf meine zweite Frage, ihrem Sinne nach, vielleicht noch besser, als ich sie selbst gegeben haben würde. Nur in der Einkleidung, in der Anordnung und in der Ausführung beider Entscheidungen ließe sich einiges anführen, das zu tadeln wäre.

Das behalte ich aber unseren mündlichen Unterhaltungen bevor, und begnüge mich, Dir hier bloß den Weg vorzuzeichnen, den ich selbst bei der Beantwortung einer ähnlichen Frage einschlagen würde.

Gesetzt, Du fragtest mich, welcher von zwei Ehe=
leuten, deren jeder seine Pflichten gegen den an=
deren erfüllt, am Meisten bei dem früheren Tode
des anderen verliert; so würde Alles, was in meiner
Seele vorgeht, ohngefähr in folgender Ordnuug aneinander
hangen.

Zuerst fragt mein Verstand: was willst Du? Das
heißt, mein Verstand will den Sinn Deiner Frage begreifen.
Dann fragt meine Urtheilskraft: worauf kommt es an?
Das heißt, meine Urtheilskraft will den Punkt der Streitig=
keit auffinden. Zuletzt fragt meine Vernunft: worauf läuft
das hinaus? Das heißt, meine Vernunft will aus dem
Vorangehenden das Resultat ziehen.

Zuerst stellt sich also mein Verstand den Sinn Deiner
Frage deutlich vor, und findet, daß Du Dir zwei Eheleute
denkst, deren jeder für den andern thut, was er seiner
Natur nach vermag; daß Du also voraussetzest, jeder ver=
liere bei dem Tode des Andern etwas, und daß Du
endlich eigentlich nur wissen willst, auf wessen Seite das
Uebergewicht des Verlustes befindlich ist.

Nun stellt sich meine Urtheilskraft an die Quelle der
Streitigkeit, und fragt: was thut denn eigentlich jeder der
beiden Eheleute, seiner Natur nach, für den anderen, und
wenn sie dieses gefunden hat, so vergleicht sie das, was
beide für einander thun, und bestimmt daraus, wer von
beiden am Meisten für den andern thut. Da findet nun
die Urtheilskraft zuerst, daß der Mann nicht bloß der Mann
seiner Frau, sondern auch noch ein Bürger des Staates, die
Frau hingegen nichts, als die Frau ihres Mannes ist; daß
der Mann nicht bloß Verpflichtungen gegen seine Frau,
sondern auch Verpflichtungen gegen sein Vaterland, die Frau

hingegen keine anderen Verpflichtungen hat, als Verpflich=
tungen gegen ihren Mann; daß folglich das Glück des
Weibes zwar ein wichtiger und unerläßlicher, aber nicht der
einzige Gegenstand des Mannes, das Glück des Mannes
hingegen der alleinige Gegenstand der Frau ist; daß daher
der Mann nicht mit allen seinen Kräften für seine Frau,
die Frau hingegen mit ihrer ganzen Seele für den Mann
wirkt; daß die Frau, in der Erfüllung der Hauptpflicht ihres
Mannes, nichts empfängt, als Schutz gegen Angriffe auf
Ehre und Sicherheit und Unterhalt für die Bedürfnisse ihres
Lebens, der Mann hingegen, in der Erfüllung der Haupt=
pflicht seiner Frau, die ganze Summe seines häuslichen, das
heißt überhaupt, alles Glückes von ihr empfängt; daß zuletzt
der Mann nicht immer glücklich ist, wenn es die Frau ist, die
Frau hingegen immer glücklich ist, wenn der Mann glücklich ist,
und daß also das Glück des Mannes eigentlich der Hauptgegen=
stand des Bestrebens beider Eheleute ist. Aus der Vergleichung
dieser Sätze bestimmt nun die Urtheilskraft, daß der Mann
bei Weitem, ja unendlich mehr von seiner Frau empfängt,
als die Frau von ihrem Manne.

Nun übernimmt die Vernunft das letzte Geschäft, und
zieht aus jenem letzten Satze den natürlichen Schluß, daß
derjenige, der am meisten empfängt, auch am meisten ver=
lieren müsse, und daß folglich, da der Mann unendlich
mehr empfängt, als die Frau, er auch unendlich mehr bei
dem Tode derselben verlieren müsse, als die Frau bei dem
Tode ihres Mannes.

Auf diesem Wege wäre ich also durch eine Reihe von
Gedanken, deren jeden ich, ehe ich mich an die Ausführung
des Ganzen wage, auf einem Nebenblatt aufzuschreiben pflege,
auf das verlangte Resultat gekommen, und es bleibt mir

nun nichts übrig, als die zerstreuten Gedanken in ihrer Ver=
knüpfung von Grund und Folge zu ordnen, und dem Auf=
satze die Gestalt eines abgerundeten, vollständigen Ganzen
zu geben.

Das würde nun ohngefähr auf diese Art am besten
geschehen:

„Der Mann ist nicht bloß der Mann seiner Frau, er
ist auch ein Bürger des Staates; die Frau hingegen ist
nichts, als die Frau ihres Mannes; der Mann hat nicht
bloß Verpflichtungen gegen seine Frau, er hat auch Ver=
pflichtungen gegen sein Vaterland; die Frau hingegen hat
keine anderen Verpflichtungen, als Verpflichtungen gegen
ihren Mann; das Glück des Weibes ist zwar ein uner=
läßlicher, aber nicht der einzige Gegenstand des Mannes,
ihm liegt auch das Glück seiner Landsleute am Herzen; das
Glück des Mannes hingegen ist der einzige Gegenstand der
Frau; der Mann ist nicht mit allen seinen Kräften für seine
Frau thätig, er gehört ihr nicht ganz, nicht ihr allein, denn
auch die Welt macht Ansprüche auf ihn und seine Kräfte;
die Frau hingegen ist mit ihrer ganzen Seele für ihren
Mann thätig, sie gehört niemandem an, als ihrem Manne,
und sie gehört ihm ganz an; die Frau endlich empfängt,
wenn der Mann seine Hauptpflichten erfüllt, nichts von ihm,
als Schutz gegen Angriffe auf Ehre und Sicherheit und
Unterhalt für die Bedürfnisse ihres Lebens, der Mann hin=
gegen empfängt, wenn die Frau ihre Hauptpflichten erfüllt,
die ganze Summe seines irdischen Glückes; die Frau ist
schon glücklich, wenn es der Mann nur ist, der Mann nicht
immer, wenn es die Frau ist, und die Frau muß ihn erst
glücklich machen. Der Mann empfängt also unendlich mehr
von seiner Frau, als umgekehrt, die Frau von ihrem Manne.

Folglich verliert auch der Mann unendlich mehr bei dem Tode seiner Frau, als diese umgekehrt bei dem Tode ihres Mannes. Die Frau verliert nichts als den Schutz gegen Angriffe auf Ehre und Sicherheit und Unterhalt für die Bedürfnisse ihres Lebens; das erste findet sie in den Gesetzen wieder, oder der Mann hat es ihr in Verwandten, vielleicht in erwachsenen Söhnen hinterlassen; das andere kann sie aus der Hinterlassenschaft von ihrem Manne erhalten haben. Aber wie will die Frau dem Manne hinterlassen, was er bei ihrem Tode verliert? Er verliert den ganzen Inbegriff seines irdischen Glückes, ihm ist, mit der Frau, die Quelle alles Glückes versiegt, ihm fehlt Alles, wenn ihm die Frau fehlt, und Alles, was die Frau ihm hinter= lassen kann, ist das wehmüthige Andenken an ein ehemaliges Glück, das seinen Zustand noch um so trauriger macht."

Ich füge jetzt hier noch eine Frage bei, die auf ähn= lichem Wege aufgelöset werden könnte: sind die Weiber wohl ganz ohne allen Einfluß auf die Staats= regierung?

H. K.

III.

Berlin, 16. August 1800.

Mein liebes, theures Herzensminchen, sei nicht böse, daß Du so spät diesen Brief erhältst. Gestern hielten mich viele Geschäfte vom Schreiben ab — doch das ist eine schlechte Entschuldigung. Kein Geschäft darf mich von der Erfüllung der Pflicht abhalten, meinem lieben, treuen Mädchen zur bestimmten Zeit Nachricht von mir zu geben. Nun, verzeihe diesmal! Wenn ich jetzt diese Zeilen auf die Post gäbe, so fändest Du freilich bei Deiner Rückkehr von Tamsel einen Brief von mir vor; aber kann man 7 Zeilen einen Brief nennen? Laß mich also lieber noch ein Weilchen mit Vertrauen und Innigkeit mit Dir plaudern.

Mit welchen Empfindungen ich Frankfurt verlassen habe — ach, liebes Mädchen, das kann ich Dir nicht beschreiben, weil Du mich doch nicht ganz verstehen würdest. Als ich mich von Dir trennte, legte ich mich noch in's Bett, und lag da wohl noch 1½ Stunde, doch mit offenen Augen, ohne zu schlafen. Als ich im Halbdunkel des Morgens abfuhr, war mir's, als hörte ich ein Geräusch an dem innern Fenster Eures Saales. Mir fuhr ein schneller Gedanke durch die Seele, ob Du das wohl sein könntest. Aber Du warst es nicht, ob ich gleich eine brennende Sehnsucht hatte, Dich noch einmal zu sehen. Der Wagen rollte weiter, indessen mein Auge immer noch mit rückwärts gewandtem Körper an das geliebte Haus hing. Mir traten Thränen in's Auge, ich wünschte herzlich zu weinen, aber ich bin schon zu lange davon entwöhnt.

Auf meiner ganzen Reise nach Berlin ist der Gedanke an Dich nur selten, sehr selten aus meiner Seele gewichen. Ich bin überzeugt, daß, wenn man die Augenblicke der Zerstreuung zusammennehmen wollte, kaum eine kleine Viertelstunde herauskommen würde. Nichts zerstreute mich, nicht das wirklich romantische Reinhöffel (ein Gut des Hoffmarschalls Massow), wo gleichsam jeder Baum, jeder Zweig, ja selbst jedes Blatt nach einer entworfenen Idee des Schönen gepflanzt, gebogen und geordnet zu sein scheint; nicht der emporstrebende Rauch der Feueressen vom Schlosse, der mich an die Anstalten erinnerte mit welchen man eine königliche Familie hier empfangen wollte; nicht der ganze königliche Troß, der, in eine Staubwolke gehüllt, vor mir dahin rollte; nicht die schöne, bereits fertige Chaussee von Friedrichsfelde nach Berlin, auf welcher ich jetzt nicht ohne Freude, aber, wenn ich sie gebaut hätte, nicht ohne Stolz gefahren wäre; selbst nicht die brennende Hitze des Tages, die mir auf den Scheitel glühte, als ob ich unter der Linie wäre, und die, so sehr sie auch meinen Körper erschlaffte, doch meinen Geist nicht in seiner liebsten Beschäftigung, in der Erinnerung an Dich, stören konnte.

Als ich hinein fuhr in das Thor im Halbdunkel des Abends und die hohen, alten Gebäude anfänglich nur zerstreut und einzeln umher lagen, dann immer dichter und dichter, und das Leben immer lebendiger, und das Geräusch immer geräuschvoller wurde, als ich nun endlich in der Mitte der stolzen Königsstadt war, und meine Seele sich erweiterte, um so viele zuströmende Erscheinungen zu fassen,

da dachte ich: wo mag wohl das liebe Dach liegen, das einst
mich und mein Liebchen schützen wird? Hier in der stolzen
Colonnade? dort in jenem versteckten Winkel? oder hier an
der offenen Spree? Werde ich einst in jenem weitläufigen
Gebäude mit vierfachen Reihen von Fenstern mich verlieren
oder hier in diesem kleinen engen Häuschen mich immer
wieder finden? Werde ich am Abend, nach vollbrachter
Arbeit, hier durch dieses kleine Gäßchen mit Papieren unter
dem Arme zu Fuß nach meiner Wohnung gehen, oder werde
ich mit Vieren stolz durch die prächtige Straße vor jenes
hohe Portal rollen? Wird mein liebes Minchen, wenn ich
still in die Wohnung treten will, mir von oben herab
freundlich zunicken, und auf dieser dunklen Treppe mir ent=
gegen kommen, um früher den Kuß der Liebe auf die
durstenden Lippen zu drücken, oder werde ich sie in diesem
weiten Pallast suchen und eine Reihe von Zimmern durch=
wandern müssen, um sie endlich auf dem gepolsterten Sopha
unter geschmückten und geschminkten Weibern zu finden?
Wird sie hier in diesem dunkeln Zimmer nur den dünnen
Vorhang zu öffnen brauchen, um mir den Morgengruß zu=
zulächeln, oder wird sie von dem weitesten Flügel jenes
Schlosses her am Morgen einen Jäger zu mir schicken, um
sich zu erkundigen, wie der Herr Gemahl geschlafen habe?
— — Ach, liebes Minchen, nein, gewiß, gewiß wirst Du
das letzte nicht. Was auch die Sitte der Stadt für Opfer
begehrt, die Sitte der Liebe wird Dir gewiß immer heiliger
sein, und so mag denn das Schicksal mich hinführen, wohin
es will, hier in dieses versteckte Häuschen oder dort in jenes
prahlende Schloß. Eines finde ich gewiß unter jedem Dache,
Vertrauen und Liebe.

Aber, unter uns gesagt, je öfter ich Berlin sehe, je ge=

wiſſer wird es mir, daß dieſe Stadt, ſo wie alle Reſidenzen und Hauptſtädte, kein eigentlicher Aufenthalt für die Liebe iſt. Die Menſchen ſind hier zu zierlich, um wahr, zu gewißig, um offen zu ſein. Die Menge von Erſcheinungen ſtört das Herz in ſeinen Genüſſen, man gewöhnt ſich endlich, in ein ſo vielfaches, eitles Intereſſe einzugreifen, und verliert am Ende ſein wahres aus den Augen.

Carln*) ſprach ich gleich geſtern Morgen, aß bei ihm zu Mittag, er bei mir zu Abend. Ich grüßte Kleiſten**) auf der Promenade, und ward durch eine Einladung zu heute Abend geſtraft, denn dies iſt wider meinen Plan. Mein erſter Gang war zu Struenſee,***) er war, was ich bloß fürchtete, nicht gewiß wußte, nicht zu Hauſe. Du brauchſt dies nicht zu verſchweigen. Struenſee kommt den 26. wieder und dann werde ich ihn ſprechen. Das iſt gewiß. Du kannſt ſagen, daß ich ſo lange hier bleiben werde, welches jedoch nicht wahr iſt. Du wirſt die Wahrheit erfahren. — Mein zweiter Gang war zu Beneken†), den ich aber heute wiederholen muß, weil er nicht zu Hauſe war. Mein dritter war in den Buchladen, wo ich Bücher und Karten für Ulriken, den Wallenſtein von Schiller — Du freuſt Dich doch? — für Dich kaufte. Lies ihn, liebes

---

*) Carl von Zenge war der älteſte Bruder der Braut, Offizier. Er ſtarb ſchon bald darauf.

**) Einer von den Verwandten des Dichters und zwar, wie man aus dem Folgenden ſieht, einer, der ihm nicht beſonders ſympathiſch war.

***) Struenſee war von 1791 bis zu ſeinem Tode, 1804, kgl. preußiſcher Staatsminiſter und Chef des Zoll= und Acciſedepartements, bei welchem Kleiſt eine Zeit lang als Volontär arbeitete.

† Ein gemeinſamer Bekannter der Familien Kleiſt und Zenge.

München, ich werde ihn auch lesen. So werden sich unsere Seelen auch in dem dritten Gegenstande zusammentreffen. Laß ihn nach Deiner Willkür auf meine Kosten binden und schreibe auf der innern Seite die bekannte Formel: H. v. K. an W. v. Z. Träume Dir so mit schönen Vorstellungen die Zeit unserer Trennung hinweg. Alles, was Max Piccolomini sagt, möge, wenn es einige Aehnlichkeit hat, für mich gelten, alles, was, Thekla sagt, soll, wenn es einige Aehnlichkeit hat, für Dich gelten.

Gestern Abend ging ich in das berühmte Panorama der Stadt Rom. Es hat indessen, wie es scheint, seinen Ruhm niemanden zu danken, als seiner Neuheit. Es ist die erste Ahndung eines Panoramas (Panorama ist ein griechisches Wort. Für Dich ist es wohl weiter nichts, als ein unverständlicher Klang. Indessen, damit Du Dir doch etwas dabei denken kannst, so will es Dir, nach Maßgabe Deiner Begreifungskraft, erklären. Die erste Hälfte des Wortes heißt ohngefähr so viel wie: von allen Seiten, ringsherum; die andere Hälfte heißt ohngefähr: sehen, zusehendes, gesehenes. Daraus magst Du Dir nun nach Deiner Willkür ein deutsches Hauptwort zusammensetzen.) Ich sage, es ist die erste Ahndung eines Panoramas, und selbst die bloße Idee ist einer weit größeren Vollkommenheit fähig. Denn da es nun doch einmal darauf ankommt, den Zuschauer ganz in den Wahn zu setzen, er sei in der offenen Natur, so daß er durch nichts an den Betrug erinnert wird, so müßten ganz andere Anstalten getroffen werden. Keine Form des Gebäudes kann nach meiner Einsicht diesen Zweck erfüllen, als allein die kugelrunde. Man müßte auf dem Gemälde selbst stehen, und nach allen Seiten zu, keinen Punkt finden, der nicht Gemälde wäre.

Weil aber das Licht von oben hinein fallen und folglich oben eine Oeffnung sein muß, so müßte, um diese zu ver= decken, etwa ein Baumstamm aus der Mitte sich erheben, der dick belaubte Zweige ausbreitet und unter dessen Schatten man gleichsam stände. Doch höre, wie das Alles ausgeführt ist. Zu mehrerer Verständlichkeit habe ich Dir den Plan beigelegt.

Am Eingange wird man höflichst ersucht, sich einzu= bilden, man stünde auf den Ruinen des Kaiserpalastes. Das kann aber wirklich, wenn man durch einen dunkeln Gang hinaufgestiegen ist bis in die Mitte, nicht ohne große Gefälligkeit geschehen. Man steht nämlich auf tüchtigen Fichtenbrettern, welche, wie bekannt, mit dem cararischen Marmor nicht eben viele Aehnlichkeit haben. Aus der Mitte erhebt sich ein vierkantiger Pfahl, der eine glatte, hölzerne Decke trägt, um die obere Oeffnung zu verdecken. Was das eigentlich vorstellen soll, sieht man gar nicht ein, und um die Täuschung vollends mit dem Dolche der Wirk= lichkeit niederzubohren, hangen an jeder Seite des Pfahles vier niedliche Spiegel, die das Bild des Gemäldes auf eine widerliche künstliche Art zurückwerfen. Der Raum für die Zuschauer ist durch eine hölzerne Schranke begrenzt, die ganz an die Barrieren der Luftspringer oder Kunstreiter erinnert. Darüber hin sieht man zunächst weiß und roth marmorirte Leinwand in gestaltlosen Formen aufgehängt und gestützt, und vertieft und gehoben, was denn, wie Du Dir leicht denken kannst, nichts weniger als die durch den Zahn der Zeit zerknirschten Trümmer des Kaiserpalastes vorstellen soll. Nächst diesem Vordergrunde, folgt eine ohngefähr 3 Fuß hohe im Kreise senkrecht umhergestellte Tapete, mit Blättern, Gestein und Trümmern bemalt, welches gleichsam den

Mittelgrund, wie auf unsern Theatern, andeutet. Denke
Dir dann im Hintergrund das eigentliche Gemälde, an einer
senkrechten runden Wand, denke Dir einen inwendig bemalten
runden Thurm, und Du hast die ganze Vorstellung des berühmten Panoramas.

Der Gegenstand des Gemäldes ist interessant, denn es
ist Rom. Aber auch dieser ist zuweilen schlecht ausgeführt.
Die Natur selbst, bilde ich mir ein, hat es wenigstens gewiß
besser gemacht. Das ist eine Fülle von Gegenständen, ein
Reichthum von Schönheit, und Partien, deren jede einzeln
einen Ort interessant machen würde. Da sind Thäler,
Hügel, Altäre, heilige Haine, Grabmäler, Villen, Ruinen,
Bäder, Wasserleitungen (nur kein Wasser selbst), Capellen,
Kirchen, Pyramiden, Triumphbögen, der große ungeheure
Circus und das prächtige Rom. Das letzte besonders thut
sein Möglichstes zum Betrug. Der Künstler hat gerade den
Moment des Sonnenunterganges gut getroffen, ohne die
Sonne selbst zu zeigen, die ein Felsen (Nummer 1)*) ver-
birgt. Dabei hat er Rom, mit seinen Zinnen und Kuppeln,
so geschickt zwischen der Sonne und dem Zuschauer situirt,
daß der melancholische, dunkle Azurschleier des Abends, der
über die große Antike liegt, und aus welchem nur hin und
wieder mit heller Pupurröthe die erleuchteten Spitzen hervor-
blitzen, seine volle Wirkung thut. Aber kein kühler Wasser-
wind wehte über die Ruinen, auf welchen wir standen, es
war erstickend heiß in dieser Nähe von Rom, und ich eilte
daher wieder nach Berlin, welche Reise diesmal nicht beschwerlich und langweilig war.

Soeben tritt ein bewaffneter Diener der Polizei zu

*) Auf dem beigelegten Plane, der aber fehlt.

2*

mir herein, und fragt mich, ob ich, der ehemalige Lieutenant von Kleist, mich durch Documente legitimiren könne. Gott sei Dank, dachte ich, daß Du nicht ein französischer oder polnischer Emigrirter bist, sonst würde man Dich wohl höflichst unverrichteter Sache wieder zum Thore hinaus begleiten. Wer weiß, ob er nicht dennoch nach Frankfurt schreibt, um sich näher nach mir zu erkundigen. Denn der seltsame militairisch-akademische Zwitter schien ihm doch immer noch ein Anomalon (Ausnahme von der Regel) in dem Bezirk seiner Praxis zu sein.

Soeben komme ich von Beneken zurück und bringe meiner Schwester Wilhelmine gute Nachrichten. Gieb ihr einliegenden Zettel. — Zu welchen Abscheulichkeiten sinkt der Mensch hinab, wenn er nichts als seinen eigenen Vortheil im Auge hat. Pfui! Lieber alles verlieren, als durch solche Mittel gewinnen. Mein armes Minchen hatte auch ein besseres Schicksal verdient. Das sind die Folgen eines einzigen unseligen Entschlusses!*)

Werden wir wohl noch einmal uns scheiden? Statt dieser zärtlichen Briefe gerichtliche Klagen und Vorwürfe aufschreiben? In diesen wohlwollenden Herzen einst Haß und Rache nähren? Mit diesen getreuen Kräften einst wechselseitig uns in Schande und Elend stürzen? Werden wir uns scheiden? -- Wir nicht, mein liebes Mädchen. Aber Einer wird uns freilich scheiden, Einer, der auch schwarz aussehen soll, wie man sagt, ob er gleich kein Priester ist. Doch der scheidet immer nur die Körper.

Als ich von Beneken zurückkam, begegnete ich Nadber-

---

*) Worauf dies geht, ist mir nicht bekannt, jedenfalls auf eine unglückliche Ehe von einer von Kleists Schwestern.

mann, ziemlich geputzt, triefend von Schweiß. Wo kommen Sie her, mein Freund? — Aus dem Examen.

Ich eile zum Schlusse. Lies die Instruction oft durch! Es wäre am besten, wenn Du sie auswendig könntest. Du wirst sie brauchen. Ich vertraue Dir ganz, und darum sollst Du mehr von mir erfahren, als irgend einer.

Mein Plan hat eine Aenderung erlitten, oder besser, die Mittel dazu; denn der Zweck steht fest. Ich fühle mich zu schwach, ganz allein zu handeln, wo etwas so Wichtiges auf's Spiel steht. Ich suche mir daher jetzt, ehe ich handle, einen weisen älteren Freund auf, den ich Dir nennen werde, so bald ich ihn gefunden habe. Hier ist er nicht, und in der Gegend auch nicht. Aber er ist — — soll ich Dir den Ort nennen? Ja, das will ich thun. Ulrike*) soll immer nur erfahren, wo ich bin, Du aber, mein geliebtes Mädchen, wo ich sein werde. Also kurz: morgen geht es nach — — — — Pasewalk. Pasewalk? Ja, Pasewalk, Pasewalk. Was in aller Welt willst Du denn dort? — Ja, mein Kind, so fragt man die Bauern aus! Begnüge Dich mit rathen, bis es für Dich ein Glück sein wird, zu wissen. In fünf oder höchstens sieben Tagen bin ich wieder hier, und besorge meine Geschäfte bei Struensee. Dann ist die Reise noch nicht zu Ende — Du erschrickst doch nicht? Lies Du nur fleißig zur Beruhigung meine Briefe durch, wie ich Deine Aufsätze. Und schreibe mir nicht anders, als bis ich Dir genau andeute, wohin? Auch mußt Du immer auf die Briefe schreiben: selbst abzuholen. Morgen denke ich hier einen Brief von Dir zu

---

*) Kleists Lieblingsschwester, an welche er die vielen Briefe gerichtet hat, die Koberstein herausgegeben.

finden. Jetzt mußt Du aber gleich wieder schreiben, und zwar so, daß der Brief den 22. spätestens in Berlin eintrifft. Sei klug und verschwiegen!

Restez fidèle Dein Freund H. K.

N. S. Carl kommt mir nicht von der Seite und zerbricht sich den Kopf, was ich vorhabe. Ich werde ihm das Versprechen abnehmen, nicht zu erforschen, was ich will. Unter dieser Bedingung will ich ihm versprechen, daß er immer von Dir erfahren soll, wo ich bin. Das kannst Du ihm dann schreiben, doch weiter nichts. Du kannst auch sagen, daß ich in Berlin bei Tante wohne. Sollte er auf Urlaub nach Fr. kommen, so bin ich ausgezogen, nach Potsdam gegangen, wie ihr wollt, nur immer ihr beide einstimmig. Wenn Carl nur sieht, daß Du Alles weißt, so wird er nicht erstaunen und sich verwundern, welches ich in alle Fälle gern vermeiden möchte.

Hilf mir meinen Plan so ausführen, liebes Mädchen, Dein Glück ist so gut dabei interessirt, ja vielleicht mehr noch, als das meinige. Das Alles wirst Du einst besser verstehen. Lebe wohl! Predige nur in allen Deinen Briefen Carl Verschwiegenheit vor. Er soll gegen niemanden viel von mir sprechen, und, bringt einer auf ihn ein, antworten: er wisse von nichts. Adieu. Adieu. In 3 Tagen folgt ein zweiter Brief.

(Nimm immer die Karte von Deutschland zur Hand und siehe zu, wo der Ort liegt, in welchem ich mich befinde.)

— Der Erste, dem Du das Gedicht von Schiller leihst, muß Ulrike sein.

IV.

Mein theures, liebes Mädchen. Kaum genieße ich die erste Stunde der Ruhe, so denke ich auch schon wieder an die Erfüllung meiner Pflicht, meiner lieben, angenehmen Pflicht. Zwar habe ich den ganzen Weg über von Berlin nach Pasewalk an Dich geschrieben, trotz des Mangels an allen Schreibmaterialien, trotz des unausstehlichen Rüttelns des Postwagens, trotz des noch unausstehlicheren Geschwätzes der Passagiere, das mich übrigens so wenig in meinem Concept störte, als die Bombe in Stralsund Carl XII. in dem seinigen. Aber das Ganze ist ein Brief geworden, den ich Dir nicht anders als mit mir selbst und durch mich selbst mittheilen kann, denn, unter uns gesagt, es ist mein Herz. Du willst es aber schwarz auf weiß sehen, und so will ich Dir denn mein Herz, so gut ich kann, auf dieses Papier malen, wobei Du aber nie vergessen mußt, daß es bloße Copie ist, welche das Original nie erreicht, nie er=reichen kann.

Ich reiste den 17. Morgens um 8 Uhr mit der Stettiner bedeckten Post von Berlin ab. Deinem Bruder hatte ich das Versprechen abgenommen, weder das Ziel noch den Zweck meiner Reise zu erforschen, und hatte ihm dagegen das Versprechen gegeben, durch meine Vermittelung immer von Dir den Ort meines Aufenthaltes zu erfahren. Diesen kannst Du ihm denn auch immer mittheilen, es müßten denn in der Folge Gründe eintreten, welche mir das Gegentheil wünschen lassen. Das werde ich Dir aber noch schreiben.

Ich hatte am 2. Abend vor meiner Abreise bei Kleisten gegessen und obgleich die Tafel gar nicht überflüssig und leckerhaft gedeckt war, so hatte ich doch, gleichsam in der Hitze des Gesprächs mit sehr interessanten Männern, mehr gegessen, als mir dienlich war. Ich befand mich am anderen Tage und besonders in der letzten Nacht sehr übel, wagte aber die Reise, welche nothwendig war, doch, und der Genuß der freien Luft, Diät, das Rütteln des Wagens, vielleicht auch die Aussicht auf eine frohe Zukunft, haben mich wieder ganz curirt.

Ich habe auch Deinen lieben Wittich*) in Berlin gesehen und gesprochen, und finde, daß mir mein ehemaliger Nebenbuhler keine Schande macht. Ich habe zwar bloß sein Aeußeres, seine Rüstung kennen gelernt, aber es scheint mir, daß etwas Gutes darunter versteckt ist. Ich würde aber dennoch den Kampf mit ihm um Deine Liebe nicht scheuen. Denn, obgleich seine Waffen heller funkeln als meine, so habe ich doch ein Herz, das sich mit dem besten messen kann, und Du, hoffe ich, würdest entscheiden, wie es recht ist.

Von meiner Reise läßt sich diesmal nichts sagen. Ich bin durch Oranienburg, Templin, Prenzlow hierhergekommen, ohne daß sich von dieser ganzen Gegend etwas interessanteres sagen ließe, als dieses, daß sie ohne Interesse ist. Das ist

---

*) Wie aus dem Folgenden hervorgeht, ein früherer Anbeter Wilhelminens (wenigstens nach Kleists Annahme). Näheres über ihn ist mir nicht bekannt.

nichts, als Korn auf Sand, oder Fichten auf Sand, die Dörfer elend, die Städte wie mit dem Besen auf ein Häuschen zusammengekehrt. Denn rings um die Mauern ist alles rein und proper, daß man oft einen Candelbaum vergebens suchen würde. Es scheint, als ob dieser ganze nördliche Strich Deutschlands von der Natur dazu bestimmt gewesen wäre, immer und ewig der Boden des Meeres zu bleiben, und daß das Meer sich gleichsam aus Versehen so weit zurückgezogen und so einen Erdstrich gebildet hat, der ursprünglich mehr zu einem Wohnplatz für Wallfische und Häringe, als für einen Wohnplatz für Menschen bestimmt war.

Diesmal mußt Du also mit dieser magern Reisebeschreibung vorlieb nehmen. Ich hoffe Dir künftig interessantere Dinge schreiben zu können. — Und nun zu dem, worauf Du gewiß mit ganzer Seele gespannt bist, und wovon ich Dir doch nur so wenig mittheilen kann. Doch Alles, was jetzt für Dich zu wissen gut ist, sollst Du auch jetzt erfahren.

Du kennst doch Deine Lection noch auswendig? Du liesest doch zuweilen meine Instruction durch? Vergiß nicht, liebes Mädchen, was Du mir versprochen hast, unwandelbares Vertrauen in meine Liebe zu Dir, und Ruhe über die Zukunft. Wenn diese beiden Empfindungen immer in Deiner Seele lebendig wären und durch keinen Zweifel niemals gestört würden, wenn ich dieses ganz gewiß wüßte, wenn ich die feste Zuversicht darauf haben könnte, o dann würde ich mit Freudigkeit und Heiterkeit meinem Ziele entgegen gehen können. Aber der Gedanke: Du bist doch nur ein schwaches Mädchen, meine unerklärliche Reise, diese wochenlange, vielleicht monatelange Trennung — o Gott, wenn Du krank werden könntest! Liebes, theures,

treues Mädchen! Sei auch ein starkes Mädchen! Vertraue
Dich mir ganz an! Setze Dein ganzes Glück auf meine
Redlichkeit! Denke, Du wärest in das Schiff meines Glückes
gestiegen mit allen Deinen Hoffnungen, Wünschen und Aus=
sichten. Du bist schwach, mit Stürmen und Wellen kannst
Du nicht kämpfen, darum vertraue Dich mir an, mir, der
mit Weisheit die Bahn der Fahrt entworfen hat, der die
Gestirne des Himmels zu seinen Führern zu wählen, und
das Steuer des Schiffes mit starkem Arm, mit stärkerem
gewiß, als Du glaubst, zu lenken weiß! Wozu wolltest Du
klagen, Du, die Du das Ziel der Reise und ihre Gefahr
nicht einmal kennst, ja vielleicht Gefahren siehst, wo gar keine
vorhanden sind? Sei also ruhig! So lange der Steuer=
mann noch lebt, sei ruhig! Beide gehen unter in den
Wellen, oder Beide laufen glücklich in den Hafen; kann sich
die Liebe, die echte Liebe, ein freundlicheres Schicksal
wünschen?

Eben damit Du ganz ruhig sein mögtest, habe ich Dir,
die Einzige in der Welt, Alles gesagt, was ich sagen durfte,
nichts, auch das Mindeste, nicht vorgelogen, und verschwiegen,
was ich verschweigen mußte. Darum, denke ich, konntest
Du wohl auch schon Vertrauen zu mir fassen. Das meinige
wird von Dir nie wanken. Ich habe zwar am Sonntage
keinen Brief gefunden, ob Du mir gleich versprochen hattest,
noch vor Deiner Reise nach Tamsel an mich zu schreiben;
aber ich fürchte eher, daß Du Deine Gesundheit, als Deine
Liebe zu mir verloren hättest, ob mir gleich das Erste auch
schrecklich wäre. — Liebes Mädchen, wenn Du krank sein
solltest, und ich erfahre dies in Berlin, so bin ich in zwei
Tagen bei Dir. Aber ich fürchte das nicht — o weg mit
den häßlichen Gedanken!

Ich komme zu einer frohen Nachricht, die Dir gewiß auch recht froh sein wird. Denn Alles, was mir zustößt, sei es Gutes oder Böses, auch wenn Du es gar nicht deutlich kennst, das trifft auch Dich, nicht wahr? Das war die Grundlage unseres Bundes. Also höre! Mein erster Plan ist vollständig geglückt. Ich habe einen älteren, weisen Freund gefunden, gerade den, den ich am innigsten wünsche. Er stand nicht einen Augenblick an, mich in meinem Unternehmen zu unterstützen. Er wird mich bis zu seiner Ausführung begleiten. Nun bist Du doch ruhig? Du weißt doch, mit welcher Achtung ich und Ulrike von einem gewissen Brokes*) sprach, den wir auf Rügen kennen gelernt haben? Der ist es. — Gott gebe, daß mir die Hauptsache so glückt, dann sind niemals zwei glücklichere Menschen gewesen, als Du und ich. — Aber das Alles behältst Du für Dich. Das habe ich Niemanden vertraut, als der Geliebten. Das Fräulein von Z. weiß es aber nicht anders, als daß ich in Berlin bin, und so darf es auch kein Anderer anders von ihr erfahren. Grüße Vater und Mutter und beide Familien von dem Herrn von Kleist, der in Berlin ist! Da treffe ich auch wirklich wieder den 24. August ein, doch halte ich mich dort nicht lange auf. Ich empfange bloß einen Brief von Dir, den ich gewiß auch zu finden

---

*) Alles, was man von diesem Herrn v. Brokes weiß, ist die folgende Charakteristik, die sich in Varnhagens „Biographischen Denkmälern," 3. Bd. S. 85 findet: „Eine in vielen deutschen Lebenskreisen bedeutende und vertraute Erscheinung, ein edler, gebildeter Mann voll hohen Ernstes der Seele und von großer Grabheit des Gemüthes, in seiner Anspruchslosigkeit und Stille wirkte er stark auf seine Freunde, und Männer und Frauen hingen mit Leidenschaft an ihm."

hoffe, und spreche mit Struensee; dann geht es weiter, wohin? das sollst Du erfahren, ich weiß es selbst noch nicht gewiß. Du sollst dann überhaupt mehr von dem Gange meiner Reise erfahren; doch Dein Brief, den ich in Berlin erhalten werde, wird bestimmen — wie viel. Wenn ich mit ganzer Zuversicht auf Dein Vertrauen und Deine Ruhe rechnen kann, so lasse ich jeden Schleier sinken, der nicht nothwendig ist.

Dein treuer Freund H. K.

V.

Weil doch die Post vor morgen Abend nicht abgeht, so will ich noch ein Blättchen Papier für Dich beschreiben, und wünsche herzlich, daß die Lectüre desselben Dir nur halb so viel Vergnügen machen möchte, als mir das Geschäft des Schreibens. Du wirst zwar nun ein paar mal vergebens auf die Post schicken, und das Herzchen wird mit jeder Stunde stärker und stärker anfangen zu klopfen; aber Du mußt vernünftig werden, Wilhelmine. Du kennst mich, und, wie ich hoffe, doch gewiß im Guten. Daran halte Dich. Du kennst überdies immer den Ort meines Aufenthaltes, und von dem Zwecke meiner Reise weißt Du doch wenigstens so viel, daß er vortrefflich ist. Unser Glück liegt dabei zu Grunde, und es kann, welches eine Hauptsache ist, nichts dabei verloren; doch alles dabei gewonnen werden. Also beruhige Dich für immer, was auch immer vorfallen mag. Wie leicht können Briefe auf der Post liegen bleiben, oder sonst verloren gehen; wer wollte da gleich sich ängstigen? Geschrieben habe ich gewiß, wenn Du auch durch Zufall nicht. eben sogleich den Brief erhalten solltest. Damit wir aber immer beurtheilen können, ob unsere Briefe ihr Ziel erreicht haben, so wollen wir Beide uns in jedem Schreiben wechselseitig wiederholen, wie viele Briefe wir schon selbst geschrieben und empfangen. Und so mache ich denn hiermit unter folgender Rubrik den Anfang:

Abgeschickt   Empfangen

Von Berlin den 1. Brief. —— —— —— —— —— —— ——

Ich hoffe, daß ich auch bald die andere Rubrik werde vollfüllen können. — Und noch Eins. Ich führe ein Tage= buch, in welchem ich meinen Plan täglich ausbilde und ver= bessere. Da müßte ich mich denn zuweilen wiederholen, wenn ich die Geschichte des Tages darin aufzeichnen sollte, die ich Dir schon mitgetheilt habe. Ich werde also dieses ein für allemal darin auslassen, und die Lücken einst aus meinen Briefen an Dich ergänzen. Denn das Ganze, hoffe ich, wird Dir einst sehr interessant sein. Du mußt aber nun auch diese Briefe recht sorgsam aufheben; wirst Du? Oder war schon dieses Gesuch überflüssig? Liebes Mädchen, ich küsse Dich!

Und nun zur Geschichte des Tages. — Ach, mein bestes Minchen, wie unbeschreiblich beglückend ist es, einen weisen, zärtlichen Freund zu finden, da, wo wir seiner gerade recht innig bedürfen. Ich fühlte mich stark genug, den hohen Zweck zu entwerfen, aber zu schwach, um ihn allein auszu= führen. Ich bedurfte nicht sowohl der Unterstützung, als nur eines weisen Rathes, um die zweckmäßigsten Mittel nicht zu verfehlen. Bei meinem Freunde Brokes habe ich Alles gefunden, was ich bedurfte, und dieser Mensch müßte auch Dir jetzt vor allen Anderen, nach mir vor allen Anderen theuer sein. Ihm habe ich mich ganz anvertraut; und er ehrte meinen Zweck, sobald er ihn kannte, so wie ihn denn jeder edle Mensch, der ihn fassen kann, ehren muß. Ach, mein theures, edles Mädchen, wenn auch Du meinen Zweck ehren könntest, auch selbst ohne ihn zu kennen! Das würde mir ein Zeichen Deiner Achtung sein. Ein Zeichen, das mich unaussprechlich stolz machen würde. Nie= mals, niemals wirst Du mir einen so unzweideutigen Beweis Deiner Achtung geben können, als jetzt. Ach, wenn Du dies versäumtest. — Wirst Du? Oder war auch diese Erinnerung überflüssig? Liebes Mädchen, ich küsse Dich wieder. —

Auch Brokes sieht ein, daß die Wahrscheinlichkeit eines glücklichen Erfolges groß ist. Wenigstens, sagte er, ist keine Gefahr vorhanden, in keiner Hinsicht, und wenn ich nur auf Deine Ruhe rechnen könnte, wäre so ein Haupthinderniß gehoben. Ich hatte über den Gedanken dieses Planes schon lange, lange gebrütet. Sich dem blinden Zufall überlassen und warten, ob er uns endlich in den Hafen des Glückes führen wird, das war nichts für mich. Ich war Dir und mir schuldig, zu handeln. „Nicht aus des Herzens bloßem Wunsche keimt" etc. — „Der Mensch soll mit der Mühe Pflugschaar" etc. etc. — — Das sind herrliche, wahre Ge= danken. Ich habe sie so oft durchgelesen, und sie scheinen mir so ganz aus Deiner Seele genommen, daß Deine Schrift das Uebrige thut, um mir vollends einzubilden, das Gedicht wäre von keinem Andern, als von Dir. So oft ich es wieder lese, fühle ich mich gestärkt selbst zu dem Größten, und so gehe ich denn fest mit Zuversicht meinem Ziele entgegen. Doch werde ich vorher noch gewiß Struensee sprechen, um mir auf jeden Fall den Rückzug zu sichern. — Brokes, der schon diesen Herbst zu einer Reise bestimmt hatte, wird mich begleiten. Also kannst Du noch um so ruhiger sein. Du mußt nichts als die größte Hoffnung auf die Zukunft in Deiner Seele nähren.

Haft Du auch Deine Freundinnen wieder gefunden? Die Clausius oder die . . . .*)? Herzlich, herzlich wünsche ich es Dir. Wahre ächte Freundschaft kann fast die Genüsse der Liebe ersetzen — — Nein, das war doch noch zu viel gesagt; aber viel, sehr viel kann ein Freund thun, wenn der Geliebte fehlt. Wenigstens giebt es keine anderen Genüsse, zu welchen sich die Liebe so gern herab ließe, wenn sie ihr ganzes Glück genossen hat und auf eine Zeitlang feiern muß, als die Genüsse der Freundschaft. Vor allen anderen Genüssen ekelt ihr, wie dem Schlemmer vor dem Landwein, wenn er sich in Champagner berauscht hat. Daher ist es mit einer meiner herzlichsten Wünsche, daß Du Eine von diesen beiden Freundinnen recht lange bei Dir behalten mögest, wenigstens so lange, bis ich zurückkomme. Erzähle ihr immerhin von mir, wenn sie Dir von dem ihrigen erzählt hat; denn das könnt ihr Weiber doch wohl nicht gut lassen, nicht wahr? Aber sei klug. Was ich Dir vertraue, Dir allein, das bleibt auch in Deinem Busen vor allen Andern verschlossen! Laß Dich nicht etwa in einer zärtlichen Stunde verleiten, mehr zu erzählen, als Du darfst. Minchen, Du weißt es nicht, wie viel an Deiner Verschwiegenheit hängt. Dein Glück ist auch dabei im Spiele, also sorge für mich und Dich zugleich, und befolge genau, ohne Einschränkung, ohne Auslegung, wörtlich, worum ich Dich herzlich und ernsthaft bitte. Kannst Du Dir den Genuß, einige von meinen Briefen Deiner lieben Freundin mitzutheilen, nicht verweigern, so zeige ihr frühere Briefe, aber diese nicht, wenigstens daraus nichts, aus welchem sich nur auf irgend eine Art mein wirklicher Aufenthalt erkennen

*) Unleserlich: Koschembecher?

ließe, denn dieser muß vor allen Menschen verschwiegen bleiben, außer vor Dir und Ulriken.

Doch ich wollte Dir ja die Geschichte des Tages er=zählen und komme immer wieder zu meinem Plane zurück, weil mir der unaufhörlich im Sinne liegt. Du bist aufs Innigste mit meinem Plane verknüpft, also kannst Du schließen, wie oft ich an Dich denke. Denkst Du wohl auch so oft an mich? — Doch zur Sache!

Weil, wie gesagt, die Post, die mich und Brokes nach Berlin führen soll, erst morgen Abend abgeht (denn dieselbe Post trennt sich in Prenzlow und bringt Dir diesen Brief nach Frankfurt), so beschloß ich mit Brokes, so lange auf seinem bisherigen Wohnort zu verweilen. Dies ist Coblentz, ein Landgut des Grafen von Eickstedt, der die Güte hatte, mich einladen zu lassen. Seine Gemahlin hatte ich auf Rügen kennen gelernt. Wir bestellten die Post in Pasewalk nach Berlin und fuhren den 20. Nachmittag um 2 Uhr von dort ab.

Ich fand in der Nähe von Coblentz weite Wiesen, mit Gräben durchschnitten, umgeben mit großen, reinlich gehal=tenen Wäldern, mit jungem Holz immer verzäunt und ge=schlossen, ausgebesserte Wege, tüchtige Brücken, viele zerstreute Vorwerke, massiv gebaut, fette zahlreiche Heerden von Kühen und Schafen etc. etc. Die Vorwerke heißen: Augustenhain, Peterswalde, Carolinum, Carolinenburg, Dorotheenhof etc. etc. Wo nur eine Thür war, da glänzte auch ein Johanniter=kreuz; auf jedem Dache, auf jedem Pfade war es vielfach aufgepflanzt. Als ich vor das Schloß fuhr, fand ich von außen zugleich ein uraltes und nagelneues Gebäude, zehn=mal angefangen, nie vollendet, heute nach dieser Idee, über das Jahr nach einer andern, hier ein Vorsprung, dort ein

Einschnitt, immer nach dem Bedürfniß des Augenblicks an=
gebaut und vergrößert. Im Hause kam mir die alte, wür=
dige Gräfin freundlich entgegen. Der Graf war nicht zu
Hause. Er war mit einigen anderen Damen nach Augusten=
hain gefahren. Indessen ich lernte ihn doch noch in seinem
Hause kennen, noch ehe ich ihn sah. Dunkle Zimmer, schön
meublirt, viel Silber, noch mehr Johanniterkreuze, Gemälde
von großen Herren, Feldmarschälle, Grafen, Minister, Herzoge,
er in der Mitte in Lebensgröße, mit dem Scharlachmantel,
auf der Brust ein Stern, das Ordensband über den ganzen
Leib, an jeder Ecke des Rahmens ein Johanniterkreuz. Wir
gingen, Brokes und ich, nach Augustenhain. Ein ordent=
licher Garten, halb französisch, halb englisch, schöne Lust=
häuser, Orangerien, Altäne, Grabmäler von Freunden, die
vornehme Herren waren, ein Tempel, dem großen Friedrich
gewidmet, große, angelegte Waldungen, wieder urbar ge=
macht, ehemals wüste, jetzt fruchtbare Felder, viele Meiereien,
Pferde, Menschen, Kühe, schöne nützliche Ställe, auf welchen
aber nie das Johanniterkreuz fehlte. — Wenn man die
Schnecke an ihrer Muschel erkennen kann, rief ich, so weiß
ich auch, wer hier wohnt.

Ich hatte es getroffen. Ich fand Oekonomie und
Liberalität, Ehrgeiz und Bedürfniß, Weisheit und Thorheit
in einem Menschen vereinigt, und dieser war kein Anderer,
als der Graf von Eickstedt.

Liebes Mädchen, ich werde abgerufen, und kann Dir
nun nicht mehr schreiben. Lebe wohl. In Berlin finde ich
einen Brief von Dir, und wenn er mir recht gefällt, recht
vernünftig und ruhig ist, so erfährst Du viel Neues
von mir. Adieu.

H. K.

VI.

Leipzig, den 30. August 1800.

Mein liebes Minchen. Erst will ich Dir das Noth=
wendige, nämlich den Verlauf meiner Reise erzählen, und
dann zusehen, ob mir noch zu anderen vertraulichen Ge=
danken Zeit übrig bleibt, woran ich aber zweifle; denn jetzt
ist es 8 Uhr Abends und Morgen früh 11 Uhr geht es
schon wieder fort von hier. Am Abend vor meiner Ab=
reise von Berlin schickte die Bezerow zu uns, und ließ uns
ersuchen, zu ihr und der Löschbrandt zu kommen. (Du muß
wissen, daß die Löschbrandt mir ihre Ankunft in Berlin zu=
vor gemeldet und mich um meine Unterstützung gebeten hatte,
welche ich ihr aber abschlagen mußte.) Ich konnte für diesen
Abend nicht, weil ich schon ganz ausgezogen und mit
meinem Briefe an Dich beschäftigt war. Weil ich aber
doch noch am anderen Morgen zu Struensee gehen mußte,
ehe ich abreisete, so beschloß ich auch meine Schwester noch
einmal zu sehen. Doch höre, wie dies ablief.

Ganz wehmüthig umarmte sie mich, mit der Aeußerung,
sie hätte nicht geglaubt, mich noch einmal zu sehen. Ich
verstand gleich den eigentlichen Sinn dieser Rede, und gegen
Dich will ich ganz ohne Rückhalt sprechen, denn wir ver=
stehen uns. Mit Thränen in den Augen sagte sie mir,
meine ganze Familie, besonders Tante Massow, sei höchst

3*

unruhig, und alle fürchteten, ich würde nie wieder nach
Frankfurt zurückkehren. So sehr mich dies auch innerlich
schmerzte, so blieb ich doch anfänglich äußerlich ruhig, erzählte ihr, daß ich vom Minister angestellt sei, daß ich ja
Tanten mein Wort gegeben und noch nie in meinem
Leben ehrlos gehandelt hätte. Aber das Alles half doch
nur wenig. Sie versprach zwar, selbst ruhig zu sein und
auch Tanten zu beruhigen; aber ich bin doch überzeugt, daß
sie noch immer heimlich dasselbe Mißtrauen in mir setzt.

Und nun urtheile selbst, Wilhelmine, welch ein abscheu-
liches Gerücht während meiner Abwesenheit in Frankfurt
von mir ausgebreitet werden kann! Du und Ulrike, ihr
seid die beiden einzigen, die mich davor retten können.
Ulrike hat mir einige vortreffliche Briefe geschrieben, von
Dir hoffe ich das Beste. Auf Euch Beiden beruht mein
ganzes Vertrauen. So lange ihr beide ruhig und sicher
seid, wird es die Welt auch sein. Wenn ihr beide aber mir
mißtraut, dann freilich, dann hat die Verleumdung freien
Spielraum, und meine Ruhe wäre dahin. Meine baldige
Rückkehr würde zwar dies Alles wieder vernichten, meine
Ehre wieder herstellen; aber ob ich zwei Menschen, die mich
so tief entehrten, dann selbst noch würde ehren können, das
ist es, was ich bezweifeln muß. — Aber ich fürchte das
nicht. — Wenn ich nur bald einen Brief von Dir erhalten
könnte, um zu erfahren, wie Du meine Erklärung, daß ich
nach Wien reisen würde, aufgenommen hast. — Aber ich
hoffe, gut.

Ich reisete den 28. d. früh 11 Uhr mit Brokes in
Begleitung Carls von Berlin ab nach Potsdam. Als ich
vor Linkersdorfs Haus vorbeifuhr, ward es mir im Busen
so warm. Jeder Gegenstand in dieser Gegend weckte irgend-

wo in meiner Seele einen tiefen Eindruck wieder auf. Ich
betrachtete genau alle Fenster des großen Hauses, aber ich
mußte im Voraus, daß die ganze Familie verreiset war.
Wie erstaunte ich nun, wie froh erstaunte ich, als ich in
jenem niedrigen, dunkeln Zimmer, zu welchem ich des Abends
so oft geschlichen war, Louisen*) entdeckte. Ich grüßte sie
tief. Sie erkannte mich gleich, und dankte mir sehr, sehr
freundlich. Mir strömten eine Menge von Erinnerungen zu.
Ich mußte einigemal nach dem einst so lieben Mädchen
wieder umsehen. Mir ward ganz seltsam zu Muthe. Der
Anblick dieses Mädchens, das mir einst so theuer war, und
dieses Zimmers, in welchem ich so viele Freude empfunden
hatte — — — Sei ruhig. Ich dachte an Dich und an
die Gartenlaube, noch ein Augenblick, und ich gehörte wieder
ganz Dir.

In Potsdam wohnten wir bei Leopolden**). Ich sprach
einiges Nothwendiges mit Rühlen***) wegen unseres
Aufenthaltes in Berlin. Dies war die eigentliche Absicht
unseres Verweilens in Potsdam. Rühle hat bereits um
seinen Abschied angehalten und hofft ihn noch vor dem
Winter zu erhalten. Weil noch vor Einbruch der Nacht
einige Zeit übrig war, so nützten wir diese, Brokes flüchtig
durch Sanssouci zu führen.

---

*) Daß Kleist als Offizier in Berlin, ehe er nach Frankfurt a. d. O.
kam, eine Herzensneigung zu einer jungen Dame von Adel gehegt
hatte, war bekannt, nicht aber deren Namen. Hier erfahren wir,
daß es ein Fräulein von Linkersdorf war.

**) Ein jüngerer Bruder Kleists, der bei der Garde in Pots-
dam stand.

***) Der spätere General und namhafte Schriftsteller Rühle von
Lilienstern.

Am andern Morgen früh 4 Uhr fuhr ich und Brotes wieder ab.

Die Reise ging durch die Mark, — — also giebt es davon nichts Interessantes zu erzählen. Wir fuhren über Treuenbrietzen nach Wittenberg und fanden, als wir auf der sächsischen Grenze das Auge einigemal zurück auf unser Vaterland warfen, daß dieses sich immer besser aus= nahm, je weiter wir uns davon entfernten. Nichts als der Gedanke, daß ich mein liebstes Wesen darin zurücklasse macht mir die Trennung davon schwer.

In Wittenberg wäre manches Interessante zu sehen gewesen, z. B. Doctor Luthers und Melanchtons Grab= mal. Auch wäre von hier aus die Farth an der Elbe entlang nach Dreßden sehr schön gewesen. Aber das Vergnügen ist diesmal nicht Zweck unserer Reise und ohne uns aufzuhalten, fuhren wir gleich weiter, die Nacht durch nach Leipzig (über Düben). Hier kamen wir d. 30. d. (heute) früh um 11 Uhr an. Unser erstes Geschäft war, uns unter unsern neuen Namen in die Akademie inscribiren zu lassen, und wir erhielten die Matrikeln, welche uns zu Pässen verhelfen sollen, ohne alle Schwierigkeit. Weil aber die Post erst morgen abgeht, so blieb uns der Nachmittag noch übrig, den wir benutzten, die schönen öffentlichen An= lagen, rund um diese Stadt, zu besehen. Gegen Abend gingen wir Beide in's Schauspiel, nicht um des erbärmlichen Stückes Abällino willen, sondern um die Acteurs kennen zu lernen, die hier sehr gelobt wurden. Aber wir fanden auch eine so erbärmliche Vorstellung und dabei ein so un= gesittetes Publikum, daß ich wenigstens schon im 2. Act das Haus verließ. Ich gieng zu Hause, um Dir zu schreiben und erfülle jetzt in diesem Augenblick mein Versprechen und meine Pflicht. Aber ich bin von der durchwachten Nacht so ermüdet, und daher, wie Du auch an diesem schlechten Briefe merken wirst, so wenig aufgelegt zum Schreiben, daß ich hier abbrechen muß, um mich zu Bette zu legen. Gute Nacht, liebes Mädchen. — Morgen will ich mehr schreiben und vielleicht auch etwas Besseres. Gute Nacht.

Den 1. September.

Dieses mal empfange ich auf meiner Reise wenig Ver=
gnügen durch die Reise. Zuerst ist das Wetter meistens immer schlecht, auch war die Gegend bisher nicht sonderlich, und wo es doch etwas Seltneres zu sehen giebt, da müssen wir, unser Ziel im Auge, schnell vorbeirollen. Wenn ich doch zuweilen vergnügt bin, so bin ich es nur durch die Erinnerung an Dich. Vorgestern auf der Reise, als die Nacht einbrach, lag ich mit den Rücken auf dem Stroh unseres Korbwagens, und blickte gerade hinauf in das uner=
meßliche Weltall. Der Himmel war malerisch schön. Zer=
rissene Wolken, bald ganz dunkel, bald hell vom Mond erleuchtet, zogen über mich weg. Brokes und ich, wir suchten beide und fanden Aehnlichkeiten in den Formen des Gewölkes, er die seinigen, ich die meinigen. Wir empfanden den feinen Regen nicht, der von oben herab uns die Ge=
sichter sanft benetzte. Endlich ward es mir doch zu arg und ich deckte mir den Mantel über den Kopf. Da stand die geliebte Form, die mir das Gewölk gezeigt hatte, ganz deutlich mit allen Umrissen und Farben im engen Dunkel vor mir. Ich habe mir Dich in diesem Augenblick ganz lebhaft und gewiß vollkommen wahr, vorgestellt, und bin überzeugt, daß an dieser Vorstellung nichts fehlte, nichts an Dir selbst, nichts an Deinem Anzuge, nicht das goldene

Kreuz, und seine Lage, nicht der harte Reisen, der mich so oft erzürnte, selbst nicht das bräunliche Mal in der weichen Mitte Deines rechten Armes. Tausendmal habe ich es geküßt und Dich selbst. Dann drückte ich Dich an meine Brust und schlief in Deinen Armen ein.

Du hast mir in Deinem vorigen Briefe geschrieben, Dein angefangener Aufsatz sei bald fertig. Schicke ihn mir nach Wien, sobald er vollendet ist. Du hast noch viele Fragen von mir unbeantwortet gelassen und sie werden Dir Stoff genug geben, wenn Du nur denken und schreiben willst. Unser Reiseplan hat sich verändert. Wir gehen nicht über Regensburg, sondern über Dreßden und Prag nach Wien. Dieser Weg ist näher und in Dreßden finden wir auch einen englischen Gesandten, der uns Pässe geben kann. Ich werde Dir von Dreßden aus wieder schreiben.

Empfangen	Abgeschickt
2 Briefe	d. 1. aus Berlin,
	d. 2. aus Pasewalk,
	d. 3. aus Berlin,
	d. 4. aus Berlin
	und diesen aus Leipzig.

Lebe wohl, liebes Mädchen. Ich muß noch einige Geschäfte abthun. In zwei Stunden reise ich ab nach Dreßden.

Dein treuer Freund Heinrich
Klingstedt.

P. S. Was wird Kleist sagen, wenn er einst bei Dir Briefe von Klingstedt finden wird?

Mein Geschäft ist abgethan, und weil noch ein Stündchen Zeit übrig ist, ehe die Post abgeht, so nutze ich es, wie ich am besten kann, und plaudere mit Dir.

Ich will Dir umständlicher die Geschichte unserer Immatriculation erzählen.

Wir gingen zu dem Magnificus Prof. Wenk, eröffneten ihm, wir wären aus der Insel Rügen, wollten kommenden Winter auf der hiesigen Universität zubringen, vorher aber noch eine Reise in's Erzgebirge machen, und wünschten daher, jetzt gleich Matrikeln zu erhalten. Er fragte nach unsern Vätern. Brokes' Vater war ein Amtmann, meiner ein invalider schwedischer Capitain. Er machte weiter keine Schwierigkeiten, las uns die akademischen Gesetze vor, gab sie uns gedruckt, streute viele weise Ermahnungen ein, überlieferte uns dann die Matrikeln und entließ uns in Gnaden. Wir gingen zu Hause, bestellten Post, wickelten unsere Schuhe und Stiefeln in die akademischen Gesetze und hoben sorgsam die Matrikeln auf*).

Nimm doch eine Landkarte zur Hand, damit Du im Geist den Freund immer verfolgen kannst.

---

*) In der Immatrikulationsliste der Universität Leipzig von 1800 finden sich in der That unterm 1. September eingetragen: Bernhoff Maurit. Ludov. Rugia-Pomeran. und Klingstedt Henr. Berendtt. Gul., Rugia-Pomeran. Es sind das die Namen, welche Kleist in einem Briefe an seine Schwester Ulrike, vom 26. August 1800 (Koberstein, „H. Kleists Briefe an seine Schwester Ulrike", S. 34) als diejenigen genannt hatte, welche sie auf dieser Reise sich beilegen wollten. Ebenda bezeichnete Kleist sich als „Student der Mathematik," Brokes als „Student der Oekonomie." Bei den Inscriptionen wurde damals, wie es scheint, das Facultätsstudium noch nicht angegeben, es fehlt wenigstens in der Liste.

Ich breite, so oft ich ein Stündchen Ruhe habe, immer meine Postkarte vor mir aus, und reise zurück nach Frank= furt, und suche Dich auf, des Morgens an Deinem Fenster in der Hinterstube, Nachmittags an dem Fenster des unteren Saales, gegen Abend in der dunkeln Laube, und wenn es Mitternacht ist, in Deinem Lager, das ich nur einmal flüchtig gesehen habe und das daher meine Phantasie nach ihrer freiesten Willkühr sich ausmalt.

Liebes Mädchen, ich küsse Dich. — — Adieu. Ich muß zusiegeln. Ich habe auch an Tante und Ulrike ge= schrieben.

Dein Heinrich.

VII.

Gestern den 2. September spät um 10 Uhr Abends traf ich nach einer 34 stündigen Reise in dieser Stadt ein.

Noch habe ich nichts von ihr gesehen, nicht sie selbst nicht ihre Lage, nicht den Strom, der sie durchschneidet nicht die Höhen, die sie umkränzen; und wenn ich schreibe, daß ich in Dreßden bin, so glaube ich das bloß, noch weiß ich es nicht.

Und freilich — es wäre wohl der Mühe werth, sich davon zu überzeugen. Der Morgen ist schön. Lange wird mein Aufenthalt hier nicht währen. Vielleicht muß ich es morgen schon wieder verlassen. Morgen? Das schöne Dreßden? Ohne es gesehen zu haben? Rasch ein Spazier=gang. —

Nein — und wenn ich es nie sehen sollte! Ich könnte Dir dann vielleicht von hier gar nicht schreiben und so er=fülle ich denn lieber gleich meine Pflicht.

Ich will durch diese immer wiederholten Briefe, durch diese fast ununterbrochene Unterhaltung mit Dir, durch diese nie veränderte Sorgfalt für Deine Ruhe bewirken, daß Du zuweilen, wenn das Verhältniß des Augenblicks Dich be=klommen macht, wenn fremde Zweifel und fremdes Miß=trauen Dich beunruhigen, mit Sicherheit, mit Zuversicht, mit tiefempfundenem Bewußtsein zu Dir selbst sagen mögest „ja, es ist gewiß, es ist gewiß, daß er mich liebt!"

Wenn Du mir nur eine Ahndung von Zweifel hättest blicken lassen, gewiß, mir würde Deine Ruhe weniger am Herzen liegen. Aber, da Du Dich mit Deiner ganzen offenen Seele mir anvertraut hast, so will ich jede Gelegenheit benutzen, jeden Augenblick ergreifen, um Dir zu zeigen, daß ich Dein Vertrauen auch vollkommen verdiene.

Darum ordne ich auch jetzt das Vergnügen, diese schöne Stadt zu sehen, meiner Pflicht, Dir Nachricht von mir zu geben, unter; oder eigentlich vertausche ich nur jenes Vergnügen mit einem andern, wobei mein Herz und mein Gefühl noch mehr genießt.

Mein Aufenthalt wird hier wahrscheinlich nur von sehr kurzer Dauer sein. Soeben geht die Post nach Prag ab und in 8 Tagen erst wieder. Uns bleibt also nichts übrig, als, Extra=Post zu nehmen, so bald unsere Geschäfte bei dem englischen Gesandten abgethan sind. Daher will ich Dir so kurz als möglich den Verlauf meiner Reise von Leipzig nach Dreßden mittheilen.

Als wir von Leipzig abreiseten (Mittags d. 1. September) hatten wir unser gewöhnliches Schicksal, schlechtes Wetter. Wir empfanden es auf dem offenen Postwagen doppelt unangenehm. Die Gegend schön, fruchtbar, blühend, aber die Sonne war hinter einem Schleier von Regenwolken versteckt, und wenn die Könige trauern, so trauert auch das Land.

So kamen wir über immer noch ziemlich flachen Lande gegen Abend nach Grimma. Als es schon finster war, fuhren wir wieder ab. Denke Dir unser Erstaunen, als wir uns, dicht vor den Thoren dieser Stadt, plötzlich in der Mitte eines Gebirges sahen. Dicht vor uns lag eine Landschaft, ganz wie ein transparentes Stück. Wir fuhren auf einem schauerlich schönen Wege, der auf der halben Höhe eines Felsens in Stein gehauen war. Rechts der steile Felsen selbst, mit überhangedem Gebüsch, links der schroffe Abgrund, der den Lauf der Mulde beugt, jenseits des reißenden Stromes dunkelschwarze, hohe belaubte Felsen, über welche in einem ganz erheiterten Himmel der Mond herauf=stieg. Um das Stück zu vollenden, lag vor uns, am Ufer der Mulde, auf einen einzelnen hohen Felsen ein zwei=stockhohes viereckiges Haus, dessen Fenster sämmtlich, wie absichtlich, erleuchtet waren. Wir konnten nicht erfahren, was diese seltsame Anstalt zu bedeuten habe, und fuhren immer mit hochgehobenen Augen daran vorbei, sinnend und forschend, wie man bei einem Feenschlosse vorbeigeht.

So reizend war der Eingang in eine reizende Nacht. Der Weg ging immer am Ufer der Mulde entlang, bei Felsen vorbei, die wie Nachtgestalten vom Monde erleuchtet waren. Der Himmel war durchaus heiter, der Mond voll, die Luft rein, das Ganze herrlich.

Kein Schlaf kam in der ersten Stunde auf meine Augen. Die Natur und meine brennende Pfeife hielten mich wach. Mein Auge wich nicht vom Mond. Ich dachte an Dich und suchte den Punkt im Monde, auf welchem vielleicht Dein Auge ruhte, und maß in Gedanken den Winkel, den unsere Blicke im Monde machten, und träumte mich zurück auf die Linie Deines Blickes, um so Dich zu finden, bis ich Dich endlich im Traume fand.

Als ich erwachte, waren wir in Waldheim, einem Städtchen, das wieder an der Mulde liegt*). Besonders als wir es schon im Rücken hatten, und das Gebirgsstädtchen hinter uns im niedrigen Thale lag, von buschiger Höhe um=

---

*) Kleist hat hier die Zschopau mit der Mulde verwechselt.

lagert, gab es eine reizende Ansicht. Wir fuhren nun immer am Fuße des Erzgebirges, oder an seinem Vorgebirge entlang.

Hin und wieder blickten nackte Granitblöcke aus den Hügeln hervor. Die ganze Gebirgsart ist aber Schiefer, welcher hier, wegen seiner geblätterten Tafeln, ein noch wilderes, zerrisseneres Ansehen hat, als der Granit selbst. Die allgemeine Pflanze war die Harz-Tanne; ein schöner Baum an sich, der ein gewisses weißes Ansehen hat, der aber die Gegend, auf welcher er steht, meistens öde macht, vielleicht wegen seines dunkeln Grünes, oder wegen des tiefen Schweigens, das in dem Schatten seines Laubes waltet. Denn es sind nur einige wenige, ganz kleine Vögel-arten, die, außer Uhu und Eule, in diesem Baume nisten.

Ich ging an dem Ufer eines kleinen Waldbachs ent-lang. Ich lächelte über seine Eilfertigkeit, mit welcher es schwatzhaft und geschmeidig über die Steine hüpfte. Das ruht nicht eher, dachte ich, als bis es im Meere ist: und dann fängt es seinen Weg von vorn an. — Und doch — wenn es still steht, wie in dieser Pfütze, so verfault es und sinkt.

Wir finden dieses Gebirge wie alle, sehr bebaut, und bewohnt; lange Dörfer, alte Häuser 2 Stock hoch, meistens mit Ziegeln gedeckt; die Thäler grün, fruchtbar, zu Gärten gebildet; die Menschen warm und herzlich, meistens schön gestaltet, besonders die Mädchen. Das Enge der Gebirge scheint überhaupt auf das Gefühl zu wirken und man findet darin viele Gefühlsphilosophen, Menschenfreunde, Freunde der Künste, besonders der Musik. Das Weite des platten Landes hingegen wirkt mehr auf den Verstand und hier findet man die Denker und Vielwisser. Ich möchte an einem Ort gebohren sein, wo die Berge nicht zu eng, die

Flächen nicht zu weit sind. Es ist mir lieb, daß hinter Deinem Hause die Laube eng und dunkel ist. Da lernt man fühlen, was man in den Hörsälen nur zu oft verlernt.

Aber überhaupt steht der Sachse auf einem höheren Grad der Cultur als unsere Landsleute. Du solltest einmal hören, mit welcher Gewandheit ein solches sächsisches Mädchen auf Fragen antwortet. Unsere (maulfaulen) Brandenburgerinnen würden Stunden brauchen, um abzuthun, was hier in Minuten abgethan wird. Auch findet man häufig, selbst in Dörfern, Lauben, Gärten, Kegelbahn ꝛc., so daß hier nicht bloß wie bei uns, für das Bedürfniß gesorgt ist, sondern daß man schon einen Schritt weiter gerückt ist, und auch an das Vergnügen denkt.

Mittags (d. 2.) passirten wir Nossen und zum dritten Mal die Mulde,*) die hier eine fast noch reizendere Ansicht bildet. Das östliche Ufer ist sanft abhangend, das westliche steil, felsig und buschig. Um die Kante eines Einschnitts liegt das Städtchen Nossen, auf einem Vorsprung, dicht an der Mulde, ein altes Schloß. Rechts öffnet sich die Aussicht durch das Muldethal nach den Ruinen des Klosters Zelle.

In diesem Kloster liegen seit uralten Zeiten die Leichname aller Markgrafen von Meißen. In neuerer Zeit hat man jedem derselben ein Monument geben wollen. Man hat daher die Skelette ausgegraben und die Knochen eines Jeden möglichst genau zusammengesucht, wobei es indessen immer noch zweifelhaft bleibt, ob Jeder auch wirklich den Kopf bekommen hat, der ihm gehört.

Gegen Abend kamen wir über Wilsdruf nach den

---

*) Kleist wußte nicht daß es zwei Mulden gebe und daß dies hier eine andre Mulde sei (die Freiberger) als die bei Grimma (die vereinigte Freiberg-Zwickauer).

Höhen von Kesselsdorf; ein Ort, der berühmt ist, weil in seiner Nähe ein Sieg erfochten worden ist. So kann man sich Ruhm erwerben in der Welt, ohne selbst das Mindeste dazu beizutragen.

Es war schon ganz finster, als wir an der Elbhöhe herabfuhren und im Mondschein die Thürme von Dreßden erblickten. Gerade jener vortheilhafte Schleier lag über die Stadt, der uns, wie Wieland sagt, mehr erwarten läßt, als versteckt ist. Man führte uns durch enge Gassen, zwischen hohen, meistens 5—6stöckigen Häusern entlang bis in die Mitte der Stadt, und sagte uns vor der Post, daß wir am Ziele unserer Reise wären. Es war ¹⁄₂11 Uhr. Aber da die Elbbrücke nicht weit war, so eilten wir schnell dahin, sahen rechts die Altstadt, im Dunkel, links die Neustadt, im Dunkel, im Hintergrund die hohen Elbufer, im Dunkel, kurz Alles in Dunkel gehüllt, und gingen zurück, mit dem Entschluß, wiederzukehren, sobald nur die große Lampe im Osten angesteckt sei.

Liebes Minchen. Soeben komme ich von dem engl. Ambassadeur Lord Elliot zurück, wo wir Dinge gehört haben, die uns bewegen, nicht nach Wien zu gehen, sondern entweder nach Würzburg oder Straßburg. Sei ruhig, und wenn das Herzchen unruhig wird, so lies die Instruction durch, oder besieh' Deine neue Tasse von oben und unten*).

Diese Veränderung unseres Reiseplans hat ihre Schwierigkeiten, die jedoch nicht unüberwindlich sind; besonders

---

*) Diese Tasse, ein Geschenk Kleists an seine Braut (sie wird noch in deren Familie aufbewahrt), enthält folgende Inschriften: auf dem Boden der Obertasse: „Vertrauen“, auf dem der Untertasse: „und“, auf der Rückseite des Bodens dieser: „Einigkeit“, so daß das Ganze bedeutet: „Vertrauen auf und Einigkeit unter uns!“,

wegen Deiner Briefe, die ich in Wien getroffen haben würde. Doch ich werde schon noch Mittel aussinnen, und sie Dir am Ende dieses Briefes mittheilen. Uebrigens bleibt Alles beim Alten. Ich gehe nicht weiter, als an einen dieser Orte, und kehre zu der einmal bestimmten Zeit, nämlich an dem 1. November, gewiß zurück. wenn nicht vielleicht noch früher.

Denke nicht darüber nach, und halte Dich, wenn die Unmöglichkeit, mich zu sehen, Dich beunruhigt, mit blinder Zuversicht an Deinem Vertrauen zu meiner Redlichkeit, die dich nicht täuschen wird, so wahr Gott über mich lebt.

Einst wirst Du Alles erfahren und mir mit Thränen danken.

Täglich werde ich Dir schreiben. Ich reise morgen von hier wieder ab, und werde Tag und Nacht nicht ruhen. Aber ein Stündchen werde ich doch erübrigen, Dir zu schreiben. Mehr kann ich jetzt für Deine Ruhe nicht thun, liebes, ge= liebtes Mädchen.

Abends um 8 Uhr.

Ich habe den übrigen Theil des heutigen Tages dazu angewendet, einige Merkwürdigkeiten von Dreßden zu sehen, und will Dir, was ich sah und dachte und fühlte, mittheilen.

Dreßden hat enge Straßen, meistens fünf= bis sechs= stöckige Häuser, viel Leben und Thätigkeit, wenig Pracht und Geschmack. Die Elbbrücke ist ganz von Stein, aber nicht prächtig. Auf dem Zwinger (dem kurfürstlichen Garten) findet man Pracht, aber ohne Geschmack. Das kurfürstliche Schloß selbst kann man kaum finden, so alt und rußig sieht es aus.

Wir gingen in die berühmte Bildergallerie. Aber wenn man nicht genau vorbereitet ist, so gafft man so etwas an, wie Kinder eine Puppe. Eigentlich habe ich daraus nicht mehr gelernt, als daß hier viel zu lernen sei. Wir hatten den Nachmittag frei, und die Wahl, das grüne Gewölbe, Pilnitz oder Tharandt zu sehen. In der Wahl zwischen Antiquität, Kunst und Natur wählten wir das Letztere, und sind nicht unzufrieden mit unserer Wahl.

Der Weg nach Tharandt geht durch den schönen plauenschen Grund. Man fährt an der Weißtritz entlang, die dem Reisenden entgegen rauscht. Mehr Abwechselung wird man selten in einem Thale finden. Die Schlucht ist bald eng, bald weit, bald steil, bald flach, bald felsig, bald grün, bald ganz roh, bald auf das Fruchtbarste bebaut. So hat man das Ende der Fahrt erreicht, ehe man es wünscht. Aber man findet doch hier noch etwas Schöneres, als man es auf diesem ganzen Wege sah.

Man steigt auf einen Felsen. nach der Ruine einer alten Ritterburg. Es war ein unglückseliger Einfall, die herabgefallenen Steine weg zu schaffen und den Pfad dahin zu bahnen. Dadurch hat das Ganze aufgehört, eine Antiquität zu sein. Man will sich den Genuß erkaufen, wenn auch mit einem Tropfen Schweißes nur. Du bist mir noch einmal so lieb geworden, seitdem ich um Deinetwillen reise.

Aber die Natur hat zu viel gethan, um nicht vergnügt diesen Platz zu verlassen. Welch' eine Fülle von Schönheit! Wahrlich, es war ein natürlicher Einfall, sich hier ein Haus zu bauen, denn ein schönerer Platz läßt sich schwerlich denken. Mitten im engen Gebirge hat man die Aussicht in drei reizende Thäler. Wo sie sich kreuzen, steht ein Fels, auf ihm die alte Ruine. Von hier aus übersieht man das Ganze. An seinem Fuße, wie an den Felsen geklebt, hängen zerstreut die Häuser von Tharandt! Wasser sieht man in jedem Thale, grüne Ufer, waldige Hügel. Aber das schönste Thal ist das südwestliche. Da schäumt die Weißtritz hervor, durch schroffe Felsen, die Tannen und Birken tragen, schön gruppirt, wie Federn auf den Köpfen der Mädchen. Dicht unter der Ruine bildet sie selbst ein natürliches Bassin, und wirft das verkehrte Bild der Gegend malerisch schön zurück.

Bei der Rückfahrt sah ich Dreßden in der Ferne. Es liegt, vielthürmig, von der Elbe getheilt, in einem weiten Kessel von Bergen. Der Kessel ist fast zu weit. Unzählige Mengen von Häusern liegen, so weit am sieht, umher, wie vom Himmel herabgestreut. Die Stadt selbst sieht aus, als wenn sie von den Bergen herab zusammen gekollert wäre. Wäre das Thal enger, so würde das Alles mehr concentrirt sein. Doch auch so ist es reizend.

Gute Nacht, liebes Mädchen. Es ist 10 Uhr, morgen früh muß ich Dir noch mehr schreiben, also früh aufstehen. Gute Nacht!

Den 4. September, Morgens 5 Uhr.

Guten Morgen, Minchen. Ich bin gestern bei meiner Erzählung zu rasch über manchen interessanten Gegenstand hinweggegangen und ich will das heute nachholen.

In der Mitte des plauenschen Grundes krümmt sich das Thal und bildet da einen tiefen Einschnitt. Die Weißtritz stürzt sich gegen die Wand eines vorspringenden Felsens und will ihn gleichsam durchbohren. Aber der Felsen ist stärker, wankt nicht, und beugt ihren stürmischen Lauf.

Da hängt an dem Einschnitt des Thales, zwischen Felsen und Strom, ein Haus, eng und einfältig gebaut, wie für einen Weisen. Der hintere Felsen giebt dem Oertchen Sicherheit, Schatten winken ihm die überhängenden Zweige

zu, Kühlung führt ihm die Welle der Weißtritz entgegen.
Höher hinauf in das Thal ist die Aussicht schauerlich, tiefer
hinab in die Ebene von Dreßden heiter. Die Weißtritz trennt
die Welt von diesem Oertchen und nur ein schmaler Steg
führt in seinen Eingang. — Eng, sagte ich, wäre das
Häuschen? Ja freilich, für Assembleen und Redouten. Aber
für 2 Menschen und die Liebe weit genug, weit hinlänglich genug.

Ich verlor mich in meinen Träumereien. Ich sah mir
das Zimmer aus, wo ich wohnen würde, ein anderes, wo
Jemand Anderes wohnen würde, ein drittes, wo wir beide
wohnen würden. Ich sah eine Mutter auf der Treppe
sitzen, ein Kind schlummernd an ihrem Busen. Im Hinter=
grund kletterten Knaben an dem Felsen und sprangen von
Stein zu Stein, und jauchzten laut. —

In dem reizenden Thale von Tharandt war ich un=
beschreiblich bewegt. Ich wünschte recht mit Innigkeit Dich
bei mir zu sehen. Solche Thäler, eng und heimlich, sind
das wahre Vaterland der Liebe. Da würden wir Freuden
genossen haben, höher noch als in der Gartenlaube. Und wie
herrlich müßte einmal ein kurzes Leben in der idealischen
Natur auf Deine Seele wirken. Denn tiefe Eindrücke macht
der Anblick der erhabenen, edlen Schöpfung auf weiche,
empfängliche Herzen. Die Natur würde gewiß das Gefühl
und den Gedanken in Dir erwecken; ich würde ihn zu ent=
wickeln suchen und selbst neue Gedanken und Gefühle bilden.
— O, einst müssen wir einmal Beide eine schöne Gegend
besuchen. Denn da erwarten uns ganz andere Freuden, die
wir noch gar nicht kennen.

So erinnert mich fast jeder Gegenstand durch eine ent=
fernte oder nahe Beziehung an Dich, mein liebes, geliebtes
Mädchen. — Und wenn mein Geist sich einmal in eine

wissenschaftliche Folgenreihe von Gedanken von Dir entfernt, so führt mich ein Blick auf Deinen Tabaksbeutel, der immer an dem Kopf meiner Weste hängt, oder auf Deine Hand= schuhe, die ich selten ausziehe, oder auf das blaue Band, das Du mir um den linken Arm gewunden hast, und das immer noch unaufgelöst, wie das Band unserer Liebe, ver= knüpft ist, wieder zu Dir zurück.

Abgeschickt.	Empfangen.
Den 1. Brief aus Berlin	Zwei Briefe, nur zwei,
2. — — — Pasewalk	aber zwei herrliche, die
3. — — — Berlin	ich mehr als einmal durch=
4. — — — Berlin	gelesen habe. Wann werde
5. — — — Leipzig	ich wieder etwas von
	Deiner Hand sehen?

und diesen aus Dresden.

Wegen der nun folgenden Instruction will ich mich kurz fassen. Ich habe Ulriken das Nöthige hierüber geschrieben und sie gebeten, Dir ihre Briefe mitzutheilen. Mache Du es mit Deinen Briefen, wie sie es mit dem Gelde machen soll.

Schreibe gleich nach Würzburg in Franken.*)

Sei ruhig. Lebe wohl. Morgen schreibe ich Dir wieder, in fünf Minuten reise ich von hier ab. (Diese Correspon= denz wird Dir vieles Geld kosten. Ich werde das ändern, so viel es möglich ist. Was es Dir doch kostet, werde ich Dir schon einst ersetzen.) Dein treuer Freund Heinrich.

---

*) Hier ist der Brief an Ulrike vom 26. August gemeint (Koberstein S. 32.). An Ulrike hatte Kleist geschrieben, sie möge Geld und Briefe nach Wien schicken; seine Braut weist er an, nach Würzburg zu schreiben — ganz correcter Weise, da er seitdem er= fahren, daß er nicht nach Wien gehen werde. Das „mache es" u. s. w. bedeutet daher nur die Adresse „an den Stud. Klingstedt"

VIII.

Oederan im Erzgebirge, den 4. Sept. 1800, Abends 9 Uhr.

So heißt der Ort, der mich für diese Nacht empfängt.
Er ist zwar von Dir nicht gekannt, aber er sorgt doch für
Deine Wünsche wie für einen alten Freund. Denn er bietet
mir ein Stübchen an, ganz wie das Deinige in Frankfurt;
und ich werde nicht einschlafen, ohne tausendmal an Dich
gedacht zu haben.

Unsere Reise ging von Dreßden aus südwestlich,
immer an dem Fuße des Erzgebirges entlang, über Frei=
berg nach Oederan. Die ganze Gegend sieht aus wie
ein bewegtes Meer von Erde. Das sind nichts als Wogen,
immer die eine kühner als die andere. Doch sahen wir noch
nichts von dem eigentlichen Hochgebirge. Bei Freiberg
gingen wir wieder über denselben Strom, den wir schon bei
Nossen auf der Reise nach Dreßden passirt waren, welches
aber nicht die Mulde ist. In dem Thale dieses Flusses
liegt das Bergwerk. Wir sahen es von Weitem liegen und
mich drängte die Begierde, es zu sehen. Aber mein Ziel
trat mir vor Augen, in einer halben Stunde hatte ich
Freiberg schon wieder im Rücken.

Hier bin ich nun 6 Meilen von Dreßden. Brofes
wünscht hier zu übernachten, aus Gründen, die ich Dir in

der Folge mittheilen werde. Ich benutzte noch die erste Viertelstunde, um Dir an einem Tage auch noch den zweiten Brief zu schreiben. Mein letzter Brief aus Dreßden ist auch vom 4., von heute. Du sollst an Nachrichten von mir nicht Mangel haben. Aber diese Absicht ist nun erfüllt, und eigentlich bin ich herzlich müde. Also gute Nacht liebes Mädchen. Morgen schreibe ich mehr.

Kemniz, den 5. September, Morgens 8 Uhr.

Wie doch zwei Kräfte immer in dem Menschen sich streiten! Immer weiter von Dir führt mich die eine, die Pflicht, und die andere, die Neigung, strebt immer wieder zu Dir zurück. Aber die höhere Macht soll siegen, und sie wird es. Laß mich nur ruhig meinem Ziele entgegen gehen, Wilhelmine. Ich wandle auf einem guten Wege, das fühle ich an meinem heiteren Selbstbewußtsein, an der Zufrieden= heit, die mir das Innere durchwärmt. Wie würde ich sonst mit solcher Zuversicht zu Dir sprechen? Wie würde ich sonst Dich noch mit inniger Freude die meinige nennen können? Wie würde ich die schöne Natur, die jetzt mich umgiebt, so froh und ruhig genießen können? Ja, liebes Mädchen, das letzte ist entscheidend. Einsamkeit in der offenen Natur, das ist der Prüfstein des Gewissens. In Gesellschaften, auf den Straßen, in dem Schauspiele mag es schweigen, denn da wirken die Gegenstände nur auf den Verstand und bei ihnen braucht man kein Herz. Aber wenn man die weite, edlere, erhabenere Schöpfung vor sich sieht, — ja, da braucht man ein Herz, da regt es sich unter der Brust und klopft an das Gewissen. Der erste Blick flog in die weite Natur, der zweite schlüpft heimlich in unser innerstes Bewußtsein. Finden wir uns selbst häßlich, uns allein in diesem Ideale von Schönheit, ja, dann ist es vorbei mit der Ruhe, und weg ist Freude und Genuß. Da drückt es uns die Brust zusammen, wir können das Hohe und Göttliche nicht fassen und wandeln stumpf und sinnlos wie Sclaven durch die Palläste ihrer Herren. Da ängstigt uns die Stille der Wälder, da schreckt uns das Geschwätz der Quelle, uns ist die Gegenwart Gottes zur Last, und wir stüzen uns in das Gewühl der Menschen, um uns selbst unter der Menge zu verlieren, und wünschen uns nie, nie wiederzufinden.

Wie froh bin ich, daß doch wenigstens ein Mensch in der Welt ist, der mich ganz versteht. Ohne Brokes würde mir vielleicht Heiterkeit, vielleicht selbst Kraft zu meinem Unternehmen fehlen. Denn ganz auf sein Selbstbewußtsein zurückgewiesen zu sein, nirgends ein Paar Augen finden, die uns Beifall zunicken, und doch recht thun, das soll freilich, sagt man, die Tugend der Helden sein. Aber wer weiß, ob Christus am Kreuze gethan haben würde, was er that, wenn nicht aus dem Kreise wüthender Verfolger seine Mutter und seine Jünger feuchte Blicke des Entzückens auf ihn geworfen hätten.

Die Post ist vor der Thüre, adieu. Ich nehme diesen Brief noch mit mir. Er kömmt zwar immer weiter von Dir ab und später wirst Du ihn nur erhalten. Aber das Porto ist theuer, und wir Beide müssen für ganzes Geld auch das ganze Vergnügen genießen.

Noch einen Gedanken — —. Warum, wirst Du sagen, warum spreche ich so geheimnißreiche Gedanken halb aus, die ich doch nicht ganz sagen will? Warum rede ich von Dingen, die Du nicht verstehen kannst und sollst? Liebes Mädchen, ich will es Dir sagen. Wenn ich so etwas schreibe, so denke ich mich immer zwei Monate älter. Wenn wir dann einmal, in der Gartenlaube, einsam, diese Briefe durchblättern werden, und ich Dir solche dunkle Aeußerungen erklären werde, und Du mit dem Ausruf des Erstaunens: ja so, so war das gemeint — —

Adieu. Der Postillion bläst.

Lungwitz, um ½11 Uhr.

O welch ein herrliches Geschenk des Himmels ist ein schönes Vaterland! Wir sind durch ein einziges Thal gefahren, romantisch schön. Da ist Dorf an Dorf, Garten an Garten, herrlich bewässert, schöne Gruppen von Bäumen an den Ufern, alles wie eine englische Anlage. Jeder Bauerhof ist eine Landschaft. Reinlichkeit und Wohlstand blickt aus Allem hervor. Man sieht aus dem Ganzen, daß auch der Knecht und die Magd hier das Leben genießen. Frohsinn und Wohlwollen spricht uns aus jedem Auge an. Die Mädchen sind zum Theil höchst interessant gebildet. Das findet man meistens in allen Gebirgen. Wahrlich, wenn ich Dich nicht hätte, und reich wäre, ich sagte adieu à toutes les beautés des villes.

Ich durchreiste die Gebirge, besonders die dunkeln Thäler, spräche ein von Haus zu Haus, und wo ich ein blaues Auge unter dunkeln Augenwimpern, oder bräunliche Locken auf dem weißen Nacken fände, da wohnte ich ein Weilchen und sähe zu ob das Mädchen auch im Innern so schön sei, wie von außen. Wäre das, und wäre auch nur ein Fünkchen von Seele in ihr, ich nähme sie mit mir, sie auszubilden nach meinem Sinne. Denn das ist nun einmal mein Bedürfniß; und wäre ein Mädchen auch noch so vollkommen, ist sie fertig, so ist es nichts für mich. Ich selbst muß es mir formen und ausbilden, sonst fürchte ich, geht es mir, wie mit dem Mundstück an meiner Clarinette. Die kann man zu Dutzenden auf der Messe kaufen, aber wenn man sie braucht, so ist kein Ton rein. Da gab mir einst der Musikus Baer in Potsdam ein Stück, mit der Versicherung, das sei gut, er könne gut darauf spielen. Ja, das glaub' ich er. Aber mir gab es lauter falsche quikende Töne an. Da schnitt ich mir von einem gesunden Rohre ein Stück ab, formte es nach meinen Lippen, schabte und kratzte mit dem Messer bis es in jeden Einschnitt meines Mundes paßte — und das gieng herrlich. Ich spielte nach Herzenslust. —

Zuweilen bin ich auf Augenblicke ganz vergnügt. Wenn ich so im offenen Wagen sitze, den Mantel gut geordnet, die Pfeife brennend, neben mir Brokes, tüchtige Pferde, guter Weg, und immer rechts und links die Erscheinungen wechseln, wie Bilder auf dem Tuche bei dem Guckkasten — und vor mir das schöne Ziel, und hinter mir das liebe Mädchen — — und in mir Zufriedenheit — dann, ja dann bin ich froh, recht herzlich froh.

Wenn Du einmal könntest so neben mir sitzen, zur Linken, Arm an Arm, Hand in Hand, immer Gedanken wechselnd und Gefühle, bald mit den Lippen, bald mit den Fingern — ja das würden schöne, süße herrliche Tage sein.

Was das Reisen hier schnell geht, das glaubst Du gar nicht. Oder ist es die Zeit, die so schnell verstreicht? Fünf Uhr war es als wir von Doberan abfuhren, jetzt ist es 1/211, also in 5 1/2 Stunde 4 Meilen. Jetzt geht es gleich weiter nach Zwickau. Wir fliegen wie die Vögel über die Länder. Aber dafür lernen wir auch nicht viel. Einige flüchtige Gedanken sind die ganze Ausbeute unserer Reise.

Sind Sie in Dreßden gewesen? — „Ja, durchgereist." — Haben Sie das grüne Gewölbe gesehen? —

„Nein." — Das Schloß? — „Von außen." — Königs=
stein? — „Von weitem." — Pillniß, Morißburg? — „Gar
nicht." — Mein Gott, wie ist das möglich? — „Möglich?
Mein Frenud, das war nothwendig."

Weil wir eben von Dreßden sprechen — da habe
ich Dir einige Ansichten dieser Gegend mitgeschickt. So
kannst Du Dir deutlicher denken, wo Dein Freund war.
Bei Dreßden, rechts, der grüne Vordergrund, das ist der
Zwinger. Nein — Eigentlich der Thurm an den der
grüne Berg und die grüne Allee stößt, das ist der Zwinger
d. h. der kurfürstliche Garten. Auf diesem grünen Berge
stand ich und sah über die Elbbrücke. — Das Stück von
Tharandt ist schlecht. Tausendmal schöner hat es die
Natur gebildet, als dieser Pfuscher von Künstler. Uebrigens
kann es doch meine Beschreibung daran erklären. Der höchste
Berg in der Mitte, wo die schönsten Sträucher stehen, da
stand ich. Die Aussicht über den See ist die schönste. Die
anderen beiden sind hier versteckt. — Das dritte Stück: die
Halsbrücke zu Freiberg kaufte ich ebenfalls zu Dreßden
in Hoffnung sie in natura zu sehen. Aber daraus ward
nichts, nicht einmal von weitem.

Adieu, ·in der nächsten Station noch ein Wort, und
dann wird der Brief zugesiegelt und abgeschickt.

Zwickau, 3 Uhr Nachmittags

Jetzt habe ich das Schönste auf meiner ganzen bis=
herigen Reise gesehen, und ich will es Dir beschreiben.

Es war das Schloß Lichtenstein. Wir sahen von
einem hohen Berge herab, rechts und links dunkle Tannen,
ganz wie ein gemahlter Vordergrund; zwischenburch eine
Gegend, ganz wie ein geschlossenes Gemälde. In der Tiefe

lag zur Rechten am Wasser das Gebirgsstädtchen; hinter ihm,
ebenfalls zur Rechten, auf der Hälfte eines ganz buschigten
Felsens das alte Schloß Lichtenstein; hinter diesem, immer
noch zur rechten, ein höchster Felsen, auf welchem ein Tempel
steht. Aber zur Linken öffnet sich ein weites Feld, wie ein
Teppich, von Dörfern, Gärten und Wäldern gewebt. Ganz
im Hintergrunde ahndet das Auge blasse Gebirge und drüber
hin, über die höchste matteste Linie der Berge schimmert der
bläuliche Himmel, der Himmel im Norden, der Himmel von
Frankfurt, der Himmel, der mein liebes Minchen beleuchtet,
und beschützen möge, bis ich es einst wieder in meine Arme
drücke. Ja, mein liebes Mädchen, das ist ein ganz anderer
Styl von Gegend, als man in unsrem traurigen märkischen
Vaterlande sieht. Zwar ist das Thal, das die Oder aus=
spült, besonders bei Frankfurt sehr reizend. Aber das ist
doch nur ein bloßes Miniatur=Gemälde. Hier sieht man die
Natur gleichsam in Lebensgröße. Jenes ist gleichsam wie
die Gelegenheitsstücke großer Künstler, flüchtig gezeichnet, nicht
ohne meisterhafte Züge, aber ohne Vollendung; dieses hin=
gegen ist ein Stück, mit Begeisterung gedichtet, mit Fleiß
und Genie auf das Tableau geworfen und aufgestellt vor
der Welt mit der Zuversicht auf Bewunderung.

Dabei ist Alles fruchtbar, selbst die höchsten Spitzen
bebaut, und oft bis an die Hälfte des Berges, wie in der
Schweiz, laufen saftgrüne Wiesen hinan. —

Aber nun muß ich den Brief zusiegeln.

Adieu. Schreibe mir doch ob Vater und Mutter nicht
nach mir gefragt haben und in welcher Art. Aber sei ganz
aufrichtig. Ich werde ihnen flüchtige Gedanken, die natürlich
sind, nicht verdenken. Aber bleibe Du standhaft, und ver=

lasse Dich darauf, daß ich diesmal besser für Dich, und also für Deine Eltern sorge, als je in meinem Leben.

Adieu — Oder soll ich Dir noch einmal schreiben von der nächsten Station? Soll ich? — Es ist 3 Uhr, um 6 sind wir in Reichenbach — ja es sei. Aber für diesen Brief, für dieses Kunststück einen 8 Seiten langen Brief mitten auf einer ununterbrochenen Extra-Post-Reise zu schreiben, dafür, sage ich, mußt Du mir auch bei der Rück-kehr entweder — einen Kuß geben, oder mir ein neues Band in den Tabaksbeutel ziehen. Denn das alte ist abge-rissen.

Aber nun will ich auch einmal etwas essen.

Adieu. In Reichenbach mehr. —

Geschwind noch ein Paar Worte. Der Postillon ist faul und langsam, ich bin fleißig und schnell. Das ist natür-lich, denn er arbeitet für Geld und ich für den Lohn der Liebe.

Aber geschwind. — Ich bin in die sogenannte große Kirche gewesen, hier in Zwickau. Da giebt es Manches zu sehen. Zuerst ist der Eindruck des Innern angenehm und erhebend. Ein weites Gewölbe wird von wenigen und doch schlanken Pfeilern getragen. Wir sehen es gern, wenn mit geringen Kräften ausgewirkt wird, was große zu erfordern scheint. Ferner war zu sehen ein Stück von Lucas Kranach, mit Meisterzügen, aber ohne Plan und Ordnung, wie die durchlöcherten und gefärbten . . . .*) die an den Thüren der Bauern, Soldaten und Bedienten hangen; doch das kennst Du nicht. Ferner war zu sehn, ein Model des heiligen Grabes zu Jerusalem aus Holz geschnitzt ꝛc. ꝛc.

---

*) Unleserlich; anscheinend heißt es: Stücke.

Dabei fällt mir eine Kirche ein, die ich Dir noch nicht beschrieben habe; die Nickolskirche zu Leipzig. Sie ist im Aeußeren, wie die Religion, die in ihr gepredigt wird, antik, im Innern nach dem modernsten Geschmack ausgebaut. Aus der Kühnheit der äußeren Wölbungen sprach uns der Götze der abendtheuerlichen Gothen zu; aus der edeln Simplicität des Innern wehte uns der Geist der verfeinerten Griechen an. Schade daß ein — — — ich hätte beinah etwas gesagt, was die Priester übelnehmen. Aber das weiß ich, daß die edeln Gestalten der leblosen Steine wärmer zu meinem Herzen sprachen, als der hochgelehrte Priester auf seiner Kanzel.

Reichenbach, Abends 8 Uhr.

Nur zwei Dinge mögte ich gewiß wissen, dann wollte ich mich leichter über den Mangel aller Nachricht von Dir trösten: erstens ob Du leb st, zweitens, ob Du mich lieb st. Oder nur das Erste; denn dies, hoffe ich, schließt bei Dir, wie bei mir, das Andere ein. Aber am liebsten fast mögte ich wissen, ob Du ganz ruhig bist. Wenn Du nur damals an jenem Abend in der Gartenlaube nicht geweint hättest, als ich Dir einen doppelsinnigen Gedanken mittheilte, von dem Du gleich den übelsten Sinn auffaßtest. Aber Du versprachst mir Besserung und wirst Dein Wort halten und vernünftig sein. Wie sollte es Dich einst reuen, Wilhelmine, wenn Du mit Beschämung, vielleicht in Kurzem einsähest. Deinem redlichsten Freunde mißtraut zu haben. Und wie wird es Dich dagegen mit innigem Entzücken erfüllen, wenn Du in wenigen Wochen, den Freund, dem Du alles vertrautest und der Dich in nichts betrog, in die Arme schließen kannst.

Adieu, liebes Mädchen, jetzt schließe ich den Brief. In der nächsten Station fange ich einen anderen Brief an. Es werden doch Zwischenräume von Tagen sein, ehe Du den folgenden Brief empfängst. Vielleicht empfängst Du sie auch alle auf einmal. — Aber was ich in der Nacht denken werde weiß ich nicht, denn es ist finster, und der Mond verhüllt. — Ich werde ein Gedicht machen. Und worauf? — Da fielen mir heute die Nadeln ins Auge, die ich einst in der Gartenlaube aufsuchte. Unaufhörlich lagen sie mir im Sinn. Ich werde in dieser Nacht ein Gedicht a u f oder a n e i n e N a d e l machen. Adieu. Schlafe wohl, ich wache für Dich. H. K.

N. S. Soeben höre ich, daß der Waffenstillstand zwischen Kaiserlichen und Franzosen morgen, d. 6. d. aufhört. Wir reisen gerade den Franzosen entgegen, und da wird es was Neues zu sehen geben. Wenn nur die Briefe nicht gehindert werden! Aber Briefe an Damen. — Die Franzosen sind artig. Ich hoffe das Beste. Fürchte nichts für mich.

IX.

Mein liebstes Herzensmädchen, wenn ich Dir sagen
dürfte, wie vergnügt ich bin. — Doch das darf ich nicht.
Sei Du auch vergnügt. Aber laß uns davon abbrechen.
Bald, bald mehr davon.

Ich will Dir von etwas Anderem vorplaudern.

Zuerst von dieser Stadt. Auch diese liegt ganz im
Grunde, an einer Krümmung des Mains, von kahlen Höhen
eingeschlossen, denen das Laub ganz fehlt und die von nichts
grün schimmern, als von dem kurzen Weinstock. Beide Ufer
des Mains sind mit Häusern bebaut. Num. 1. in dem
beigefügten Gekritzel (denn Zeichnung kann .man es nicht
nennen) ist die Stadt auf dem rechten Mainufer, und wir
kamen von dieser Seite, von dem Berge a herab in die
Stadt. Num. 2. ist die Stadt auf dem linken Mainufer, das sogenannte Mainviertel mit der Citadelle. Das
Ganze hat ein ächt katholisches Ansehen. Neun und dreißig
Thürme zeigen an, daß hier ein Bischoff wohne, wie ehemals die ägyptischen Pyramiden, daß hier ein König begraben sei. Die ganze Stadt wimmelt von Heiligen, Aposteln
und Engeln, und wenn man durch die Straßen geht, so glaubt
man, man wandle durch den Himmel der Christen. Aber die
Täuschung dauert nicht lange. Denn Heere von Pfaffen
und Mönchen, buntscheckig montirt, wie die Reichstruppen,

laufen uns unaufhörlich entgegen und erinnern uns an die gemeinste Erde.

Den Lauf der Straßen hat der regellofeste Zufall ge=
bildet. In dieser Hinsicht unterscheidet sich Würzburg durch
nichts, von der Anlage des gemeinsten Dorfes. Da hat sich
Jeder angebaut, wo es ihm gerade gefiel, ohne eben auf
den Nachbar viele Rücksicht zu nehmen. Daher findet man
nichts als eine Zusammenstellung vieler einzelner Häuser
und vermißt die Idee eines Ganzen, die Existenz eines all=
gemeinen Interesses. Oft ehe man es sich versieht, ist man
in ein Labyrinth von Gebäuden gerathen, wo man sich den
Faden der Ariadne wünschen muß, um sich heraus zu finden.
Das Alles könnte man der grauen Vorzeit noch verzeihen;
aber wenn heut zu Tage ganz an der Stelle der alten
Häuser neue gebaut werden, so daß also auch die Idee, die
Stadt zu ordnen nicht vorhanden ist, so heißt das ein Ver=
sehen verewigen.

Das bischöfliche Residenzschloß zeichnet sich unter den
Häusern aus. Es ist lang und hoch. Schön kann man es
wohl nicht nennen. Der Platz vor demselben ist heiter und
angenehm. Er ist von beiden Seiten durch eine Colonnade
eingeschlossen, deren jede eine Obelisk ziert. — Die übrigen
Häuser befriedigen bloß die gemeinsten Bedürfnisse. Nur
zuweilen hebt über niedrige Dächer eine Kuppel, oder ein
Kloster, oder das höhere Dach eines Domherrn empor.
Keine der hiesigen Kirchen haben wir so schön gefunden,
als die Kirche zu Eberach, die ich Dir in meinem vorigen
Briefe beschrieb*). Selbst der Dom ist nicht so geschmack=

*) Dies muß einer von denen sein, die unterwegs verloren
gegangen.

voll und nicht so prächtig. Aber alle diese Kirchen sind von früh Morgens bis spät Abends besucht. Das Läuten dauert unaufhörlich fort. Es ist, als ob die Glocken sich selbst zu Grabe läuteten, denn wer weiß, ob die Franzosen sie nicht bald einschmelzen. Messen und Hora wechseln immer mit einander ab, und die Perlen der Rosenkränze sind in ewiger Bewegung. Denn es gilt die Rettung der Stadt, und da die Franzosen für ihren Untergang beten, so kommt es darauf an, wer am meisten betet.

Ich, mein liebes Kind, habe Ablaß auf 200 Tage. In einem Kloster auf dem Berge 2 bei b, hinter dem Citadel, lag vor einem wunderthätigen Marienbilde ein gedrucktes Gebet mit der Ankündigung, daß wer es mit Andacht läse, diesen Ablaß haben sollte. Gelesen habe ich es; doch da es nicht mit der gehörigen Andacht geschah, so werde ich mich doch wohl vor Sünden hüten, und nach wie vor thun müssen, was Recht ist. Wenn man in eine solche katholische Kirche tritt und das weitgebogene Gewölbe sieht und diese Altäre und diese Gemälde — und diese versammelte Menschenmenge mit ihren Gebährden — wenn man diesen ganzen Zusammenfluß von Veranstaltungen sinnend betrachtet, so kann man gar nicht begreifen, wohin das Alles führen solle. Bei uns erweckt doch die Rede des Priesters, oder ein Gellertsches Lied manchen herzerhebenden Gedanken; aber das ist hier bei dem Murmeln des Pfaffen, das niemand hört, und selbst niemand verstehen würde, wenn man es auch hörte, weil es lateinisch ist, nicht möglich. Ich bin überzeugt, daß alle diese Präparate nicht einen einzigen vernünftigen Gedanken erwecken.

Ueberhaupt dünkt mich, alle Ceremonien ersticken das Gefühl. Sie beschäftigen unseren Verstand, aber das Herz bleibt todt. Die bloße Absicht, es zu erwärmen, ist, wenn sie sichtbar wird, hinreichend, es ganz zu erkalten. Mir wenigstens erfüllt eine Todeskälte das Herz, sobald ich weiß, daß man auf mein Gefühl gerechnet hat.

Daher mißglücken auch meist alle Vergnügungen, zu welchen große Anstalten nöthig sind. Wie oft treten wir in Gesellschaft, in den Tanzsaal, ohne mehr zu finden, als die bloße Anstalt zur Freude und treffen dagegen die Freude selbst oft da an, wo wir sie am Wenigsten erwarteten.

Daher werde ich auch den schönsten Tag, den ich vor mir sehe, nicht nach der Weise der Menschen, sondern nach meiner Art zu feiern wissen.

Ich kehre zu meinem Gegenstand zurück. — Wenn die wunderthätigen Marienbilder einigermaßen ihre Schuldigkeit thun, so muß in Kurzem kein Franzose mehr leben. Wirksam sind sie, das merkt man an den wächsernen Kindern, Beinen, Armen, Fingern ꝛc., die um das Bild gehängt sind — die Zeichen der Wünsche, welche die heilige Mutter Gottes erfüllt hat. — In Kurzem wird hier eine Procession sein, zur Niederschlagung der Feinde, und, wie es heißt, zur Ausrottung aller Ketzer: also auch zu Deiner und meiner Ausrottung. —

Ich wende mich jetzt zu einer vernünftigen Anstalt die ich mit mehrerem Vergnügen besucht habe, als diese Klöster und Kirchen.

Da hat ein Mönch die Zeit, die ihm Hora und Messe übrig ließen, zur Verfertigung eines seltenen Naturalien-Cabinets angewendet. Ich weiß nicht gewiß, ob es ein Benedictiner-Mönch ist, aber ich schließe es aus diesen nützlichen Anwendung seiner Zeit, indem die Mönche dieses Ordens immer die fleißigsten, arbeitsamsten gewesen sind.

5*

Er ist Professor bei der hiesigen Universität und heißt
Blank. Er hat mit Unterstützung des jetzigen Fürst=
Bischofs, eines Herrn von Fechenbach, eine sehenswürdige
Gallerie von Vögeln nnd Moosen in dem hiesigen Schlosse
aufgestellt. Das Gefieder der Vögel ist, ohne die Haut,
auf Pergament geklebt, und so vor der Nachstellung der
Insecten ganz gesichert. Verzeihe mir diese Umständlichkeit.
Ich denke einst diese Papiere für mich zu nützen.

Schon der bloße Apparat ist sehenswürdig und erfordert
einen fast beispiellosen Fleiß. Da sind in vielen Gläsern,
in besonderen Fächern und Schränken, Gefieder aller Art,
Häute, Holzspäne, Blätter, Moose, Saamenstaub, Spinn=
gewebe, Schilfe, Wolle, Schmetterlingsflügel ꝛc. in der größten
Ordnung aufgestellt.

Aber dieser Vorrath von bunten Materialien hat den
Mann auf eine Spielerei geführt. Er ist weiter gegangen
als bloß seine nützliche Gallerie von Vögeln und Moosen zu
vervollkommnen. Er hat mit allen diesen Materialien, ohne
weiter eine Farbe zu gebrauchen, gemahlt, Landschaften,
Blumenbouquett, Menschen ꝛc. oft täuschend ähnlich, das
Wasser mit Wolle, das Laub mit Moose, die Erde mit
Saamenstaub, den Himmel mit Spinngewebe, und immer
mit der genauesten Abwechselung des Lichtes und des Schattens.
Die besten von allen diesen Stücken waren aber aus Furcht
vor den Franzosen weggeschickt.

+ Ich werde Dir in der Folge sagen, was das bedeutet.

b. 12. September.

Was Dir das hier für ein Leben auf der Straße ist,
aus Furcht vor den Franzosen, das ist unbeschreiblich. Bald
Flüchtende, bald Pfaffen, bald Reichstruppen, das läuft alles

buntscheckig durch einander, und frägt und antwortet, und erzählt Neuigkeiten, die in 2 Stunden für falsch erklärt.

Der hiesige Commandant, General D'Allaglio, soll wirklich im Ernst diese Vestung behaupten wollen. Aber sei ruhig. Es gilt bloß die Citadelle, nicht die Stadt. Auch diese ist zwar befestigt, aber sie liegt ganz in der Tiefe, ist ganz unhaltbar, und für sie, sagt man, sei schon eine Capitulation im Werke. Nach meiner Einsicht ist aber die Citadelle eben so unhaltbar. Sie ist nach der Befestigungskunst des Mittelalters erbaut, das heißt, schlecht. Es war eine unglückliche Idee, hier eine Vestung anzulegen. Aber ursprünglich scheint es eine alte Burg zu sein, die nur nach und nach erweitert worden ist. Schon die Lage ist ganz unvortheilhaft, denn in der Nähe eines Flintenschußes liegt ein weit höherer Berg, der den Felsen der Citadelle ganz beherrscht. Man will sich indeß in die Casematte flüchten, und der Commandant soll geäußert haben, er wolle sich halten, bis ihm das Schnupftuch in der Tasche brennt. Wenn er klug ist, so zündet er es sich selbst an und rettet so sein Wort und sein Leben. Indessen ist wirklich die Citadelle mit Proviant auf 3 Monate versehen. Auch soll viel Geschütz oben sein — doch das Alles soll nur sein, hinauf auf die Citadelle darf keiner. Viele Schießscharten sind da, das ist wahr, aber das sind vielleicht bloße Matonymien*).

Besonders des Abends auf der Brücke ist ein ewiges Laufen hinüber und herüber. Da stehn wir dann in einer Nische, Brokes und ich, und machen Glossen, und sehen uns diesen oder jenen an, ob er seinen Wein in Sicherheit hat,

---

*) Metonymie (so muß es heißen) bedeutet die Ersetzung einer wirklichen Sache durch ein bloßes Zeichen oder Abbild; hier ist es so viel wie: blos gemalte Schießscharten.

ob er sich vor der Säcularisation fürchtet, oder ob er den Franzosen freundlich ein Glas Wein vorsetzen wird. Die meisten, wenigstens von den Bürgern scheinen die letzte Partie ergreifen zu wollen. Das muß man ihnen aber abmerken, denn durch die Rede erfährt man von ihnen nichts. Du glaubst nicht, welche Stille in allen öffentlichen Häusern herrscht. Jeder kommt hin, um etwas zu erfahren, niemand, um etwas mitzutheilen. Es scheint, als ob jeder erst ab= warten wollte, wie man ihm kommt, um dann dem Andern eben so zu kommen. Aber das ist eben das Eigenthümliche der katholischen Städte. Da hängt man den Mantel, wie der Wind kommt.

So eben erfahre ich die gewisse Nachricht, daß der Waffenstillstand auf unbestimmte Zeit verlängert ist, also schließe ich diesen Brief, damit Du so frühe als möglich diese frohe Nachricht erhältst, die unsere Wünsche reisen soll. Adieu. Bleibe mir treu. Bald ein Mehreres.

Dein Freund Heinrich.

X

Würzburg, d. 13. September 1800.

Mädchen! Wie glücklich wirst Du sein! Und ich!
Wie wirst Du an meinem Halse weinen, heiße innige Freuden=
thränen! Wie wirst Du mir mit Deiner ganzen Seele
danken! -— Doch 'still! Noch ist nichts ganz entschieden,
aber — der Würfel liegt, und, wenn ich recht sehe, wenn
nicht alles mich täuscht, so stehen die Augen gut. Sei ruhig.
In wenigen Tagen kommt ein guter Brief an Dich, ein
Brief, Wilhelmine, der — — doch ich soll ja nicht reden,
und so will ich denn noch schweigen, auf diese wenigen Tage.
Nur diese gewisse Nachricht will ich Dir 'mittheilen: ich
gehe von hier nicht weiter nach Straßburg, sondern bleibe
in Würzburg. Eher als Du glaubst, bin ich wieder bei
Dir in Frankfurt. Küsse mich, Mädchen, denn ich verdiene es.

Laß uns 'thun, als ob wir nichts Interessanteres mit
einander zu plaudern hätten, als fremdartige Dinge. Denn
das, was mir die ganze Seele erfüllt, darf ich Dir nicht,
jetzt noch nicht, mittheilen.

Also wieder etwas von dieser Stadt!

Eine der vortrefflichsten Anstalten, die je ein Mönch
hervorbrachte, ist wohl das hiesige Julius=Hospital, vom
Fürstbischof Julius im 16. Jahrhundert gestiftet, von dem
vorletzten Fürstbischof Ludwig um mehr als das Ganze
erweitert, veredelt und verbessert. Das Stammgebäude schon

ist ein Haus wie ein Schloß; aber nun sind noch in ähn=
licher Form Häuser hingebaut worden, so daß die vordere
Façade 63 Fenster hat, und das Ganze ein geschlossenes
Viereck bildet. Im inneren Hofe ist ein großer Brunnen
angelegt, hinten befindet sich ein vortrefflicher botanischer
Garten, Badehäuser, ein anatomisches Theater und ein
medicinisch=chirurgisches Auditorium.

Das Ganze ist ein Product der wärmsten Menschen=
liebe. Jedes Gebrechen giebt, wenn es ganz arm ist, ein
Recht auf unbedingte, kostfreie Aufnahme in diesem Hause.
Die Wiederhergestellten und Geheilten müssen es wieder ver=
lassen, die Unheilbaren und das graue Alter finden Nahrung,
Kleidung und Obdach bis ans Ende des Lebens. Denn nur
auf gänzliche Hilflosigkeit ist diese Anstalt berechnet und wer
noch auf irgend eine Art sich selbst helfen kann, der findet
hier keinen Platz, weil er ihn einem Unglücklicheren, Hilfs=
bedürftigeren nehmen würde.

Dabei ist es besonders bemerkungswürdig und lobens=
werth, daß die religiöse Toleranz, die nirgends in diesem
ganzen Hochstift anzutreffen ist, gerade hier in diesem Spital,
wo sie so nöthig war, Platz gefunden hat, und daß jeder
Unglückliche seine Zuflucht findet in dieser katholischen An=
stalt, wäre es auch ein Protestant oder ein Jude.

Das Innere des Gebäudes soll sehr zweckmäßig ein=
gerichtet sein. Ordnung wenigstens und Plan habe ich da=
rin gefunden. Da beherbergt jedes Gebäude eine eigene
Art von Kranken, entweder die medicinische oder chirurgische,
und jeder Flügel wieder ein eignes Geschlecht, die männlichen
oder die weiblichen. Dann ist ein besonderes Haus für die
Unheilbaren, eines für das schwache Alter, eines für die
Epileptischen, eines für die Verrückten 2c. Der Garten steht

jedem Gesitteten offen. Es wird in großen Sälen gespeiset. Eine recht geschmackvolle Kirche versammelt täglich die Frommen. Sogar die Verrückten haben da ihren vergitterten Platz.

Bei den Verrückten sahen wir manches Ekelhafte, manches Lächerliche, viel Unterrichtendes und Bemitleidenswerthes. Ein Paar Menschen lagen übereinander wie Klötze, ganz unempfindlich, und man sollte fast zweifeln, ob sie Menschen zu nennen wären. Dagegen kam uns munter und lustig ein überstubirter Professor entgegen und fing an, uns auf lateinisch zu haranguiren, und fragte so schnell und flüchtig und sprach dabei ein so richtiges, zusammenhängendes Latein, daß wir im Ernste verlegen wurden um die Antwort, wie vor einem gescheuten Manne. In einer Zelle saß, schwarzgekleidet, mit einem tiefsinnigen, höchst ernsten und düstern Blick, ein Mönch. Langsam schlug er die Augen auf uns, und es schien, als ob er unser Innerstes erwog. Dann fing er an, mit einer schwachen, aber doch tönenden und das Herz zermalmenden Stimme uns vor der Freude zu warnen und an das ewige Leben und an das heilige Gebot uns zu erinnern. Wir antworteten nicht. Er sprach in großen Pausen. Zuweilen blickte er uns wehmüthig an, als ob er uns doch für verloren hielte. Er hatte sich einst auf der Kanzel in einer Predigt versprochen und glaubt von dieser Zeit an, er habe das Wort Gottes verfälscht. Von diesem gingen wir zu einem Kaufmann, der aus Verdruß und Stolz verrückt geworden war, weil sein Vater das Adelsdiplom erhalten hatte, ohne daß es auf den Sohn forterbte. Aber am Schrecklichsten war der Anblick eines Wesens, das ein unnatürliches Laster wahnsinnig gemacht hatte. Ein achtzehnjähriger Jüngling, der noch vor Kurzem blühend schön gewesen sein soll und noch Spuren davon an sich trug, hing da über die unreinliche Oeffnung, mit nackten, blassen, ausgedorrten Gliedern, mit eingesenkter Brust, kraftlos niederhangendem Haupte; eine Röthe, matt und geadert, wie eines Schwindsüchtigen, war ihm über das todtenweiße Antlitz gehaucht, kraftlos fiel ihm das Augenlied auf das sterbende, erlöschende Auge, wenige saftlose Greisenhaare deckten das frühgebleichte Haupt, trocken, durstig, lechzend hing ihm die Zunge über die blasse, ein= geschrumpfte Lippe, eingewunden und eingenäht lagen ihm die Hände auf dem Rücken — er hatte nicht das Vermögen, die Zunge zur Rede zu bewegen, kaum die Kraft, den stechenden Athem zu schöpfen — nicht verrückt waren seine Gehirns= nerven, aber matt, ganz entkräftet, nicht fähig, seiner Seele zu gehorchen, sein ganzes Leben nichts als eine einzige, lähmende, ewige Ohnmacht. — O lieber tausend Tode, als ein einziges Leben wie dieses! So schrecklich rächt die Natur den Frevel gegen ihren eignen Willen! O weg mit diesem fürchterlichen Bilde!

Nicht ohne Rührung und Ehrfurcht wandelt man durch die Hallen dieses weiten Gebäudes, wenn man alle diese großen, mühsamen, kostspieligen Anstalten betrachtet, wenn man die Opfer erwägt, die sie dem Stifter und dem Unter= haltenden kosten. Die bloße Erhaltung der ganzen Anstalt beträgt jährlich 60 000 fl. Damit ist zugleich eine Art von chirurgischer Pépinière verknüpft, so daß bei dem Hospital selbst die künftigen Aerzte desselben gebildet werden. Lehrer sind die praktischen Aerzte, wie Seybold, Brünningshausen 2c.

Aber wenn man an den Nutzen denkt, den diese Anstalt bringt, wenn man fragt, ob mit so großen Aufopferungen auf einem minder in die Augen fallenden Wege nicht noch weit mehr auszurichten sein würde, so hört man auf, diese an sich treffliche Anstalt zu bewundern, und fängt an, zu wünschen, daß das ganze Haus lieber gar nicht da sein mögte.

Weit inniger greift man in das Interesse des hilflosen Kranken ein, wenn man ihn in seinem Hause mit Heilung, Kleidung, Nahrung, oder statt der beiden letzten Dinge mit Geld unterstützt. Ihn erfreut doch der stolze Pallast und der königliche Garten nicht, der ihn immer an seine demüthigende Lage, an die Wohlthat, die er nie abtragen kann, erinnert; aller dieser Anschein von Pracht wird schwerlich mehr, als den Kranken und sein Gefühl durch den bittren Contrast mit seinem Elend noch mehr drücken. Es liegt eine Art von Spott darin, erst ganz hülflos werden zu müssen, um könig= lich zu wohnen. — Eigentlich weiß ich mich nicht recht aus= zudrücken. Aber ich bin gewiß, daß gute, stille, leidende Menschen weit lieber im Stillen Wohlthaten annehmen, als sie hier mit prahlerischer Publicität zu empfangen. Auch würde wirklich jedem Kranken leichter geholfen werden, als hier, wo bei dem Zusammenfluß so vieles Elendes Herz und Muth sinken. Besonders die Verrückten können in ihrer eignen Gesellschaft nie zu gesundem Verstande kommen. Da= gegen würde dies gewiß bei vielen möglich sein, wenn mehrere vernünftige Leute, etwa die eigene Familie unter der Leitung eines Arztes, sich bemühten, den Unglücklichen zur Vernunft zurückzuführen. Man könnte einwerfen, daß dies Alles mehrere Kosten noch verursachen würde, aber man bedenke, daß die bloße Einrichtung dieser Anstalt Millionen kostet, und daß dies Alles dann nicht nöthig wäre. — Indessen so viel ist freilich wahr, daß die ganze Wohlthat dann nicht so viel Ansehen hätte. Daß doch immer auch Schatten sich zeigt, wo Licht ist!

d. 14. September.

Nirgends kann man den Grad der Cultur einer Stadt und überhaupt den Geist ihres herrschenden Geschmacks schneller und doch zugleich richtiger kennen lernen, als — in den Lese-bibliotheken.

Höre, was ich darin fand, und ich werde Dir ferner nichts mehr über den Ton von Würzburg zu sagen brauchen

„Wir wünschen ein paar gute Bücher zu haben". — Hier steht die Sammlung zu Befehl. — „Etwa von Wieland?" — Ich zweifle fast. — „Oder von Schiller, Göthe?" — Die mögten hier schwerlich zu finden sein. — „Wie? Sind alle diese Bücher vergriffen? Wird hier so stark gelesen?" — Das eben nicht. — „Wer liest denn hier eigentlich am meisten?" — Juristen, Kaufleute und verheirathete Damen. — „Und die unverheiratheten?" — Die dürfen keine fordern. — „Und die Studenten?" — Wir haben Befehl, ihnen keine zu geben. — „Aber sagen Sie uns, wenn so wenig gelesen wird, wo in aller Welt sind denn die Schriften Wielands, Goethes, Schillers?" — Halten zu Gnaden, diese Schriften werden hier gar nicht gelesen. — „Also Sie haben sie gar nicht in der Bibliothek?" — Wir dürfen nicht. — „Was stehen denn also eigentlich für Bücher hier an diesen Wänden?" — Rittergeschichten, lauter Ritterge-schichten, rechts die Rittergeschichten mit Gespenstern, links ohne Gespenster, nach Belieben. — „So, so." —

Nach Vergnügungen fragt man hier vergebens. Man hat hier nichts im Sinne, als die zukünftige, himmlische Glückselig-keit, und vergißt darüber die gegenwärtige, irdische. Ein elender französischer Garten, der Huttensche, heißt hier ein Recreations-ort. Man ist aber hier so still und fromm, wie auf einem

Kirchhofe. Nirgends findet man ein Auge, das auf eine interessante Frage eine interessante Antwort verspräche. Auch hier erinnert das Läuten der Glocken unaufhörlich an die katholische Religion, wie das Geklirr der Ketten den Gefangenen an seine Sklaverei. Mitten in einem geselligen Gespräche sinken bei dem Schall des Geläuts alle Knie, alle Häupter neigen, alle Hände falten sich; und wer auf seinen Füßen stehen bleibt, ist ein Ketzer.

den 15. September.

Meine liebe, liebste Freundin! Wie sehnt sich mein Herz nach einem paar freundlicher Worte von Deiner Hand, nach einer kurzen Nachricht von Deinem Leben, von Deiner Gesundheit, von Deiner Liebe, von Deiner Ruhe! Wie viele Tage verlebten wir jetzt getrennt von einander und wie Manches wird Dir zugestoßen sein, das auch mich nahe angeht! Und warum erfahre ich nichts von Dir? Bist Du gar nicht mehr? Oder bist Du krank? Oder hast Du mich vergessen, mich, dem der Gedanke an Dich immer gegenwärtig blieb? Zürnst Du vielleicht auf den Geliebten, der sich so muthwillig von der Freundinn entfernte? Schiltst Du ihn leichtsinnig, den Reisenden, ihn, der auf dieser Reise Dein Glück mit unglaublichen Opfern erkauft und jetzt vielleicht — vielleicht schon gewonnen hat? Wirst Du mit Mißtrauen und Untreue dem lohnen, der vielleicht in Kurzem mit den Früchten seiner That zurückkehrt? Wird er Undank bei dem Mädchen finden, für deren Glück er sein Leben wagte? Wird ihm der Preis nicht werden, auf den er rechnete, ewige, innige, zärtliche Dankbarkeit? — Nein, nein, Du bist für den Undank nicht geschaffen. Ewig würde Dich die Reue quälen. Tausend Ursachen konnten verhindern, daß Briefe

von Dir zu mir kamen. Ich halte mich fest an Deine Liebe.
Mein Vertrauen zu Dir soll nicht wanken. Mich soll kein
Anschein verführen. Dir will ich glauben und keinem An=
deren. Ich selbst habe ja auch bestellt, daß alle Briefe in
Baireuth liegen bleiben sollten. Andere konnten zwar einen
anderen Weg über Duderstadt nehmen, indessen, ich bin
ruhig. Schon vor 4 Tagen habe ich nach Beireuth ge=
schrieben, mir die Briefe nach Würzburg zu senden — heute
war noch nichts auf der hiesigen Post, aber morgen, morgen, —
oder übermorgen, oder — Und was werde ich da Alles er=
fahren! Mit welchen Vorgefühlen werde ich das Couvert be=
trachten, das kleine Gefäß, das so Vieles in sich schließt!
Ach Wilhelmine, in sechs Worten kann alles liegen, was ich
zu meiner Ruhe bedarf. Schreibe mir: ich bin gesund,
ich liebe Dich — und ich will weiter nichts mehr.

Aber doch Nachrichten von Deinen redlichen Eltern und
überhaupt von Deinen Geschwistern. Ist Alles wieder ge=
sund in Eurem Hause? Schläft Mutter wieder unten? Hat
Vater nicht nach mir gefragt? — Was spricht man über=
haupt von mir in Frankfurt? — Doch das wirst Du wohl
nicht hören. Nun, es sei! Mögen sie sprechen, was sie
wollen, mögen sie mich immerhin verkennen! Wenn wir
Beide uns nur ganz verstehen, so kümmert mich weiter kein
Urtheil, keine Meinung. Jedem will ich Mißtrauen ver=
zeihen, nur Dir nicht; denn für Dich that ich Alles, um es
Dir zu benehmen. — Verstehst Du die Inschrift der Tasse?
Und befolgst Du sie? Dann erfüllst Du meinen innigsten
Wunsch. Dann weißt Du, mich zu ehren.

Vielleicht erhalte ich auch den Aufsatz von Dir — oder
ist er noch nicht fertig? Nun, übereile Dich nicht. Ein
Frühlingssonnenstrahl reift die Orangenblüthe, aber ein Jahr=

hundert die Eiche. Ich möchte gern etwas Gutes, etwas Seltenes, etwas Nützliches von Dir erhalten, das ich selbst gebrauchen kann, und das Gute bedarf Zeit, es zu bilden. Das Schnellgebildete stirbt schnell dahin. Zwei Frühlingstage, und die Orangenblüthe ist verwelkt, aber die Eiche durchlebt ein Jahrtausend. Was ich von Dir empfange, soll mehr als auf zwei Augenblicke duften, ich will mich seiner erfreuen mein Leben lang.

Ja, Wilhelmine, wenn Du mir könntest die Freude machen, immer fortzuschreiten in Deiner Bildung mit Geist und Herz, wenn Du es mir gelingen lassen könntest, mir an Dir eine Gattin zu formen, wie ich sie für mich, eine Mutter, wie ich sie für meine Kinder wünsche, erleuchtet, aufgeklärt, vorurtheilslos, immer der Vernunft gehorchend, gern dem Herzen sich hingebend — dann, ja dann könntest Du mir für eine That lohnen, für eine That —

Aber das alles wären vergebliche Wünsche, wenn nicht in Dir die Anlage zu jedem Vortrefflichen vorhanden wäre. Hineinlegen kann ich nichts in Deine Seele, nur entwickeln, was die Natur hineinlegte. Auch das kann ich eigentlich nicht, kannst nur Du allein. Du selbst mußt Hand an Dir legen, Du selbst mußt Dir das Ziel stecken, ich kann nichts, als Dir den kürzesten, zweckmäßigsten Weg zeigen; und wenn ich Dir jetzt ein Ziel aufstellen werde, so geschieht es nur in der Ueberzeugung, daß es von Dir längst anerkannt ist. Ich will nur deutlich darstellen, was vielleicht dunkel in Deiner Seele schlummert.

Alle ächte Aufklärung des Weibes besteht zuletzt darin, vernünftig über die Bestimmungen ihres irdischen Lebens nachdenken zu können. Ueber den Zweck unseres ganzen ewigen Daseins nachzudenken, auszuforschen, ob der Genuß

der Glückseligkeit wie Epikur meinte, oder die Erreichung
der Vollkommenheit, wie Leibnitz glaubte, oder die Erfüllung der trockenen Pflicht, wie Kant versichert, der letzte
Zweck des Menschen sei, das ist selbst für Männer unfruchtbar und oft verderblich. Wie können wir uns getrauen, in
den Plan einzugreifen, den die Natur für die Ewigkeit
entworfen hat, da wir nur ein so unendlich kleines Stück
von ihm, unser Erdenleben, übersehen? Also wage Dich
mit Deinem Verstande nie über die Grenzen Deines Lebens
hinaus. Sei ruhig über die Zukunft. Was Du für dieses
Erdenleben thun sollst, das kannst Du begreifen, was Du für
die Ewigkeit thun sollst, nicht; und so kann denn auch keine
Gottheit mehr von Dir verlangen, als die Erfüllung Deiner
Bestimmung auf dieser Erde. Schränke Dich also ganz für
diese kurze Zeit ein. Kümmere Dich nicht um Deine Bestimmung nach dem Tode, weil Du darüber leicht Deine
Bestimmung auf dieser Erde vernachlässigen könntest.

den 18. September 1800.

Als ich so weit gekommen war, fiel mir ein, daß wohl
manche Erläuterungen nöthig sein mögten, um gegen Deine
Religionsbegriffe nicht anzustoßen. Zugleich sah ich, daß
dieser Gegenstand zu reichhaltig war für einen Brief und
entschloß mich daher, Dir einen eigenen Aufsatz darüber zu
liefern. Den Anfang davon macht der beifolgende dritte
Bogen.

Laß uns Beide, liebe Wilhelmine, unsere Bestimmung
ganz ins Auge fassen, um sie künftig einst ganz zu erfüllen.
Dahin allein wollen wir unsere ganze Thätigkeit richten.
Wir wollen alle unsere Fähigkeiten ausbilden, eben nur um
diese Bestimmung zu erfüllen. Du wirst mich, ich werde

Dich darin unterstützen und daher künftig in diesem Aufsatze fortfahren.

Wie ich auf die Idee des Ganzen gekommen bin, das wirst Du in der Folge leicht errathen. — Wie ich auf den Gedanken gekommen bin, Dich vor religiösen Grübeleien zu warnen, das will ich Dir hiermit sagen. Nicht weil sie etwa von Dir sehr zu befürchten wären, sondern darum, weil ich eben gerade in einer Stadt lebe, wo man über die Andacht die Thätigkeit ganz vergißt, und auch darum, weil Brokes mich umgiebt, der unaufhörlich mit der Natur im Streit ist, weil er, wie er sagt, seine ewige Bestimmung nicht herausfinden kann und daher nichts für seine irdische thut. Doch darüber in der Folge mehr.

Jetzt muß ich schließen. Ich wollte warten, bis ich doch endlich von Dir einen Brief empfangen haben würde, um dies Dir zu melden, aber vergebens. Liebe Wilhelmine Sei ruhig! Ich bleibe Dir herzlich gut, in der festen Ueberzeugung, daß Du auch mir noch herzlich gut bist, — wenn Du noch lebst. — O neue Hoffnung! — Sei ruhig! Mache keine Anstalten wegen der Briefe. Wenn ich in 3 Tagen keinen erhalte, so schicke ich selbst einen Laufzettel zurück! Denn geschrieben hast Du gewiß. Lebe wohl.

Dein Heinrich.

Diesem Briefe lag folgender Aufsatz bei, auf welchen in demselben verwiesen ist:

Den 16. September 1800 zu Würzburg.

Alle ächte Aufklärung des Weibes besteht am Ende wohl nur darin, meine liebe Freundin: über die Bestimmung seines irdischen Lebens vernünftig nachdenken zu können.

Ueber die Bestimmung unsres ewigen Daseins nachzudenken, auszuforschen, ob der Genuß der Glückseligkeit (wie
Epikur meinte) oder die Erziehung der Vollkommenheit (wie
Leibnitz glaubte) oder die Erfüllung der trockenen Pflicht
(wie Kant versichert) der letzte Zweck des Menschen sei, das,
liebe Freundinn ist selbst für Männer unfruchtbar und verderblich! Solche Männer begehen die Unart, die ich beging,
als ich mich im Geiste von Frankfurt nach Stralsund, und
von Stralsund wieder im Geiste nach Frankfurt versetzte.
Sie leben in der Zukunft und vergessen darüber, was die
Gegenwart von ihnen fordert.

Urtheile selbst, wie können wir beschränkte Wesen, die
wir von der Ewigkeit nur ein so unendlich kleines Stück,
unser spannenlanges Erdenleben übersehen, wie können wir
uns getrauen, den Plan, den die Natur für die Ewigkeit
entwarf, zu ergründen? Und wenn dies nicht möglich ist,
wie kann irgend eine gerechte Gottheit von uns verlangen,
in diesem ihren ewigen Plan, einzugreifen, von uns, die
wir nicht einmal im Stande sind, ihn zu denken?

Aber die Bestimmung unseres irdischen Daseins, die
können wir allerdings unzweifelhaft heraus finden und diese
zu erfüllen, das kann daher die Gottheit auch wohl mit Recht
von uns fordern.

Es ist möglich, liebe Freundinn, daß mir Deine Religion
hierin wiederspricht und daß sie Dir gebietet, auch etwas
für Dein künftiges Leben zu thun. Du wirst gewiß Gründe
für Deinen Glauben haben, so wie ich Gründe für den
meinigen, und so fürchte ich nicht, daß diese kleine Religions-
zwistigkeit unserer Liebe eben großen Abbruch thun wird.
Wo nur die Vernunft herrschend ist, da vertragen sich auch
die Meinungen leicht, und da die Religionstoleranz schon eine

Tugend ganzer Völker geworden ist, so wird es, denke ich, der Dul=
dung nicht sehr schwer werden, in zwei liebenden Herzen zu herrschen.

Wenn Du Dich also durch die Einflüsse Deiner früheren
Erziehung gedrungen fühltest, durch die Beobachtung religiöser
Ceremonien auch etwas für Dein ewiges Leben zu thun, so
würde ich weiter nichts, als Dich warnen, ja nicht darüber
Dein irdisches Leben zu vernachlässigen.

Denn nur gar zu leicht glaubt man, man habe Alles
gethan, wenn man die ernsten Gebräuche der Religion be=
obachtet, wenn man fleißig in die Kirche geht, täglich betet,
und jährlich zweimal das Abendmahl einnimmt.

Und doch sind dies Alles nur Zeichen eines Gefühls,
das auch ganz anders sich ausdrücken kann. Denn mit dem=
selben Gefühle, mit welchem Du bei dem Abendmahle das
Brod nimmst, aus der Hand des Priesters, mit demselben
Gefühle, sage ich, erwürgt der Mexicaner seinen Bruder vor
dem Altare seines Götzen.

Ich will Dich dadurch nur aufmerksam machen, daß alle
diese religiösen Gefühle nichts sind, als menschliche Vor=
schriften, die zu allen Zeiten verschieden waren und noch in
diesem Augenblicke an allen Orten der Erde verschieden sind.
Darin kann also das Wesen der Religion nicht liegen, weil
es ja sonst höchst schwankend und ungewiß wäre. Wer steht
uns dafür, daß nicht in Kurzem ein zweiter Luther unter
uns aufsteht, und umwirft, was jener baute. Aber in uns
flammt eine Vorschrift — und die muß göttlich sein, weil
sie ewig und allgemein ist, sie heißt: erfülle Deine Pflicht:
und dieser Satz enthält die Lehren aller Religionen.

Alle anderen Sätze folgen aus diesem und sind in ihm
gegründet, oder sie sind nicht darin begriffen, und dann sind
sie unfruchtbar und unnütz.

Daß ein Gott sei, daß es ein ewiges Leben, einen Lohn für die Tugend, eine Strafe für das Laster gebe, das alles sind Sätze, die in jenem nicht gegründet sind, und die wir also entbehren können. Denn gewiß sollen wir sie nach dem Willen der Gottheit selbst entbehren können, weil sie es uns selbst unmöglich gemacht hat, es einzusehen und zu begreifen. Würdest Du nicht mehr thun, was Recht ist, wenn der Gedanke an Gott und Unsterblichkeit nur ein Traum wäre? Ich nicht.

Daher bedarf ich zwar zu meiner Rechtschaffenheit dieser Sätze nicht; aber zuweilen, wenn ich meine Pflicht erfüllt habe, erlaube ich mir, mit stiller Hoffnung an einen Gott zu denken, der mich sieht und an eine frohe Ewigkeit, die meiner wartet; denn zu Beiden fühle ich mich doch mit meinem Glauben hingezogen, den mein Herz mir ganz zusichert, und mein Verstand mehr bestätigt, als widerspricht.

Aber dieser Glaube sei irrig oder nicht — gleich viel! Es warte auf mich eine Zukunft oder nicht — gleich viel! Ich erfülle für dieses Leben meine Pflicht, und wenn Du mich fragst: warum? so ist die Antwort leicht: eben weil es meine Pflicht ist.

Ich schränke mich daher mit meiner Thätigkeit ganz für dieses Erdenleben ein. Ich will mich nicht um meine Bestimmung nach dem Tode kümmern, aus Furcht darüber meine Bestimmung für dieses Leben zu vernachlässigen. Ich fürchte nicht die Höllenstrafe der Zukunft, weil ich mein eignes Gewissen fürchte, und rechne nicht auf einen Lohn jenseits des Grabes, weil ich ihn mir diesseits desselben schon erwerben kann.

Dabei bin ich überzeugt, gewiß in den großen, ewigen Plan der Natur einzugreifen, wenn ich nur den Platz ganz erfülle, auf den sie mich in dieser Erde setzte. Nicht umsonst hat sie mir diesen gegenwärtigen Wirkungskreis angewiesen und gesetzt, ich verträumte diesen und forschte dem zu= künftigen nach — ist denn nicht die Zukunft eine kommende Gegenwart, und soll ich denn auch diese Gegenwart wieder verträumen?

Doch ich kehre zu meinem Gegenstande zurück. Ich habe Dir diesen Gedanken blos zur Prüfung vorgelegt. Ich fühle mich ruhiger und sicherer, wenn ich den Gedanken an die dunkle Bestimmung der Zukunft ganz von mir ent= ferne, und mich allein an die gewisse und deutliche Bestimmung für dieses Erdenleben halte.

Ich will Dir nun meinen ersten Hauptgedanken erklären. Bestimmung unseres irdischen Lebens heißt Zweck dessel= ben, oder die Absicht, zu welcher uns Gott auf diese Erde gesetzt hat.

Vernünftig darüber nachdenken heißt nicht nur diesen Zweck selbst deutlich kennen, sondern auch in allen Verhältnissen unseres Lebens immer die zweckmäßigsten Mittel zu seiner Erreichung herausfinden.

Das, sagte ich, wäre die ganze wahre Aufklärung des Weibes und die einzige Philosophie, die ihr ansteht.

Deine Bestimmung, liebe Freundinn, oder überhaupt die Bestimmung des Weibes ist wohl unzweifelhaft und un= verkennbar; denn welche andere kann es sein, als diese, Mutter zu werden, und der Erde tugendhafte Menschen zu erziehen?

Und wohl Euch, daß Eure Bestimmung so einfach und beschränkt ist! Durch Euch will die Natur nur ihre Zwecke erreichen, durch uns Männer auch der Staat noch die seinigen, und daraus entwickeln sich oft die unseeligsten Widersprüche.

(In der Folge mehr.)

XI

Würzburg, den 19. September 1800.

Und immer noch keine Nachrichten von Dir, meine liebe
Freundinn? Giebt es denn keinen Boten, der eine Zeile von
Dir zu mir herübertragen könnte? Giebt es denn keine
Verbindung mehr zwischen uns, keine Wege, keine Brücken?
Ist denn ein Abgrund zwischen uns eingesunken, daß sich die
Länder nicht mehr ihre Arme, die Landstraßen, zureichen?
Bist Du denn fortgeführt von dieser Erde, daß kein Ge-
danke mehr herüberkommt von Dir zu mir, wie aus einer
andern Welt? — Oder ist doch irgend ein Unhold des
Mißtrauens zwischen uns getreten, mich loszureißen von
Deinem Herzen? Und ist es ihm geglückt, wirklich geglückt?
— Wilhelmine! Bin ich Dir nichts mehr werth? Achtest
Du mich nicht mehr? Hast Du sie schon verdammt, diese
Reise, deren Zweck Du noch nicht kennst? — Ach, ich verzeihe es Dir. Du wirst genug leiden durch Deine Reue
— ich will Dich durch meinen Unwillen nicht noch un-
glücklicher machen. Kehre um, liebes Mädchen! Hast Du
Dich aus Mißtrauen von mir losreißen wollen, so gieb es
jetzt wieder auf, jetzt, wo bald eine Sonne über mich aufgehen wird. Wie würdest Du, in Kurzem, herüberblicken
mit Wehmuth und Trauer zu mir, von dem Du Dich losgerissen hast, gerade da er Deiner Liebe am Würdigsten
war? Wie würdest Du Dich selbst herabwürdigen, wenn

ich heraufstiege vor Deinen Augen, geschmückt mit den Lorbeeren meiner That? Das würdest Du nicht ertragen. — Kehre um, liebes Mädchen. Ich will Dir Alles verzeihen. Knüpfe Dich wieder an mich, thue es mit blinder Zuversicht. Noch weißt Du nicht ganz, wen Du mit Deinen Armen umstrickst — aber bald, bald! Und Dein Herz wird Dir beben, wenn Du in meines blicken wirst, das verspreche ich Dir!

Hast Du noch nie die Sonne aufgehen sehen über einer Gegend, zu welcher Du gekommen warst im Dunkel der Nacht? — Ich aber habe es. Es war vor drei Jahren im Harze. Ich erstieg um Mitternacht den Stufenberg hinter Gernerode. Da stand ich, schauernd, unter den Nacht= gestalten, wie zwischen Leichensteinen, und kalt wehte mich die Nacht an, wie ein Geist, und öde schien mir der Berg, wie ein Kirchhof. Aber ich irrte nur, so lange die Finsterniß über mich waltete. Denn als die Sonne hinter den Bergen hinauf stieg, und ihr Licht ausgoß über die freundlichen Fluren, und ihre Strahlen senkte in die grünenden Thäler, und ihren Schimmer heftete um die Häupter der Berge, und ihre Farben malte an die Blätter der Blumen und an die Blüthen der Bäume — ja, da hob sich das Herz mir unter dem Busen, denn da sah ich, und hörte, und fühlte, und empfand nun mit allen meinen Sinnen, daß ich ein Paradies vor mir hatte. — Etwas Aehnliches verspreche ich Dir, wenn die Sonne aufgehen wird über Deinen unbegreiflichen Freund.

Zuweilen — ich weiß nicht, ob Dir je etwas Aehn= liches glückte und ob Du es folglich für wahr halten kannst — aber ich höre zuweilen, wenn ich in der Dämmerung, einsam, dem wehenden Athem des Westwindes entgegen gehe, und besonders wenn ich dann die Augen schließe, ganze

Concerte vollständig, mit allen Instrumenten, von der zärt=
lichen Flöte bis zum rauschenden Contra=Violon.

So entsinne ich mich besonders einmal als Knabe von
neun Jahren, als ich gegen den Rhein und gegen den Abend=
wind zugleich hinaufging und so die Wellen der Luft und
des Wassers zugleich mich umtönten, ein schmelzendes Adagio
gehört zu haben, mit allem Zauber der Musik, mit allen
melodischen Wendungen und der ganzen begleitenden Harmonie.

Es war wie die Wirkung eines Orchesters, wie ein
vollständiges Vaux-hall: ja ich glaube sogar, daß Alles, was
die Weisen Griechenlands von der Harmonie der Sphären
dichteten, nichts Weicheres, Schöneres, Himmlischeres gewesen
sei, als diese seltsame Träumerei.

Und dieses Concert kann ich mir, ohne Capelle, wieder=
holen, so oft ich will — aber sobald ein Gedanke daran
sich regt, gleich ist alles fort, wie weggezaubert durch das
magische: disparu! — Melodie, Harmonie, Klang, kurz die
ganze Sphärenmusik.

So stehe ich nun auch zuweilen an meinem Fenster,
wenn die Dämmerung in die Straße fällt, und öffne das
Glas und die Brust dem einströmenden Abendhauche und
schließe die Augen, und lasse seinen Athem durch meine
Haare spielen, und denke nichts und spreche: — „O, wenn
Du mir doch einen Laut von ihr herüberführen könntest,
wehender Bote der Liebe! Wenn Du mir doch auf diese
zwei Fragen: Lebt sie? Liebt sie? (mich) ein leises ja
zuflüstern könntest!" Das denke ich — und fort ist das
ganze tönende Orchester, nichts läßt sich hören als das
Klingeln der Betglocke von den Thürmen der Cathedrale.

Morgen, denke ich dann, morgen wird ein treuerer
Bote kommen, als Du bist! Hat er gleich keine Flügel, um

schnell zu sein, wie Du, so trägt er doch auf dem gelben
Rocke den doppelten Adler des Kaisers, der ihn treu und
pünktlich und sicher macht.

Aber der Morgen kommt zwar, doch mit ihm niemand,
weder der Bote der Liebe noch der Postknecht des Kaisers.

Gute Nacht! Morgen ein Mehreres! Dir will ich
schreiben und nicht eher aufhören, als bis Du mir wenigstens
schreibst, Du wolltest meine Briefe nicht lesen.

Es ist zwölf Uhr Nachts. Künftig will ich Dir sagen,
warum ich so spät geschrieben habe. Gute Nacht, geliebtes
Mädchen!

Den 20. September.

Wenn ich nur wüßte, ob alle meine Briefe pünktlich in
Deine und keines andern Menschen Hände gekommen sind,
und ob auch dieser in die Deinigen kommen wird, ohne
vorher von irgend einem Neugierigen erbrochen worden zu
sein, so könnte ich Dir schon Manches mittheilen, was Dir
zwar eben noch keinen Aufschluß, aber doch Stoff zu richtigen
Vermuthungen geben würde. Immer, bei jedem Briefe, ist
es mir, als ob ich ein Vorgefühl hätte, er werde umsonst
geschrieben, er gehe verloren, ein anderer erbreche ihn, und
dergleichen; denn kann es nicht meinen Briefen gehen wie
den Deinigen? Und wie würdest Du dann zürnen über
den Nachlässigen, Ungetreuen, der die Geliebte vergaß, so
bald er aus ihren Mauern war, unwissend, daß er in jeder
Stadt, an jedem Ort an Dich dachte, ja, daß seine ganze
Reise nichts war, als ein langer Gedanke an Dich? — Aber
wenn ich denke, daß dieses Papier, auf das ich jetzt schreibe,
das unter meinen Händen, vor meinen Augen liegt, einst
in Deinen Händen, vor Deinen Augen sein wird, dann

·— küsse ich es heimlich, damit es Brokes nicht sieht, — und küsse es wieder, das liebe Papier, das Du vielleicht auch an Deine Lippen drücken wirst, — und bilde mir ein, es wären wirklich Deine Lippen. — Denn, wenn ich die Augen zumache, so kann ich mir einbilden, was ich will.

Ich will Dir etwas von meinem hiesigen Leben schreiben, und wenn Du etwas daraus errathen solltest, so sei es! — Denn ich schicke diesen Brief nicht eher ab, als bis ich die Nachricht von Dir empfangen habe und folglich beurtheilen kann, ob Du diese Vertraulichkeit werth bist, oder nicht!

Zuerst muß ich Dir sagen, daß ich nicht während dieser ganzen Zeit in dem Gasthof gewohnt habe, der mich bei meiner Ankunft empfing. Sobald ich sicher war, nicht nach Straß=burg reisen zu dürfen*), so sah ich voraus, daß ich mich nun hier wohl einige Wochen würde aufhalten müssen, und miethete mir daher mit Brokes ein eigenes Quartier, um dem theueren Gasthofe zu entgehen.

Denn ob ich gleich im Ganzen die Kosten der Reise nicht gescheut habe, ja selbst zehnmal so viel und noch mehr ihrem Zwecke aufgeopfert haben würde, so suchen wir doch im Einzelnen unsere Absicht so wohlfeil als möglich zu er=kaufen. Indessen, ob wir gleich beide die Absicht haben, zu sparen, so verstehen wir es doch eigentlich nicht, weder Brokes, noch ich. Dazu gehört ein ewiges Abwiegen des Vortheils, eine ewige Aufmerksamkeit auf das geprägte Metall, die jungen Leuten mit warmem Blute meistens fehlt; besonders wenn sie auf Reisen das große Gepräge der Natur vor sich sehen. Indessen jede Kleinigkeit, zu sehr verachtet, rächt sich, und

---

*) Das dies sicher sei, sprach er schon in dem ersten Briefe von Würzburg (vom 13. September) aus (s. oben S. 71).

daher bin ich doch fest entschlossen, mich an eine größere Aufmerksamkeit auf das Geld zu gewöhnen. Recht herzlich lieb ist es mir, an Dir ein ordnungsliebendes Mädchen gefunden zu haben, das auch diese kleine Aufmerksamkeit nicht scheut. Wir beide wollen uns darin theilen. Rechnungen sind doch in einer größeren Oekonomie nothwendig. Im Großen muß sie der Mann führen, im Kleinen die Frau. Ordnung ist nicht ihr einziger Nutzen. Wenn man sich täglich die Summe seines wachsenden Glückes zieht, so mehrt sich die Lust, es zu machen, und am Ende mehrt sich das Glück wirklich. Ich bin überzeugt, daß Mancher Tausende zurücklegte, weil ihm die Berechnung des ersten zurückgelegten Thalers, den er nicht brauchte, und der ihm neue wuchern soll, Freude machte. Doch ich komme zurück. — Wir sind also aus unserm prächtigem Gasthofe ausgezogen, in ein kleines verstecktes Häuschen, das Du gewiß nicht finden solltest, wenn ich es Dir nicht bezeichnete. Es ist ein Eckhaus, auf drei Seiten ganz nahe mit Häusern umgeben, die finster aussehen, wie die Köpfe, die sie bewohnen. Das möchte man, bis auf die Tonne des Diogenes, wohl überhaupt finden, daß das Aeußere der Häuser den Charakter ihrer Bewohner ausdrückt. Hier z. B. hat jedes Haus eine Menge Thüren, und es könnte da Vieles einziehen; aber sie sind verschlossen bis auf eine, und auch diese steht nur dem Seelsorger und einigen Anderen offen. Ebenso haben die Häuser auch einen Ueberfluß von Fenstern, ja, man könnte sagen, die ganze Façade sei nichts als ein großes Fenster, und da könnte dann freilich genug Tageslicht einfallen, aber dicht davor steht eine hohe Kirche oder ein Kloster und es bleibt ewig Nacht. Gerade ohngefähr wie bei den Besitzern. — Unser Zimmer ist indessen ziemlich hell. Wir haben das Eckzimmer mit 4 Fenstern an 2 Seiten. In Rom war ein Mann, der in Wänden von Glas wohnte, um die ganze Stadt zum Zeugen seiner Handlungen zu machen. Hier würde ganz Würzburg ein Zeuge der unserigen sein, wenn es hier nicht jene jesuitischen Jalousien gäbe, aus welchen man füglich hinaussehen kann, ohne daß man von außen hineinsehen könnte.

Jetzt, da wir so ziemlich Alles gesehen haben in dieser Stadt, sind wir viel zu Hause, Brokes und ich, und lesen und schreiben, wobei mir meine wissenschaftlichen Bücher, die ich aus Frankfurt mitnahm, nicht wenig zu statten kommen. Von der Langenweile, die ich nie empfand, weiß ich also auch hier nichts. Langeweile ist nichts als die Abwesenheit aller Gedanken, oder vielmehr das Bewußtsein, ohne beschäftigende Vorstellung zu sein. Das kann aber einem denkenden Menschen nie begegnen, so lange es noch Dinge überhaupt für ihn auf der Welt giebt; denn an jeden Gegenstand, sei er auch noch so scheinbar geringfügig, lassen sich interessante Gedanken anknüpfen, und das ist eben das Talent der Dichter, welche ebensowenig wie wir in Arkadien leben, aber das Arkadische oder überhaupt Interessante auch an dem Geringsten, das uns umgiebt heraus finden können. Wenn wir weiter nichts zu thun wissen, so treten wir ans Fenster und machen Glossen über die Vorübergehenden, aber gutmüthige, denn wir vergessen nicht daß, wenn wir auf der Straße gehen, die Rollen getauscht sind, und daß die kritisirten Schauspieler dann kritisirende Zuschauer geworden sind, und umgekehrt. Besonders der Markt an den Sonnabenden ist interessant, die Anstalten die nöthig sind, den Menschen 8 Tage lang das Leben zu fristen, der Streit der Vortheile, indem jeder strebt, so wohlfeil zu kaufen und so theuer zu verkaufen als möglich, auch die Frau an der Ecke, mit einer Schaar von Gänsen, denen die Füße gebunden sind, um sich wie eine französische Mamsell mit ihrem gnädigen Fräulein, denen oft noch obenein die Hände gebunden sind rc. rc.

Unser Wirth heißt übrigens Wirth, und wir befinden uns in diesem doppelten Wirthshause recht wohl. Uns bedient ein Mädchen, mit einer holden Freundlichkeit, und sorgt für uns, wie für Brüder, bringt uns Obst, ohne in allem Ernste Geld zu nehmen, u. s. f. Und wenn uns die Menschen gefallen, die uns gerade umgeben, so gefällt uns die ganze Menschheit. Keine Tugend ist doch weiblicher, als die Sorge für das Wohl Anderer und nichts dagegen macht das Weib häßlicher, und gleichsam der Katze ähnlicher, als der schmutzige Eigennutz, das gierige Einhaschen für den Genuß. Das läßt sich freilich verstecken; aber es giebt eine himmlische Güte des Weibes, Alles, was in ihre Nähe kommt, an sich zu schließen, und an ihrem Herzen zu hegen und zu pflegen mit Innigkeit und Liebe, wie die Sonne (die wir darum auch Königin nennen, nicht König) alle Sterne, die in ihrem Wirkungsraume schweben, an sich zieht mit sanften, unsichtbaren Banden, und in frohen Kreisen um sich führt, Licht und Wärme und Leben ihnen gebend — aber das läßt sich nicht anlernen. — — — —

Gute Nacht, Wilhelmine. Es ist wieder 12 Uhr Nachts.

Den 23. September.

Endlich, endlich — ja Du lebst und liebst mich noch! Hier in diesem Briefe ist es enthalten, in dem ersten, den ich seit 3 Wochen von Dir erhielt.

Es ist Deine Antwort auf meinen Dreßdner Brief.

Abgeschickt:

d. 1. Brief aus Berlin   7. Brief aus Dreßden
    2.   =   = Pasewalk   8.   =   = Reichenbach
    3.   =   = Berlin   9.   =   = Beyreuth
    4.   =   = Berlin   10.   =   = Würzburg
    5.   =   = Leipzig   11.   =   = Würzburg
    6.   =   = Dreßden   und diesen 12ten*).
Empfangen 3 Briefe.

Deine Briefe aus Wien werden wohl nun auch bald eintreffen.

Daß Du nach Berlin gegangen bist, ist mir herzlich lieb, wenn Du dort mehr Beruhigung zu finden hoffst, als in Frankfurt; sei vergnügt, denn jetzt darf Dir der Erfolg meines Unternehmens keine Sorge mehr machen. Aber sei auch vernünftig, und kehre ohne Widerwillen nach dem Orte zurück, an dem Du doch noch lange ohne mich wirst leben müssen. Honig wohnt in jeder Blume, Freude an jedem Orte, man muß nur, wie die Bienen, sie zu finden wissen. Und wo kann sie sicherer für Dich blühen als da, wo einst der Schauplatz unsrer ersten Liebe war, und wo auch Deine und meine Familie wohnt? — Doch darüber werde ich Dir

*) Diese Liste der abgesandten Briefe stimmt nicht mit der Reihenfolge der wirklich vorhandenen. Einmal ist darin der Brief von Coblentz bei Pasewalk (No. 5) gar nicht erwähnt. Andererseits fehlen die beiden, in dieser Liste aufgeführten Nr. 3 und No. 4 von Berlin — sie müssen verloren gegangen sein; ebenso der No. 9 aus Bayreuth. No. 8 aus Reichenbach ist der lange, auf verschiedenen Stationen geschriebene Brief, den ich nach der ersten Station mit „Oederan" bezeichnet habe. Statt der hier zwei notirten Briefe aus Dreßden ist im Original nur einer „Dreßden" datirt, allerdings in Absätzen und von verschiedenen Tagen.

noch mehr schreiben. Jetzt nütze die Veränderung Deines Wohnortes so gut Du kannst. Auf eine kurze Zeit kann Berlin gefallen, auf eine lange nicht, mich nicht — Du müßtest denn bei mir sein, denn das habe ich noch nicht versucht.

Adieu. Halte Dein Wort und kehre zur bestimmten Zeit wieder nach Frankfurt zurück. Ich werde es auch thun. Lebe wohl und freue Dich auf den nächsten Brief, denn wenn nicht Alles mich täuscht, so — — --

H. K.

XII.

Liebe Wilhelmine! Du denkst gewiß heute an mich, so
wie ich den ganzen 18. August an Dich dachte, nicht wahr?
O mit welcher Innigkeit denke ich jetzt auch an Dich! Und
welch' ein unbeschreiblicher Genuß ist mir die Ueberzeugung,
daß unsere Gedanken sich gewiß jetzt in diesem Augenblicke
begegnen! Ja, mein Geburtstag ist heute*), und mir ist, als
hörte ich die Wünsche, die heute Dein Herz heimlich für mich
bildet, als fühlte ich den Druck Deiner Hand, der mir alle
diese Wünsche mit einem mal mittheilt. Ja, sie werden erfüllt werden alle diese Wünsche, sei davon überzeugt, ich bin
es. Wenn uns ein König ein Ordensband wünscht, heißt
das nicht ihn uns versprechen? Er selbst hat die Erfüllung

---

*) Bis vor Kurzem hatte man, dem Vorgange Tiecks in dessen Vor-
rede zu H. v. Kleists „Werken" folgend, den Geburtstag des Dichters
auf den 10. October (1776) gesetzt. Neuerdings nun hat K. Siegen
auf Grund eines aus dem Garnisonsbuch zu Frankfurt a. O. extra-
hirten Taufscheines dies für unrichtig und den 18. October 1777 für
den wahren Geburtstag des Dichters erklärt. Die obige Briefstelle
zeigt, daß Kleist selbst der Ueberzeugung war, er sei am 10. October
geboren. Das Datum „10. October" (nicht etwa: 18.) ist deutlich
im Original geschrieben; auch Bülow hat es, der nach einer von
der Braut besorgten Abschrift (welche letztere doch gewiß den Geburtstag Kleists kannte) seine Briefe veröffentlichte. Ein Irrthum
oder Schreibfehler ist auch dadurch ausgeschlossen, daß auf diesen
Brief vom 10. einer vom 11. October folgt.

seines Wunsches in seiner Hand — Du auch, liebes Mädchen. Alles, was ich Glück nenne, kann nur von Deiner Hand mir kommen, und wenn Du mir dieses Glück wünschest, ja dann kann ich wohl ganz ruhig in die Zukunft blicken, dann wird es mir gewiß zu Theil werden. Liebe und Bildung das ist alles, was ich begehre, und wie froh bin ich, daß die Erfüllung dieser beiden unerläßlichen Bedürfnisse, ohne die ich jetzt nicht mehr glücklich sein könnte, nicht von dem Himmel abhängt, der, wie bekannt, die Wünsche der armen Menschen so oft unerfüllt läßt, sondern einzig und allein von Dir.

Du hast doch meinen letzten Brief, den ich am Anfange dieses Monats schrieb*), und den ich einen Haupt-Brief nennen mögte, wenn nicht bald ein zweiter erschiene, der noch wichtiger sein wird — Du hast ihn doch erhalten? Vielleicht hast Du ihn in diesen Tagen empfangen, vielleicht empfängst Du ihn in diesem Augenblicke. — O wenn ich jetzt neben Dir stehen könnte, wenn ich Dir diesen unverständlichen Brief erklären dürfte, wenn ich Dich vor Mißverständnissen sichern könnte, wenn ich jede unwillige Regung Deines Gesichtes gleich in dem ersten Augenblicke der Entstehung unterdrücken dürfte. — — Zürne nicht, liebes Mädchen,

---

*) Ein früherer Brief aus dem October („vom Anfang dieses Monats") als dieser hier vom 10. October findet sich nicht vor; erscheint verloren gegangen zu sein. Es läßt sich daher auch nicht erkennen, warum: Kleist von jenem Briefe „Mißverständnisse", wohl gar eine Verletzung seiner Braut besorgte. Höchstens könnte man (aus den weiter unten folgenden Worten: „Ich versprach Dir 2c.") vermuthen, die Braut habe über seinen längeren geheimnißvollen Aufenthalt in Würzburg sich besorgt oder mißbilligend geäußert und Kleist habe darauf unfreundlich geantwortet.

Kleists Briefe.   7

ehe Du mich ganz verstehst! Wenn ich mich gegen Dich vergangen habe, so habe ich es auch durch die theuersten Opfer wieder gutgemacht. Laß mir die Hoffnung, daß Du mir verzeihen wirst, so werde ich den Muth haben, Dir Alles zu bekennen. Höre nur erst mein Bekenntniß an, und ich bin gewiß, daß Du dann nicht mehr zürnen wirst.

Ich versprach Dir in jenem Briefe, entweder in 8 Tagen von hier abzureisen, oder Dir zu schreiben. Diese Zeit ist verstrichen, und das erste war noch nicht möglich. Beunruhige Dich nicht — meine Abreise kann morgen oder übermorgen und an jedem Tage erfolgen, der mir etwas Nochzuerwartendes überbringt. In der Folge werde ich mich deutlicher darüber erklären, laß das jetzt ruhen. Jetzt will ich mein Versprechen erfüllen und Dir, statt meiner, wenigstens einen Brief schicken. Sei jetzt zufrieden mit diesem Stellvertreter, bald wird die Post mich selbst zu Dir tragen.

Aber von unserem Hauptgegenstande kann ich Dir jetzt noch nicht mehr schreiben, denn ich muß erst wissen, wie Du jenen letzten Brief aufgenommen hast. Also von etwas Anderem.

In meiner Seele sieht es aus wie in dem Schreibtisch eines Philosophen, der ein neues System ersann, und einzelne Hauptgedanken auf zerstreute Papiere niederschrieb. Eine große Idee — für Dich, Wilhelmine, schwebt mir unaufhörlich vor der Seele. Ich habe Dir den Hauptgedanken schon am Schlusse meines letzten Briefes, auch schon vorher auf einem einzelnen Blatte mitgetheilt. Du hast ihn doch noch nicht vergessen? — —

Ich ersuchte Dich doch einst mir aufzuschreiben, was Du Dir denn eigentlich von dem Glücke einer künftigen Ehe versprächst? Erräthst Du nicht, warum? Doch wie kannst

Du das errathen! — Ich sehe mit Sehnsucht diesem Aufsatz
entgegen, den ich immer noch nicht von Wien erhalten habe.
Sein erstes Blatt, das Du mir mittheiltest, und das mir
eine unaussprechliche, aber bittersüße Freude gewährte, scheuchte
mich aus Deinen Armen und beschleunigte meine Abreise.

Weißt Du wohl noch mit welcher Bewegung ich es am
Tage vor unserer Trennung durchlas, und wie ich es unruhig mit mir nach Hause nahm — und weißt Du auch
was ich da, als ich allein war mit diesem Blatte, alles
empfand? Es zog mein ganzes Herz an Dich, aber es stieß
mich zugleich unwiderruflich aus Deinen Armen. — Wenn
ich es jetzt wieder lesen werde, so wird es mich dahin zurück-
führen. Damals war ich Deiner nicht würdig, jetzt bin ich
es. Damals meinte ich, daß Du so gut, so edel, so achtungswürdig, so werth des höchsten Glückes warst, jetzt wird es
mein Stolz und mein Entzücken sein. Damals quälte mich
das Bewußtsein, Deine heiligsten Ansprüche nicht erfüllen
zu können, und jetzt, jetzt — — Doch still!

Jetzt, Wilhelmine, werde auch ich Dir mittheilen, was
ich mir von dem Glücke einer künftigen Ehe verspreche.
Ehemals durfte ich das nicht, aber jetzt — o Gott! Wie
froh macht mich das! — Ich werde Dir die Gattin beschreiben, die mich jetzt glücklich machen kann — — und
das ist die große Idee, die ich für Dich im Sinne habe.
Das Unternehmen ist groß, aber der Zweck ist es auch. Ich
werde jede Stunde, die mir meine künftige Lage übrig lassen
wird, diesem Geschäfte widmen. Das wird meinem Leben
neuen Reiz geben, und uns Beide schneller durch die Prüfungs-
zeit führen, die uns bevorsteht. In fünf Jahren, hoffe ich,
wird das Werk fertig sein. Fürchte nicht, daß die beschriebene
Gattin nicht von Erde sein wird, und daß ich sie erst in

7*

dem Himmel finden werde. Ich werde sie in 5 Jahren auf dieser Erde finden und mit meinen irdischen Armen um= schließen. — Ich werde von der Lilie nicht verlangen, daß sie in die Höhe schießen soll, wie die Ceder, und der Taube kein Ziel stecken, wie dem Adler. Ich werde aus der Leinwand kein Bild hauen und auf dem Marmor nicht mahlen. Ich kenne die Masse, die ich vor mir habe und weiß, wozu sie taugt. Es ist ein Erz mit gediegenem Golde und mir bleibt nichts übrig, als das Metall von dem Gestein zu scheiden. Klang und Gewicht und Unverletzbarkeit in der Feuerprobe hat es von der Natur erhalten, die Sonne der Liebe wird ihm Schimmer und Glanz geben, und ich habe nach der metallurgischen Scheidung nichts weiter zu thun, als mich zu erwärmen und zu sonnen in den Strahlen, die seine Spiegelfläche auf mich zurückwirft.

Ich selbst fühle wie matt diese Bildersprache gegen den Sinn ist, der mich belebt. — — O wenn ich Dir nur einen Strahl von dem Feuer mittheilen könnte, das in mir flammt! Wenn Du es ahndest, wie der Gedanke, aus Dir einst ein vollkommenes Wesen zu bilden, jede Lebenskraft in mir er= wärmt, jede Fähigkeit in mir bewegt, jede Kraft in mir in Leben und Thätigkeit setzt! — Du wirst es mir kaum glauben, aber ich sehe oft stundenlang aus dem Fenster und gehe in 10 Kirchen und besehe diese Stadt von allen Seiten, und sehe dort nichts, als ein einziges Bild — Dich, Wilhelmine, und zu Deinen Füßen zwei Kinder, und auf Deinem Schooße ein drittes, und höre, wie Du den kleinsten sprechen, den mittleren fühlen, den größten denken lehrst, und wie Du den Eigensinn des Einen zu Standhaftigkeit, den Trotz des Anderen zu Freimüthigkeit, die Schüchternheit des Dritten zu Be= scheidenheit, und die Neugierde Aller zu Wißbegierde umzu=

bilden weißt, sehe, wie Du ohne viel zu plaudern, durch
Beispiele Gutes lehrst und wie Du ihnen in Deinem eignen
Bilde zeigst, was Tugend ist, und wie liebenswürdig sie
ist. — — Ist es ein Wunder, Wilhelmine, wenn ich für
diese Empfindungen die Sprache nicht finden kann?

O lege den Gedanken wie einen diamantenen Schild
um Deine Brust: ich bin zu einer Mutter gebohren!
Jeder andere Gedanke, jeder andere Wunsch fahre zurück
von diesem undurchdringlichen Harnisch. Was könnte Dir
sonst die Erde für ein Ziel bieten, das nicht verachtungs=
würdig wäre? Sie hat nichts, was Dir einen Werth geben
kann, wenn es nicht die Bildung edler Menschen ist.
Dahin richte Dein heiligstes Bestreben! Das ist das Einzige,
was Dir die Erde einst verdanken kann. Gehe nicht von
ihr, wenn sie sich schämen müßte, Dich nutzlos durch ein
Menschen=Alter getragen zu haben! Verachte alle die niederen
Zwecke des Lebens! Dieser einzige wird Dich über alle er=
heben. In ihm wirst Du Dein wahres Glück finden, alle
andern können Dich nur auf Augenblicke vergnügen. Es
wird Dir Achtung für Dich selbst einflößen, alles andere
kann nur Deine Eitelkeit kitzeln; und wenn Du einst an
seinem Ziele stehst, so wirst Du mit Selbstzufriedenheit auf
Deine Jugend zurückblicken, und nicht wie Tausend andere
unglückliche Geschöpfe Deines Geschlechts die versäumte Be=
stimmung und das versäumte Glück in bitterer Stunde der
Einsamkeit beweinen.

Liebe Wilhelmine, ich will nicht, daß Du aufhören
sollst, Dich zu putzen, oder in frohe Gesellschaften zu gehen,
oder zu tanzen; aber ich mögte Deiner Seele nur den Ge=
danken recht aneignen, daß es höhere Freuden giebt, als die
uns aus dem Spiegel, oder aus dem Tanzsaale entgegen=

lächeln. Das Gefühl, im Innern schön zu sein, und das Bild das uns der Spiegel des Bewußtseins in der Stunde der Einsamkeit zurückwirft, das sind Genüsse, die allein unsere heiße Sehnsucht nach Glück ganz stillen können. Dieser Gedanke möge Dich auf alle Deine Schritte begleiten; vor den Spiegel, in Gesellschaften, in den Tanzsaal. Bringe der Mode, oder vielmehr dem Geschmack die kleinen Opfer, die er nicht ganz mit Unrecht von jungen Mädchen fordert, arbeite an Deinem Putze, frage den Spiegel, ob Dir die Arbeit gelungen ist — aber eile mit dem allen und kehre so schnell als möglich zu Deinem höchsten Zwecke zurück. Besuche den Tanzsaal — aber sei froh, wenn Du von einem Vergnügen zurückkehrst, wobei nur die Füße ihre Rechnung fanden, das Herz aber und der Verstand den Pulsschlag ihres Lebens ganz aussetzten, und das Bewußt= sein gleichsam ganz ausgelöscht war. Gehe in frohe Gesell= schaften, aber suche Dir immer den Besseren, Edleren heraus, den, von dem Du etwas lernen kannst — denn das darfst Du in keinem Augenblick Deines Lebens versäumen. Jede Minute, jeder Mensch, jeder Gegenstand kann Dir eine nütz= liche Lehre geben, wenn Du sie nur zu entwickeln verstehst — doch von diesem Gegenstande ein andermal mehr.

Und so laß uns denn beide, Hand in Hand unserem Ziele entgegen gehen, jeder dem seinigen, das ihm zunächst liegt, und wir beide dem letzten, nach dem wir beide streben. Dein nächstes Ziel sei, Dich zu einer Mutter, das meinige, mich zu einem Staatsbürger zu bilden, und das fernere Ziel, nach dem wir beide streben, und das wir uns beide wechselseitig sichern können, sei das Glück der Liebe.

Gute Nacht, Wilhelmine, meine Braut, einst meine Gattin, einst die Mutter meiner Kinder.

d. 11. October.

Ich will aus diesem Briefe kein Buch machen, wie aus dem vorigen, und Dir daher nur kurz noch Einiges vor dem Abgange der Post mittheilen.

Ich finde jetzt die Gegend um diese Stadt weit ange= nehmer, als ich sie bei meinem Einzuge fand; ja ich mögte fast sagen, daß ich sie jetzt schön finde — und ich weiß nicht ob sich die Gegend verändert hat, oder das Herz, das ihren Eindruck empfieng. Wenn ich jetzt auf der steinernen Main= brücke stehe, die das Citadell von der Stadt trennt, und den gleitenden Strom betrachte, der durch Berge und Auen in tausend Krümmungen hervorströmt und unter meinen Füßen weg fließt, so ist es mir, als ob ich über ein Leben er= haben stände. Ich stehe daher gern am Abend auf diesem Gewölbe und lasse den Wasserstrom und den Luftstrom mir entgegen rauschen. Oder ich kehre mich um, und verfolge den Lauf des Flusses bis er sich in die Berge verliert, und verliere mich selbst dabei in stille Betrachtungen. Besonders ein Schauspiel ist mir sehr merkwürdig. Gerade aus strömt der Main von der Brücke weg, und pfeilschnell, als hätte er sein Ziel schon im Auge, als sollte ihn nichts abhalten, es zu erreichen, als wollte er es, ungeduldig, auf dem kürzesten Wege ereilen — aber ein Rebenhügel beugt seinen stürmischen Lauf, sanft aber mit festem Sinn, wie eine Gattinn den stürmischen Willen ihres Mannes, und zeigt ihm mit edler Standhaftigkeit den Weg, der ihn ins Meer führen wird — — und er ehrt die bescheidene Warnung und folgt der freundlichen Weisung, und giebt sein voreiliges Ziel auf und durchbricht den Rebenhügel nicht, sondern umgeht ihn, mit beruhigtem Laufe, seine blumigen Füße ihm küssend.

Selbst von dem Berge aus, von dem ich Würzburg

zuerst erblickte gefällt es mir jetzt, und ich mögte fast sagen, daß es von dieser Seite am schönsten sei. Ich sahe es letztin von diesem Berge in der Abenddämmerung, nicht ohne inniges Vergnügen. Die Höhe senkt sich allmählig herab und in der Tiefe liegt die Stadt. Von beiden Seiten hinter ihr ziehen im halben Kreise Bergketten sich heran, und nähern sich freundlich, als wollten sie sich die Hände geben, wie ein Paar alte Freunde nach einer langen verflossenen Beleidigung — aber der Main trit*) zwischen sie, wie die bittere Erinnerung, und sie wanken, und keiner wagt es, zuerst hinüber zu schreiten, und folgen beide langsam dem scheidenden Strome, wehmüthige Blicke über die Scheidewand wechselnd.

In der Tiefe, sagte ich, liegt die Stadt, wie in der Mitte eines Amphiteaters. Die Terrassen der umschließenden Berge dienten statt der Logen, Wesen aller Art blickten als Zuschauer voll Freude herab und sangen und sprachen Beifall, oben in der Loge des Himmels stand Gott. Und aus dem Gewölbe des großen Schauspielhauses sank der Kronleuchter der Sonne herab, und versteckte sich hinter die Erde — denn es sollte ein Nachtstück aufgeführt werden. Ein blauer Schleier umhüllte die ganze Gegend, und es war, als wäre der azurne Himmel selbst hernieder gesunken auf die Erde. Die Häuser in der Tiefe lagen in dunkeln Massen da, wie das Gehäuse eier Schnecke, hoch empor in die Nachtluft ragten die Spitzen der Thürme, wie die Fühlhörner eines Insectes, und das Klingeln der Glocken klang wie der heisere Ruf des Heimchens — und hinten starb die Sonne, aber hochroth glühend vor Entzücken, wie ein Held,

———————

*) Hier ist deutlich „trit" geschrieben, wie oben „letztin"

und das blasse Zodiakal=licht umschimmerte sie, wie eine Glorie das Haupt eines Heiligen. — —

Vorgestern ging ich aus, einen andern Berg von der Nordseite zu ersteigen. Es war ein Weinberg, und ein enger Pfad führte durch gesegnete Rebenstangen auf seinen Gipfel. Ich hatte nicht geglaubt, daß der Berg so hoch sei — und er war es vielleicht auch nicht, aber sie hatten aus den Weinbergen alle Steine rechts und links in diesen Weg geworfen, das Ersteigen zu erschweren — — gerade wie das Schicksal oder die Menschen mir auf den Weg zu dem Ziele, das ich nun doch erreicht habe. Ich lachte über diese auf= fallende Aehnlichkeit — liebes Mädchen, Du weißt noch nicht Alles, was mir in Berlin und in Dreßden, in Baireuth, ja selbst hier in Würzburg begegnet ist, das Alles wird noch einen langen Brief kosten. Damals ärgerte ich mich aber so über die Steine, die mir in den Weg geworfen wurden, ließ mich aber nicht stören, vergoß zwar heiße Schweißtropfen, aber erreichte doch, wie vorgestern, das Ziel. Das Ersteigen der Berge, wie der Weg zur Tugend, ist besonders wegen der Aussicht, die man oben vor sich hat, beschwerlich. Drei Schritte weit sieht man, weiter nicht, und nichts als die Stufen, die erstiegen werden müssen, und kaum ist ein Stein überschritten, gleich ist ein anderer da, und jeder Fehltritt schmerzt doppelt, und die ganze Mühseeligkeit wird gleichsam wiedergekaut — — aber man muß an die Aussicht denken wenn man den Gipfel erstiegen hat. O wie herrlich war der Anblick des Mainthales von dieser Höhe! Hügel und Thäler und Wasser, und Städte und Dörfer, alles durch= einander wie ein gewirkter Fußteppich! Der Main wandte sich bald links, bald rechts und küßte bald den einen, bald den andern Rebhügel und wankte zwischen beiden Ufern, die ihm gleich theuer schienen, wie ein Kind zwischen Vater und Mutter. Der Felsen mit der Citadelle sah ernst auf die Stadt herab, und bewachte sie, wie ein Riese sein Kleinod und an den Außenwerken herum schlich ein Weg, wie ein Spion, und krümte sich in jede Bastion, als ob er recognosciren wollte, wagte aber nicht in die Stadt zu gehen, sondern verlor sich in die Berge. —

Aber keine Erscheinung in der Natur kann mir eine so wehmüthige Freude abgewinnen, als ein Gewitter am Morgen, besonders wenn es ausgedonnert hat. Wir hatten hier vor einigen Tagen dies Schauspiel — o es war eine prächtige Scene! Im Westen stand das nächtliche Gewitter und wüthete, wie ein Tyrann, und von Osten her stieg die Sonne herauf, ruhig und schweigend, wie ein Held. Und seine Blitze warf ihm das Ungewitter zischend zu und schalt ihn laut mit der Stimme des Donners — er aber schwieg der göttliche Stern, und stieg herauf, und blickte mit Hoheit herab auf den unruhigen Nebel unter seinen Füßen, und sah sich tröstend um nach den andern Sonnen, die ihn umgaben, als ob er seine Freunde beruhigen wollte. — Und einen letzten fürchterlichen Donnerschlag schleuderte ihm das Ungewitter entgegen, als ob es seinen ganzen Vorrath von Galle und Geifer in einem Funken ausspeien wollte — aber die Sonne wankte nicht in ihrer Bahn, und nahte sich unerschrocken und bestieg den Thron des Himmels — — und blaß, wie vor Schreck, entfärbte sich die Nacht des Gewölks und zerstob, wie dünner Rauch, und sank unter den Horizont, wenige schwache Flüche murmelnd. — —

Aber welch 'ein Tag folgte diesem Morgen! Laue Luftzüge wehten mich an, leise flüsterte das Laub, große Tropfen fielen mit langen Pausen von den Bäumen, ein

mattes Licht lag ausgegossen über die Gegend, und die ganze
Natur schien ermattet nach dieser großen Anstrengung, wie
ein Held nach der Arbeit des Kampfes. — Doch ich wollte
ja kein Buch machen und will nun kurz und gut schließen.
Schreibe mir, ob Du mir verzeihen kannst, und schicke
den Brief an Carln, damit ich ihn bei meiner Ankunft in
Berlin gleich empfange. Dann sollst Du mehr hören.

H. K.

XIII.

Liebe Wilhelmine. Dein Brief hat mir eine ganz außerordentliche Freude gewährt. Dich so anzuschmiegen an meine Wünsche, so innig einzugreifen in mein Interesse — o es soll Dir gewiß einst belohnt werden! Gerade auf diesem Lebenswege, wo Du Alles fahren läßt, was doch sonst die Weiber reizt, Ehre, Reichthum, Wohlleben, gerade auf diesem Wege, wirst Du um so gewisser etwas Anderes finden, das doch mehr werth ist als das Alles — Liebe. Denn, wo es noch andere Genüsse giebt, da theilt sich das Herz, aber wo es nichts giebt als Liebe, da öffnet sich ihr das ganze Wesen, da umfaßt es ihr ganzes Glück, da werden alle ihre unendlichen Genüsse erschöpft — ja, gewiß, Wilhelmine, Du sollst einst glücklich sein.

Aber laß uns nicht blos solchen Träumereien folgen. Es ist wahr, wenn ich mir das freundliche Thal denke, das einst unsere Hütte umgrenzen wird, und mich in dieser Hütte und Dich und die Wissenschaft, und weiter nichts — o dann sind mir alle Ehrenstellen und alle Reichthümer verächtlich, dann ist es mir, als könnte mich nichts glücklich machen, als die Erfüllung dieses Wunsches, und als müßte ich unverzüglich an seine Erreichung schreiten. — — Aber die Vernunft muß doch auch mitsprechen und wir wollen einmal hören, was sie sagt. Wir wollen einmal recht vernünftig diesen ganzen Schrit*) prüfen.

Ich will kein Amt nehmen. Warum will ich es nicht? — O wie viele Antworten liegen mir auf der Seele! Ich kann nicht eingreifen in ein Interesse, das ich mit meiner Vernunft nicht prüfen darf. Ich soll thun, was der Staat von mir verlangt, und doch soll ich nicht untersuchen, ob das, was er von mir verlangt, gut ist. Zu seinen unbekannten Zwecken soll ich ein bloßes Werkzeug sein — ich kann es nicht. Ein eigner Zweck steht mir vor Augen, nach ihm werde ich handeln müssen und wenn der Staat es anders will, dem Staate nicht gehorchen dürfen. Meinen Stolz würde ich darin suchen, die Aussprüche meiner Vernunft geltend zu machen, gegen den Willen meiner Obern — nein, Wilhelmine, es geht nicht, ich passe mich**) für kein Amt. Ich bin auch wirklich zu ungeschickt, um es zu führen. Ordnung, Genauigkeit, Geduld, Unverdrossenheit, das sind Eigenschaften die bei einem Amte unentbehrlich sind, und die mir doch ganz fehlen. Ich arbeite nur für meine Bildung gern und da bin ich unüberwindlich geduldig und unverdrossen. Aber für die Amtsbesoldung Listen zu schreiben und Rechnungen zu führen — ach, ich würde eilen, eilen, eilen, daß sie nur fertig würden, und zu meinen geliebten Wissenschaften zurückkehren. Ich würde die Zeit meinem Amte stehlen, um sie meiner Bildung zu widmen — nein, Wilhelmine, es geht nicht, es geht nicht. Ja, ich bin selbst zu ungeschickt mir ein Amt zu erwerben. Denn zufrieden mir wirklich Kenntnisse zu erwerben, bekümmert es mich

---

*) So steht im Original.
**) Desgleichen.

wenig, ob Andere sie in mir wahrnehmen. Sie zur Schau aufstellen, oder zum Kauf ausbieten, wäre mir ganz unmöglich — und würde man denjenigen wohl begünstigen, der den Stolz hat, jede Gunst zu entbehren, und der durch keine andere Fürsprache steigen will, als durch die Fürsprache seiner eigenen Verdienste? — Aber das Entscheidenste*) ist dieses, daß selbst ein Amt, und wäre es eine Ministerstelle, mich nicht glücklich machen kann. Mich nicht, Wilhelmine — denn Eines ist gewiß, ich bin einmal in meinem Hause glücklich, oder niemals, nicht auf Bällen, nicht im Opernhause, nicht in Gesellschaften, und wäre es die Gesellschaft der Fürsten, ja wäre es die Gesellschaft unseres eigenen — Königs — und wollte darum Minister werden, um häusliches Glück zu genießen? Wollte ich darum mich in eine Hauptstadt begraben, und mich in ein Chaos von verwickelten Verhältnissen stürzen, um still und ruhig bei meiner Frau zu leben? Wollte ich mir darum Ehrenstellen erwerben und mich darum mit Ordensbändern behängen, um Staat zu machen damit vor meinem Weibe und meinen Kindern? Ich will von der Freiheit nicht reden, weil Du mir schon einmal Einwürfe dagegen gemacht hast, ob Du zwar wohl gleich, wie alle Weiber, das nicht recht verstehen magst; aber Liebe und Bildung sind zwei unerläßliche Bedingungen meines künftigen Glückes — — und was könnte mir in einem Amte davon zu Theil werden, als höchstens ein karger, sparsamer Theil von beiden? Wollte ich an die Wissenschaft gehen, so brächte mir der Secretair einen Stoß von Acten, und wollte ich einen großen Gedanken verfolgen, so meldete mir der Kammerdiener, daß

---

*) So hier und allerwärts im Original.

das Vorzimmer voll Fremde stehe. Wollte ich den Abend
bei meinem Weibe zubringen, so ließe mich der König zu
sich rufen, und um mir auch die Nächte zu rauben, müßte
ich in die Provinzen reisen und die Fabriken zählen. O,
wie würde ich den Orden und die Reichthümer und den
ganzen Bettel der großen Welt verwünschen, wie würde ich
bitterlich weinen, meine Bestimmung so unwiederbringlich
verfehlt zu haben, wie würde ich mir mit heißer Sehnsucht
trockenes Brod wünschen und mit ihm Liebe, Bildung und
Freiheit. — Nein, Wilhelmine, ich darf kein Amt wählen,
weil ich das ganze Glück, das es gewähren kann, verachte.

Aber darf ich mich auch jedem Amte entziehen? —
Ach, Wilhelmine, diese spitzfindige Frage haben mir schon
so viele Menschen aufgeworfen. Man müsse seinen Mit-
bürgern nützlich sein, sagen sie, und darin haben sie Recht —
und darum müsse man ein Amt annehmen, setzen sie hinzu,
aber darin haben sie Unrecht. Kann man denn nicht Gutes
wirken, wenn man auch nicht eben dafür besoldet wird? O,
ich darf nur an Brokes denken —! Wie vieles Gute,
Vortreffliche thut täglich dieser herrliche Mensch. — Und
dann, wenn ich einmal auf Kosten der Bescheidenheit die
Wahrheit reden will — habe ich nicht auch während meiner
Anwesenheit in Frankfurt unter unserer Familie manches
Gute gestiftet? — Durch untadelhaften Lebenswandel den
Glauben an die Tugend bei Andern stärken, durch weise
Freuden zur Nachahmung reizen, immer dem Nächsten, der
es bedarf, helfen mit Wohlwollen und Güte — ist das nicht
auch Gutes wirken? Dich, mein geliebtes Mädchen, ausbilden, ist das nicht etwas Vortreffliches? — Und dann,
mich selbst auf eine Stufe näher der Gottheit zu
stellen — — o laß mich, laß mich! Das Ziel ist gewiß

hoch genug und erhaben, da giebt es gewiß Stoff genug zum Handeln — — und wenn ich auf dieser Erde nirgends meinen Platz finden sollte, so finde ich vielleicht auf einem andern Stern einen um so bessern.

Aber kann ich jedes Amt ausschlagen? Das heißt, ist es möglich? — Ach, Wilhelmine, wie gehe ich mit klopfendem Herzen an die Beantwortung dieser Frage! Weißt Du noch am letzten Abend den Erfolg unserer Berechnung —? — Aber ich glaube doch immer noch — ich habe doch noch nicht alle Hoffnung verloren — — sieh, Mädchen, ich will Dir sagen, wie ich zuerst auf den Gedanken kam, daß es wohl möglich sein müsse. Ich dachte Du lebst in Frankfurt, ich in Berlin, warum könnten wir denn nicht, ohne mehr zu verlangen, zusammen leben? Aber das Herkommen will, daß wir ein Haus bilden sollen, und unsere Geburt, daß wir mit Anstand leben sollen — o über die unglückseeligen Vorurtheile! Wie viele Menschen genießen mit Wenigem, vielleicht mit einen Paar Hundert Thalern das Glück der Liebe — und wir sollten es entbehren, weil wir von Adel sind? Da dachte ich, weg mit allen Vorurtheilen, weg mit dem Adel, weg mit dem Stande — gute Menschen wollen wir sein, und uns mit der Freude begnügen, die die Natur uns spendet. Lieben wollen wir uns, und bilden und dazu gehört nicht viel Geld — aber doch etwas, doch etwas — und ist das, was wir haben, wohl hinreichend? Ja, das ist eben die große Frage. O, wenn ich warten wollte, bis ich mir etwas erwerben kann, oder will, o dann bedürften wir weiter nichts, als Geduld, denn das ist mir in der Folge gewiß. — Laß mich ganz aufrichtig sein, liebes Mädchen. Ich will von mir mit Dir reden, als spräche ich mit mir selbst. Gesetzt, Du findest die Rede eitel, was

schadet es? Du bist nichts anderes als ich, und vor Dir
will ich nicht besser erscheinen, als vor mir selbst, auch
Schwäche will ich vor Dir nicht verstecken. Also aufrichtig
und ohne allen Rückhalt!

Ich bilde mir ein, daß ich Fähigkeiten habe, seltene
Fähigkeiten, meine ich. — Ich glaube es, weil mir keine
Wissenschaft zu schwer wird, weil ich rasch darin vorrücke,
weil ich manches schon aus eigener Erfindung hinzugethan
habe — und am Ende glaube ich es auch darum, weil
alle Leute es mir sagen. — Also kurz, ich glaube es. Da
stände mir nun für die Zukunft das ganze schriftstellerische
Fach offen. Darin fühle ich, daß ich sehr gern arbeiten
würde. — O da ist die Aussicht auf Erwerb äußerst viel=
seitig. Ich könnte nach Paris gehen und die neueste Phi=
losophie in dieses neugierige Land verpflanzen — doch das
siehst Du Alles so vollständig nicht ein, als ich. Da
müßtest Du schon meinen bloßen Versicherungen glauben
und ich versichere Dir hiermit, daß, wenn Du mir nur ein
Paar Jahre, höchstens sechs, Spielraum giebst, ich dann
gewiß Gelegenheit finden werde, mir Geld zu erwerben.

Aber so lange sollen wir noch getrennt sein —? Liebe
Wilhelmine, ich will auch hierin ganz aufrichtig sein. Ich
fühle, daß es mir nothwendig ist, bald ein Weib zu haben.
Dir selbst wird meine Ungeduld nicht entgangen sein —
ich muß diese unruhigen Wünsche, die mich unaufhörlich wie
Schulden mahnen, zu befriedigen suchen. Sie stören mich
in meinen Beschäftigungen — auch damit ich moralisch gut
bleibe, ist es nöthig. Sei aber ganz ruhig, ich bleibe es
gewiß. Nur kämpfen möchte ich nicht gern. Man muß
sich die Tugend so leicht machen, als möglich. Wenn ich
nur erst ein Weib habe, so werde ich meinem Ziele ganz

ruhig und ganz sicher entgegen gehen — aber bis dahin —
o werde bald, bald, bald mein Weib!

Also ich wünsche es mit meiner ganzen Seele und
entsage dem ganzen prächtigen Bettel von Adel und Stand
und Ehre und Reichthum, wenn ich nur Liebe bei Dir
finde. Wenn es nur möglich ist, daß wir so ohne Mangel
beieinander leben können, etwa sechs Jahre lang, nämlich
bis so lange, wo ich mir etwas zu erwerben hoffe und
dann bin ich glücklich.

Aber ist dies möglich —? O Du gutes treffliches
Mädchen! Ist es möglich, so ist es nur durch Dich
möglich. Hätte mich mein Schicksal zu einem andern
Mädchen geführt, das nicht so anspruchslos und genügsam
wäre, wie Du, ja dann müßte ich diesen innigsten Wunsch
unfehlbar unterdrücken. Aber auch Du willst nichts, als
Liebe und Bildung — o beides sollst Du von mir erhalten,
von der ersten mehr selbst, als Du fordern wirst, von der
anderen, so viel ich geben kann, aber beides mit Freuden.
Ich erwarte mit Sehnsucht Deine Berechnung. Du kannst
das Alles besser prüfen als ich. Aber laß Dich nicht verführen von Deiner Liebe. Sei karg gegen mich, aber nicht
gegen Dich. Nein, ich schwöre Dir, ich will Dich mit dieser
scheinbaren Selbstverleugnung nicht an Edelmuth übertreffen.
Setze also nicht vergeblich Edelmuth an Edelmuth, das würde
unser beiderseitiges Interesse verwirren. Laß uns wahr
sein, ohne geschraubte Tugend. Wenn ich weniger verlange,
als Du, so ist das keine Selbstverleugnung, die mir ein
Opfer kostet. Ich fühle, daß ich wirklich wenig bedarf und
mit wahrer Freude würde ich selbst manches entbehren,
um Dich damit froher zu machen. Das ist mein Ernst,
Wilhelmine, also laß mir diese Freude. Ueberfluß wirst

Du nicht verlangen, aber an dem Nothwendigen soll es
Dir niemals fehlen, o niemals, denn das würde mich selbst
unglücklich machen. Also sei nicht karg gegen Dich in der
Berechnung. Fordere lieber mehr, als Du brauchst, als
weniger. Es steht ja doch in der Folge bei Dir, mir zu=
fließen zu lassen, was Du übrig hast, und dann werde ich
es gewiß immer gern von Dir annehmen. Ist es unter
diesen Bedingungen nicht möglich, daß wir uns bald ver=
einigen — — nicht möglich, nun denn, so müssen wir
auf günstigere Zeiten hoffen, — aber das Schrecklichste
wäre mir, Dich betrogen zu haben, Dich, die mich so innig
liebt — o weg mit dem abscheulichen Gedanken.

Indessen ich weiß doch noch ein Mittel, selbst wenn
unser Vermögen Deiner Berechnung nicht entspräche. Es
ist dieses, mir durch Unterricht wenigstens jährlich ein Paar
Hundert Thaler zu erwerben. Lächle nicht, und bemühe
Dich nur ja, alle Vorurtheile zu bekämpfen. Ich bin sehr
fest entschlossen, den ganzen Adel von mir abzuwerfen. Viele
Männer haben geringfügig angefangen und königlich ihre
Laufbahn beschlossen. Shakespeare war ein Pferdejunge
und jetzt ist er die Bewunderung der Nachwelt. Wenn Dir
auch die eine Art von Ehre entgeht, so wird Dir doch
vielleicht einst eine andere zu Theil werden, die höher ist.
— Wilhelmine, warte zehn Jahre und Du wirst (mich) nicht
ohne Stolz umarmen.

Mein Plan in diesem Fall wäre dieser. Wir hielten
uns irgendwo in Frankreich auf, etwa in dem südlichen
Theile, in der französischen Schweiz, in dem schönsten Erd=
striche von Europa — und zwar aus diesem Grunde, um
Unterricht dort in der deutschen Sprache zu geben. Du
weißt, wie überhäuft mit Stunden hier bei uns die Emi=

8*

grirten sind, das möchte in Frankreich noch mehr der Fall
sein, weil es da weniger Deutsche giebt, und doch von der
Academie und von allen französischen Gelehrten unaufhörlich
die Erlernung der deutschen Sprache anempfohlen wird, weil
man wohl einsieht, daß jetzt von keinem Volke der Erde mehr
zu lernen ist, als von dem deutschen. Dieser Aufenthalt
in Frankreich wäre mir aus 3 Gründen lieb. Erstlich, weil
es mir in dieser Entfernung leicht werden würde, ganz nach
meiner Neigung zu leben, ohne die Rathschläge guter
Freunde zu hören, die mich, und was ich eigentlich begehre,
ganz und gar nicht verstehen; zweitens, weil ich so ein Paar
Jahre lang ganz unbekannt leben könnte und ganz vergessen
werden würde, welches ich recht eigentlich wünsche; und
drittens, welches der Hauptgrund ist, weil ich mir da recht
die französische Sprache aneignen könnte, welches zu der
entworfenen Verpflanzung der neuesten Philosophie in dieses
Land, wo man von ihr noch gar nichts weiß, nothwendig
ist. — Schreibe mir unverhohlen Deine Meinung über
dieses. — Aber, daß ja Niemand etwas von diesem Plane
erfährt! Wenn Du nicht mein künftiges Weib wärst, so
hätte ihn vor der Ausführung kein Mensch erfahren. —
Lerne nur auf jeden Fall recht fleißig die französische
Sprache. — Wie Vater zur Einwilligung zu bringen ist,
davon ein ander mal. — Ist das Alles nicht ausführbar,
so bleibt uns bis zum Tode Eins gewiß, nämlich meine
Liebe Dir, und Deine Liebe mir. Ich wenigstens gebe
nie einem andern Mädchen meine Hand, als Dir.

Und nun muß ich schließen. Ich kann jetzt nicht mehr
so lange Briefe schreiben, als auf der Reise, denn jetzt muß
ich für Dich und mich arbeiten. Und doch habe ich Dir
noch so Vieles zu sagen, z. B. über Deine Bildung. O,

wenn ich bei Dir wäre, so wäre das Alles weit kürzer ab=
gemacht. Ich wollte Dir bei meiner Anwesenheit in Frankfurt
vorschlagen, ob Du Dir nicht ein Tagebuch halten wolltest,
nämlich ob Du nicht alle Abende aufschreiben wolltest, was
Du am Tage sahst, dachtest, fühltest, und denke einmal da=
rüber nach, ob das gut wäre. Wir werden uns in diesem
unruhigem Leben so selten unserer bewußt — die Gedanken
und die Empfindungen verhallen wie ein Flötenton im
Orkane — so manche Erfahrung geht ungenutzt verloren —
das Alles kann ein Tagebuch verhüten.

Auch lernen wir dadurch Freude aus uns selbst ent=
wickeln, und das möchte wohl gut sein für Dich, da Du
von außen, außer von mir, wenige Freuden empfangen wirst.
Das könntest Du mir dann von Zeit zu Zeit mittheilen —
aber Du müßtest Dich darum nicht weniger strenge prüfen —
ich werde nicht hart sein — denke an Deine Verzeihung
meines Fehltrittes. — Ich werde Dir auch in meinen
Briefen alles mittheilen, was mir begegnet. — Abieu. Ich
küsse Dein Bild.   H. K.

XIV.

Berlin, den 16. November 1800.

Für Wilhelminen.

Man erzählt von Newton, es sei ihm, als er einst unter einer Allee von Fruchtbäumen spazieren ging, ein Apfel von einem Zweige vor die Füße gefallen. Wir beide würden bei dieser gleichgültigen und unbedeutenden Erscheinung, nicht viel Interessantes gedacht haben. Er aber knüpfte an die Vorstellung der Kraft, welche den Apfel·zur Erde trieb, eine Menge von folgenden Vorstellungen, bis er durch eine Reihe von Schlüssen zu dem Gesetze kam, nach welchem die Weltkörper sich schwebend in dem unendlichen Raume erhalten.

Galilei mußte zuweilen in die Kirche gehen. Da mochte ihm wohl das Geschwätz des Pfaffen auf der Kanzel ein wenig langweilig sein, und sein Auge fiel auf den Kronleuchter, der von der Berührung des Ansteckens noch in schwebender Bewegung war. Tausende von Menschen würden, wie das Kind, das die schwebende Bewegung der Wiege selbst fühlt, dabei vollends eingeschlafen sein. Ihm aber, dessen Geist immer schwanger war mit großen Gedanken, ging plötzlich ein Licht auf und er erfand das Gesetz des Pendels, in der Naturwissenschaft von der äußersten Wichtigkeit.

Es war, dünkt mich, Pilatre, der einst aus seinem Zimmer den Rauch betrachtete, der aus einer Feueresse wirbelnd in die Höhe stieg. Das mochten wohl viele Menschen vor ihm auch gesehen haben. Sie ließen es aber dabei bewenden. Ihm aber fiel der Gedanke ein, ob der Rauch, der doch mit einer gewissen Kraft in die Höhe stieg, nicht auch fähig wäre, mit sich eine gewisse Last in die Höhe zu nehmen. Er versuchte es und ward der Erfinder der Luftschifffahrtskunst.

Colomb stand gerade an der Küste von Portugal, als der Wind ein Stück Holz an's Ufer trieb. Ein Andrer an seiner Stelle würde dies vielleicht nicht wahrgenommen haben, und wir wüßten vielleicht noch nichts von Amerika. Er aber, der immer aufmerksam war auf die Natur, dachte, in der Gegend, von welcher das Holz fortschwamm, müsse wohl ein Land liegen, weil das Meer keine Bäume trägt, und er ward der Entdecker des neuen Welttheiles.

In einer holländischen Grenzfestung saß seit langen Jahren ein Gefangener. In dem Gefängnisse, glaubt man, lassen sich nicht viele interessante Betrachtungen anstellen. Ihm aber war jede Erscheinung merkwürdig. Er bemerkte eine gewisse Uebereinstimmung in dem verschiedenen Bau der Spinngewebe mit der bevorstehenden Witterung, so daß er untrüglich das Wetter vorhersagen konnte. Dadurch ward er der Urheber einer höchst wichtigen Begebenheit. Denn, als in dem französischen Kriege Holland unter Wasser gesetzt worden war, und Pichegru im Winter mit einem Heere über das Eis bis an diese Festung vordrang, und nun plötzlich Thauwetter einfiel und der französische Feldherr, seine Armee vor dem Wassertode zu retten, mit der größten Eilfertigkeit zurückzukehren befahl, da trat dieser Gefangene auf und ließ dem General sagen, er könne ruhig stehen bleiben, in 2 Tagen falle wieder Frost ein, er stehe mit seinem Kopfe für die Erfüllung seiner Prophezeihung — und Holland ward erobert.

Diese Beispiele mögen hinreichend sein, Dir, mein liebes Mädchen, zu zeigen, daß nichts in der ganzen Natur unbedeutend und gleichgültig und jede Erscheinung der Aufmerksamkeit eines denkenden Menschen würdig ist.

Von Dir werde ich freilich nicht verlangen, daß Du durch Deine Beobachtungen die Wissenschaften mit Wahrheiten bereicherst, aber Deinen Verstand kannst Du damit bereichern und tausendfältig durch aufmerksame Wahrnehmung aller Erscheinungen üben.

Das ist es, liebes Mädchen, wozu ich Dir in diesem Bogen die Anleitung geben will.

Mir leuchtet es immer mehr und mehr ein, daß die Bücher schlechte Sittenlehrer sind. Was wahr ist, sagen sie uns wohl, auch wohl, was gut ist, aber es bringt in die Seele nicht ein. Einen Lehrer giebt es, der ist vortrefflich, wenn wir ihn verstehen; das ist die Natur.

Ich will Dir das nicht durch ein langes Geschwätz beweisen, sondern lieber durch Beispiele zeigen, die wohl immer, besonders bei Weibern, die beste Wirkung thun möchten.

Ich ging an jenem Abend vor dem wichtigsten Tage meines Lebens in Würzburg spazieren. Als die Sonne herabsank, war es mir, als ob mein Glück unterginge. Mich schauerte, wenn ich dachte, daß ich vielleicht von Allem scheiden müßte, von Allem, was mir theuer ist.

Da ging ich, in mich gekehrt, durch das gewölbte Thor sinnend zurück in die Stadt. Warum, dachte ich, sinkt wohl das Gewölbe nicht, da es doch keine Stütze hat? Es steht, antwortete ich, weil alle Steine mit einmal einstürzen wollen — und ich zog aus diesem Gedanken einen unbeschreiblich erquickenden Trost, der mir bis zu dem entscheidenden Augenblicke immer mit der Hoffnung zur Seite stand, daß auch ich mich halten würde, wenn Alles mich sinken läßt.

Das, mein liebes Minchen, würde mir kein Buch gesagt haben, und das nenn' ich recht eigentlich lernen von der Natur.

Einen ähnlichen Trost hatte ich schon auf der Hinreise nach Würzburg. Ich stand nämlich mit dem Rücken gegen die Sonne und blickte lange in einen lebhaften Regenbogen. So fällt doch, dachte ich, immer ein Strahl von Glück auf unser Leben, und, wer der Sonne selbst den Rücken kehrt und in die trübe Wetterwolke schaut, dem wirft ihr schönes Bild der Regenbogen zu.

In jener herrlichen Nacht, als ich von Leipzig nach Dreßden reiste, dachte ich mit wehmüthiger Freude: am Tage sehen wir wohl die schöne Erde, doch wenn es Nacht ist, sehen wir in die Sterne.

O, es giebt Augenblicke, wo uns solche Winke der Natur wie die freundliche Rede eines Lehrers entzücken können.

Den 18. November.

Bemühe Dich also von jetzt an, recht aufmerksam zu sein auf alle Erscheinungen, die Dich umgeben. Keine ist unwichtig, jede, auch die scheinbar unbedeutendste, enthält doch etwas, das merkwürdig ist, wenn wir es nur wahrzunehmen wissen. Aber bestrebe Dich, nicht blos die Erscheinungen wahrzunehmen, sondern auch etwas von ihnen zu

lernen. Frage bei jeder Erscheinung entweder: worauf
deutet das hin? nur dann wird die Antwort Dich mit irgend
einer nützlichen Lehre bereichern; oder frage wenigstens, wenn
das nicht geht: womit hat das eine Aehnlichkeit? Und dann
wird das Auffinden des Gleichnisses wenigstens Deinen Verstand schärfen.

Ich will Dir auch dieses durch einige anleitende Beispiele erläutern.

Daß Du nicht wie das Thier den Kopf zur Erde neigst,
sondern aufrecht gebaut bist und in den Himmel sehen kannst,
worauf deutet das hin? — Beantworte mir einmal das?

Du hast zwei Ohren und doch nur einen Mund. Mit
den Ohren sollst Du hören, mit dem Munde sollst Du
reden. — Das hältst Du wohl für etwas sehr Gleichgültiges?
Und doch läßt sich daraus eine höchst wichtige Lehre ziehen.
Frage Dich einmal selbst, worauf das hindeutet, daß Du
mehr Ohren hast als Münder? — Troschke*) könnte die Antwort gebrauchen.

Du allein singst nur Einen Ton, ich allein singe
auch nur Einen Ton, wenn wir einen Accord hören wollen,
so müssen wir beide zusammen singen. — Worauf deutet
das hin?

Wenn Du spazieren gehst und in die Sonne blickst,
so wenden Dir alle Gegenstände ihre Schattenseite zu. —
Eine Lehre möchte sich daraus nicht ziehen lassen, aber ein
sehr interessantes Gleichniß.

Also frage Dich einmal, womit hat das eine Aehnlichkeit?

---

*) Wohl ein gemeinsamer Bekannter, der etwas viel sprach. Varn-
hagen nennt unter den Berlinern, die er 1814 in Paris traf, einen
Troschke, ohne jedoch etwas Näheres über ihn auszusagen.

Ich gieng letzthin in der Nacht durch die Königsstraße. Ein Mann kam mir entgegen mit einer Laterne. Sich selbst leuchtete er auf den Weg, mir aber machte er es noch dunkler. — Mit welcher Eigenschaft des Menschen hat diese Blendlaterne Aehnlichkeit?

Ein Mädchen, das verliebt ist, und es vor der Welt verbergen will, spielt in Gegenwart ihres Geliebten gewöhnlich mit dem Fächer. Ich nenne einen solchen Fächer einen Telegraphen (zu Deutsch: Fernschreiber) der Liebe. — Warum?

Der Sturm reißt den Baum um, aber nicht das Veilchen, der leiseste Abendwind bewegt das Veilchen, aber nicht den Baum. Womit hat das eine vortreffliche Aehnlichkeit?

Solche und ähnliche Fragen wirf Dir, mein liebes Minchen, selbst recht oft auf und suche sie dann zu beantworten! An Stoff zu solchen Fragen kann es Dir niemals fehlen, wenn Du nur recht aufmerksam bist auf Alles, was Dich umgiebt. Kannst Du die Frage nicht gleich beantworten, so glaube nicht, daß die Antwort unmöglich sei; aber setze die Beantwortung aus, denn unangenehm darfst Du Dir diese Beschäftigung nicht machen, die unserm ganzen Leben großen Reiz geben, die Wichtigkeit aller uns umgebenden Dinge erhöhen und eben dadurch für uns höchst angenehm werden kann. Das heißt recht eigentlich unsern Verstand gebrauchen — und dazu haben wir ihn doch?

Wenn Dir aber die Antwort gelingt, so zeichne den ganzen Gedanken gleich auf, in einem dazu bestimmten Hefte. Denn festhalten müssen wir, was wir uns selbst erworben haben — auch will ich Dir in der Folge noch einen andern Grund sagen, warum es gut ist, wenn Du das aufschreibst.

Also von heute an mußt Du jeden Spaziergang bedauern oder vielmehr bereuen, der Dich nicht wenigstens um einen Gedanken bereichert hätte; und wenn gar ein ganzer Tag ohne solche moralische Revenüen vergeht und wenn gar ganze Wochen ohne solche Einkünfte verstreichen, — dann — dann — — Ja, mein liebes Minchen, ein Capital müssen wir haben, und wenn es kein Geld ist, so muß es Bildung sein, denn mit dem Körper können wir wohl darben, aber mit dem Geiste müssen wir es niemals, niemals — und wovon wollen wir leben, wenn wir nicht bei Zeiten sammeln?

Widme Dich also diesem Geschäft so oft als möglich, ja bei der Arbeit selbst! Dadurch wird recht eigentlich die Arbeit veredelt, wenn sie nicht nur unsern Körper, sondern auch unsern Geist beschäftigt. Daß dieses allerdings möglich sei, wirst Du bei einiger Betrachtung leicht finden.

Wenn Dir beim Stricken des Strumpfes eine Masche von der Nadel fällt, und Du, ehe Du weiter strickst, behutsam die Masche wieder aufnimmst, damit nicht der eine aufgelöste Knoten alle die andern auflöse und so das ganze künstliche Gewebe zerstört werde — welche nützliche Lehre giebt Dir das für Deine Bildung, oder wohin deutet das?

Wenn Du in der Küche das kochende heiße Wasser in das kühlere Gefäß gießest, und die sprudelnde Flüssigkeit, indem sie das Gefäß ein wenig erwärmt, selbst dadurch abgekühlt wird, bis die Temperaturen (Wärmegrade) in beiden sich ins Gleichgewicht gesetzt haben, welche vortreffliche Hoffnung ist daraus für uns beide, und besonders für mich zu ziehen, oder worauf deutet das hin?

Ja, um Dir ein Beispiel von der gemeinsten Beschäftigung zu geben — wenn Du ein schmutziges Schnupftuch mit Wasser auswäschst, welches Buch kann Dir eine so hohe, erhabne Lehre geben, als diese Arbeit? Bedürfen wir mehr als bloß rein zu sein, um mit der schönsten Farbe der Unschuld zu glänzen?

Aber die beste Anleitung, Dich im Selbstdenken zu üben, mögte doch wohl ein nützliches Buch sein, etwa Wünschs kosmologische (weltbürgerliche) Unterhaltungen*), das ich Dir geschenkt habe. Wenn Du das täglich ein Stündchen in die Hand nähmest, so würdest Du davon einen doppelten Nutzen haben. Erstens, die Natur selbst näher kennen zu lernen, und dann, Stoff zu erhalten, um eigene Gedanken anzuknüpfen.

Nämlich so: gesetzt, Du fändest darin den Satz, daß die äußere vordere Seite des Spiegels nicht eigentlich bei dem Spiegel die Hauptsache sei, ja daß diese eigentlich weiter nichts ist, als ein nothwendiges Uebel, indem sie das eigentliche Bild nur verwirrt, daß es aber hingegen vorzüglich auf die Glätte und Politur der inneren (hintern) Seite ankomme, wenn das Bild recht rein und treu sein soll — welchen Wink giebt uns das für unsre eigne Politur, oder wohin deutet das?

Oder gesetzt, Du fändest darin den Satz, daß zwei Marmorplatten nur dann unzertrennlich aneinander hangen, wenn sie sich in allen ihren Puncten berühren. Womit haben die Marmorplatten Aehnlichkeit?

Oder, daß die Pflanze ihre Nahrung mehr aus der Luft und dem Regen, also mehr aus dem Himmel ziehen muß, als aus der Erde, um zu gedeihen — welche zarte Pflanze des Herzens muß das auch?

Bei jedem solchen interessanten Gedanken müßtest Du

---

*) Wünsch war Professor der Mathematik und Physik in Frankfurt a. O., eine Lieblingslehrer Kleists. Wunderlich ist die Erläuterung des Wortes „kosmologisch" durch „weltbürgerlich".

also immer fragen, entweder: wohin deutet das, wenn man es auf den Menschen bezieht? oder: was hat das für eine Aehnlichkeit, wenn man es mit dem Menschen vergleicht? Denn der Mensch und die Kenntniß seines ganzen Wesens muß Dein höchstes Augenmerk sein, weil es einst Dein Geschäft sein wird, Menschen zu bilden.

Gesetzt also, Du fändest in diesem Buche, daß die Luftsäure (eine Luftart) sich aus der Fäulniß entwickele und doch auch vor der Fäulniß sichere, so müßtest Du nun fragen, welche Aehnlichkeit hat das wohl, wenn man es in irgend einer Hinsicht mit dem Menschen vergleicht? Da wirst Du leicht finden, daß sich aus dem Laster des Menschen etwas entwickele, das davor sichert, nämlich die Reue.

Wenn Du liesest, daß die glänzende Sonne keine Flecken habe, wenn man sie nicht mühsam mit dem Teleskop aufsuche, um sie zu finden — welch eine vortreffliche Lehre giebt uns das?

O letzthin ward ich plötzlich durch einen bloßen Anblick zurückgeführt im Geiste durch anderthalb Jahre in jene Zeit, wo wir noch unempfindlich neben einander wohnten, unbewußt, daß wir uns einst so nahe verwandt sein würden. Ich öffnete nämlich das Schubfach meines Tisches, in welchem mein Feuerzeug, Stahl und Stein, lag. Da liegen sie nebeneinander, dachte ich, als ob sie zu einander nicht gehörten, und wenden einander ihre kalten Seiten zu, und noch läßt sich der Funke nicht ahnden, der doch in beiden schlummert — —· aber jetzt umschließe ich Dich innig mit meinem warmen Herzen, mein liebes, liebes Minchen — o der erste Funke fing Feuer — vielleicht wäre er doch erloschen, aber Du hast es wohl verstanden, ihn zur Flamme anzufachen — o erhalte sie in der Gluth, mein eignes Glück hängt daran, aber von Dir nur hängt es ab. O wache, wie die Vestalinnen, über die heilige Flamme, daß sie nicht erlösche, lege von Zeit zu Zeit etwa ein neues erworbenes Verdienst hinzu, und schlafe nie ein auf den Stufen — o dann wird die Flamme ewig lodern und uns beide erwärmen.

Und nun lebe wohl! — Doch ich wollte Dir ja noch einen andern Grund sagen, warum es gut wäre, Deine eigenen Gedanken aufzuschreiben. Es ist dieser. Du weißt, daß ich mich jetzt für das schriftstellerische Fach bilde. Ich selbst habe mir schon ein kleines Ideenmagazin angelegt, das ich Dir wohl einmal mittheilen und Deiner Beurtheilung unter= werfen möchte. Ich vergrößere es täglich. Wenn Du auch einen kleinen Beitrag dazu liefertest, so könntest Du den Stolz haben, zu einem künftigen Erwerb auch etwas beizu= tragen. — Verstehst Du mich? —

Und nun Adieu. Ich danke Dir für die 6 Fr.br. In Kurzem erhältst Du sie wieder. Schreibe mir bald, und be= sonders schicke mir bald die Berechnung! Adieu!

H. K.

N. S. Weißt Du wohl, daß Brokes ganz unver= muthet angekommen ist, und den Winter bei uns wohnen wird? — O hättest Du auch bei Dir eine Freundinn, die Dir das wäre, was dieser Mensch mir! Ich bin sehr vergnügt und muß Dich herzlich küssen. Adieu!

XV.

Liebe Wilhelmine!

Deinen Brief empfing ich gerade, als ich sinnend an dem Fenster stand und mit dem Auge in den trüben Himmel, mit der Seele in die trübe Zukunft sah. Ich war nicht recht froh, — da glaubte ich durch Deinen Brief aufgeheitert zu werden — aber Du schreibst' mir, daß auch Dich die Zukunft beunruhigt, ja, daß Dich diese Unruhe sogar krank macht — o da ward ich ganz traurig, da konnte ich es in dem engen Zimmer nicht mehr aushalten, da zog ich mich an, und lief, ob es gleich regnete, im Halbdunkel des Abends durch die kothige Stadt, mich zu zerstreuen und mein Schicksal zu vergessen.

Liebe Wilhelmine! Wenn diese Stimmung in uns herrschend wird, so werden wir die Zeit der Geduld, die uns das Schicksal auferlegt, sehr unglücklich durchleben.

Wenn ich mir ein Glück dachte, das unsere Herzen, das meinige wenigstens, ganz ausfüllen könnte, wenn dieses Glück nicht ganz erreichbar ist, wenn die Vorschläge zu seiner Erreichung Dir unausführbar scheinen, ist denn darum Alles verloren? Noch habe ich die Laufbahn in dem Fabrikwesen nicht verlassen, ich wohne den Sitzungen der technischen Deputation bei, der Minister hat mich schriftlich eingeladen, mich anstellen zu lassen, und wenn Du darauf bestehst, so will ich nach zwei Jahren drei Jahre lang reisen und dann ein Amt übernehmen, das uns wohl Geld und Ehren, aber wenig häusliches Glück gewähren wird.

Liebe Wilhelmine, vergißt Du denn, daß ich nur darum so furchtsam bin, ein Amt zu nehmen, weil ich fürchte, daß wir Beide darin nicht recht glücklich sein würden? Vergißt Du, daß mein ganzes Bestreben dahin geht, Dich und mich wahrhaft glücklich zu machen? Willst Du etwas Anderes, als bloß häusliches Glück? Und ist es nicht der einzige Gegenstand meiner Wünsche, Dir und mir dieses Glück, aber ganz uneingeschränkt, zu verschaffen?

Also sei ruhig! Bei Allem, was ich unternehmen werde, wird mir immer jenes letzte Ziel vorschweben, ohne das ich auf dieser Erde niemals glücklich sein kann, nämlich: einst, und zwar so bald als möglich, das Glück der Ehe zu genießen. Glaubst Du nicht, daß ich bei so vielen Bewegungs= gründen, mich zu einem brauchbaren Manne zu bilden, end= lich brauchbar werden werde? Glaubst Du nicht, daß ich mir, bei der vereinten Richtung aller meiner Kräfte auf ein einziges Ziel, endlich ein so bescheidenes Glück, wie das häusliche, erwerben werde?

Daß Dir die Trennung von Deiner Familie so schmerzhaft scheint, ist natürlich und gut. Es entspricht zwar meinen Wünschen nicht, aber Du weißt, warum meine Wünsche gegen die Deinigen immer zurückstehen. Mein Glück ist freilich an Niemanden gebunden, als bloß an Dich — in dessen, daß es bei Dir anders ist, ist natürlich und ich verzeihe es Dir gern.

Aber der Aufenthalt bei J. M.*) und die Verknüpfung

*) Wer damit gemeint ist, weiß ich nicht. Am Nächsten läge es, an „Tante Massow" zu denken, die vielleicht einen solchen Vorschlag gemacht hätte.

unserer Wirthschaft mit der ihrigen würde uns doch so ab=
hängig machen, uns so in ein fremdes Interesse verflechten
und unserer Ehe so ihr Eigenthümliches, nämlich eine eigene
Familie zu bilden, rauben, daß ich Dich bloß an alle diese Uebel
erinnern zu brauchen glaube, um Dich zu bewegen, diesen
Vorschlag aufzugeben.

Dagegen könnte ich bei meiner Majorennität das ganze
Haus selbst übernehmen und bewirthschaften, woraus mancher
Vortheil vielleicht entspringen könnte. Ich könnte auch in
der Folge ein akademisches Lehramt in Frankfurt annehmen,
welches noch das Einzige wäre, zu dem ich mich gern ent=
schließen könnte. Du siehst also, daß noch Aussichten genug
vorhanden sind, um ruhig zu sein.

Also sei es, liebes Mädchen! O inniger, heißer kannst
Du gewiß eine baldige Vereinigung nicht wünschen, als ich.

Beruhige Dich mit diesen Wünschen, die gewiß Deine
guten Fürsprecher sind! Sie werden meine Thätigkeit unauf=
hörlich spornen, sie werden meine Kräfte nie erschlaffen
meinen Muth nie sinken lassen, und endlich mich dem glück=
lichen Tage zuführen, o Wilhelmine! — —

Auf Weihnachten möchte ich wohl nach F. kommen. —
Du siehst es doch gern? Ich bringe Dir dann etwas mit
Adieu!

Dein ewig treuer Freund H. K.

XVI.

Berlin, den 29. November 1800.

Liebe, beste Wilhelmine, ich küsse Dich in Gedanken für Deinen lieben, trefflichen Brief. O wenn ich doch bei Dir wäre und Dich an meine Brust drücken könnte —! Ach, man sollte, um ruhig zu sein, daran gar nicht denken. Aber wer kann das —?

Ganz außerordentlich habe ich mich über Deinen Brief gefreut, und über tausend Dinge in ihm, theils über die Antworten auf meine Fragen, theils über Deine erb= und eigenthümlichen Gedanken, auch darum, daß Du meine Vorschläge zu Deiner Bildung so gern erfüllst, aber ganz besonders, daß Du diesen Vorschlag so gut verstanden hast. Nutzen und Vergnügen sind gewiß selten so innig verknüpft, als in dieser Beschäftigung, wo man gleichsam mit der Natur selbst spricht, und sie zwingt, auf unsere Fragen zu antworten. Ihre nützliche Seite konnte Dir nicht entgehen, aber daß Du auch Vergnügen daran findest, das ist es, was mich besonders freut, weil es meine Hoffnung, daß in Dir mehr als das Gemeine enthalten sein mögte, immer mehr und mehr bestätigt. O auch mir sind es die liebsten Stunden, in welchen ich die Natur frage, was recht ist, und edel und gut und schön. Täglich widme ich, zur Erholung, ein Stündchen diesem Geschäfte, und denke niemals ohne Freude an den Augenblick (in Würzburg), wo ich zum ersten=

9*

mal auf den Gedanken kam, auf diese Art bei der großen Lehrmeisterin Natur in die Schule zu gehen.

Deine Antworten auf meine Fragen haben durchgängig den Sinn getroffen, und ich will nur Deinem Wunsche gemäß, Deine erb= und eigenthümlichen Gedanken prüfen.

Zuerst freut es mich überhaupt, daß Du das Talent besitzest, wahrzunehmen. Das, mein liebes Kind, ist kein gemeines Talent. Sehen und Hören rc. können alle Menschen, aber wahrnehmen, daß heißt mit der Seele den Eindruck der Sinne auffassen und denken, das können bei Weitem nicht alle. Sie haben nichts als das todte Auge, und das nimmt das Bild der Natur so wenig wahr, wie die Spiegelfläche des Meeres das Bild des Himmels. Die Seele muß thätig sein, sonst sind doch alle Erscheinungen der Natur verloren, wenn sie auch auf alle Sinne wirkten — und es freut mich, daß diese erste Bedingung, von der Natur zu lernen, nämlich, jede ihrer Erscheinungen mit der Seele aufzufassen, so gut bei Dir erfüllt ist.

Ganz vortrefflich, besonders dem Sinne nach, ist der Gedanke, daß es bei dem Menschen, wie bei dem Spiegel, auf seine eigene Beschaffenheit ankommt, wie fremde Gegen= stände auf ihn einwirken sollen. Das ist vielleicht der beste Gedanke, den jemals ein Mädchen vor dem Spiegel gehabt hat. Aber nun, mein liebes Kind, müssen wir auch die Lehre nutzen, und fleißig an dem Spiegel unserer Seele schleifen, damit er glatt und klar werde und treu das Bild der schönen Natur zurückwerfe. Wie mancher Mensch würde aufhören, über die Verderbtheit der Zeiten und Sitten zu schelten, wenn ihm nur ein einzigesmal der Gedanke einfiele, ob nicht vielleicht bloß der Spiegel, in welchen das Bild der Welt fällt, schief und schmutzig ist? Wie oft stand nicht vielleicht ein solcher Mensch schon vor dem Spiegel, der ihm die lehrreiche Warnung zurief, wenn er sie verstanden hätte — ja wenn er sie verstanden hätte! —!

Auch recht gut dem Sinne nach, sind die beiden anderen Gedanken, obschon nicht von einem so eingreifenden Interesse. Ich will Dir daher bloß Einiges über ihre Darstellung mittheilen.

Du fragst, warum das Thier so schnell, der Mensch so langsam sich ausbilde? Die Frage ist doch allerdings sehr interessant. Zur Antwort möchte überhaupt schon der allgemeine Grundsatz dienen, daß die Natur immer um so viel mehr Zeit braucht, ein Wesen zu bilden, je vollkommener es werden soll. Das findet sich selbst im Pflanzenreiche bestätigt. Die Gartenpflanze braucht ein paar Frühlings= morgen, die Eiche ein halbes Jahrhundert, um auszuwachsen. Du aber vergleichst, um die Antwort zu finden, den Menschen mit einer vollstimmigen Sonate, das Thier mit einer ein= tönigen Musik. Dadurch möchtest Du wohl nicht ausgedrückt haben, was Du Dir eigentlich gedacht hast. Eigentlich hast Du wohl nicht den Menschen, sondern seine Bestimmung mit der Sonate vergleichen wollen, und dann wird das Gleichniß allerdings richtig. Nämlich, er ist bestimmt, mit allen Zügen seines künstlichen Instruments einst jene große Composition des Schöpfers auszuführen, indessen das Thier auf seiner Rohrpfeife nichts mehr als den einzigen Ton hören lassen soll, den sie enthält. Daher konnte dies freilich seine geringfügige Bestimmung früher erreichen, als der Mensch seine unendlich schwerere und mannichfaltigere, — nicht wahr, das wolltest Du sagen?

Bei einem Bilde oder einem Gleichnisse kommt es überhaupt auf möglichst genaue Uebereinstimmung und Aehn-

lichkeit in allen Theilen der beiden verglichenen Gegenstände
an. Alles was von dem einen gilt, muß bei dem andern
irgend eine Anwendung finden. Willst Du Dich einmal
üben ein recht interessantes Gleichniß herauszufinden, so vergleiche
einmal den Menschen mit einem Clavier. Da müßtest Du
dann Saiten, Stimmung, den Stimmer, Resonanzboden,
Tasten, den Spieler, die Noten 2c. 2c. in Erwägung ziehen,
und zu jedem das Aehnliche bei dem Menschen herausfinden.

Auch giebt es noch verschiedene andere Mittel, auf
eine leichte und angenehme Art Deinen Scharfsinn in dem
Auffinden des Aehnlichen zu prüfen. Schreibe Dir z. B.
auf verschiedene Blätter folgende Fragen auf, und, wenn
Du die Antwort gefunden hast, diese darunter, z. B.: Was
ist lieblich? — Ein Maitag; eine Fürsichenblüthe*); eine
frohe Braut 2c. 2c. — Was ist erhebend? Ein Sonnen=
aufgang, ein Choral am Morgen (ich denke an die schönen
Morgen, wenn ich in unserem Garten arbeitete, und der
Choral der Hautboisten aus dem eurigen zu mir herüber=
scholl). — Was ist furchtbar? Ein herannahendes Ge=
witter; das Kräuseln der Wellen für den Seemann 2c. 2c. —
Was ist rührend? Reden bei der Leiche; ein Sonnen=
untergang; Unschuld und Einfalt; Fleiß und Dürftigkeit 2c. 2c.
— Was ist schrecklich? Blitz und Schlag in einem Augen=
blick; des Nachbars Haus oder gar die eigene Treppe in
Flammen 2c. 2c. — Was ist niederschlagend? Regen am
Morgen einer entworfenen Lustparthie; Kälte in der Ant=
wort, wenn man herzlich und warm fragte; ein schlechtes Kleid,
wenn die Gesellschaft es bemerkt; eine Grobheit, die uns aus
Mißverständniß zugefügt wird 2c. 2c. Was ist anbetungs=

---

*) So steht im Original statt Pfirsichblüthe.

würdig? Christus am Kreuz; eine Unschuld in Ketten
ohne Klagen und Thränen; ein unerschrockenes Wort vor
dem Tribunal blutbegieriger Richter; oder, wie Schiller sagt,
Männerstolz vor Königsthronen ꝛc. ꝛc. Was ist tröstend?
In den Himmel zu sehen; ein Herrenhuther Kirchhof; eine
Erbschaft für den trauernden Neffen; ein Licht für den Ver-
irrten in der Nacht. Was ist lächerlich? Im Mondschein
über den Schatten eines Laternenpfahles zu springen, in der
Meinung, es sei ein Graben; die ersten Versuche eines
Kindes zu gehen (aber auf weichem Grase); ein ungeschickter
Landjunker, der aus Liebe tanzt. Was ist unerträglich?
Geschwätz für den Denker; Trostgründe für den Leidenden;
Windstille unter der Linie ꝛc. ꝛc. Was ist Erwartung
erregend? Ein Pfeifen im Walde; ferne Kanonenschüsse
im Kriege; das Klingeln zum Aufziehen des Vorhangs im
Theater ꝛc. ꝛc. Was ist einladend? Eine reife Fürsiche;
eine aufgeblühte Rose; ein Mund wie eine Kirsche ꝛc. ꝛc.
Was ist verführerisch? Schmeicheleien, und zwar für
jeden, denn wer sich auch nicht gern schmeicheln hört, der
nimmt doch nicht übel, wenn man ihm dies sagt ꝛc. ꝛc.
Was ist abschreckend? Keine Antwort; ein großer Hund,
der uns in die Beine springt, wenn wir in ein Haus treten.
Was ist Zutrauen erweckend? Keine Umstände, auch
wenn man nur eine Pfeife Taback anbietet ꝛc. ꝛc. Was ist
majestätisch? Ein Sonnenaufgang über dem Meere; ein
englisches Admiralsschiff, das mit vollem Winde segelt; ein
Wasserfall; ein fernes Gebirge ꝛc. ꝛc. — — — — —

Genug, genug, genug. Auf diese Art kannst Du durch
eine Menge von Antworten Deinen Verstand schärfen und
üben. Das führt uns dann um so leichter ein Gleichniß
herbei, wenn wir einmal gerade eines brauchen.

O mein liebes Minchen, wie weitläufig ist es, dies Alles aufzuschreiben, — o wenn wir einst vereint sein werden, und Du neben mir sitzest und ich Dich unterrichte, und jede gute Lehre mir mit einem Kusse belohnt wird — o weg, weg mit diesen Bildern — und doch ist es das Einzige was ich für diese Erde wünsche — und doch ist es ein so bescheidener Wunsch — und doch nicht zu erfüllen? und warum nicht? O ich mag gar nicht daran denken, sonst verwünsche ich Stand, Geburt und die ganze elende Last von Vorurtheilen. — Aber ich hoffe. O, meine Hoffnung ist das Einzige, was mich jetzt froh macht. — Gute Nacht, ich gehe zu Bett mit meiner Hoffnung. Ich küsse Dein Bild, gute Nacht, gute Nacht. — —

Den 30. November.

Guten Morgen, guten Morgen, liebe, liebe, liebe Wilhelmine! Es ist recht heiterer, frischer Wintermorgen, und ich bin selbst sehr heiter und wäre ganz glücklich, wenn, wenn, wenn. — — — Adieu. Ich küsse Dich von Herzen. Bleibe mir immer treu, und so lange uns auch das Schicksal äfft, liebe mich doch nie kälter, als in dieser schönen Periode unsere Liebe. Ach, kalte Liebe ist so gut wie keine. — Adieu, adieu. Schreibe nur bald wieder und überhaupt recht oft, Du weißt nicht, wozu das gut ist. Adieu. 6 Fr.b'or will ich Dir wiedergeben, bestimme nur ob ich sie Dir oder der Randow schicken soll. Sei herzlich für diese Gefälligkeit bedankt und rechne auf mich in allen ähnlichen und nicht ähnlichen Fällen. Adieu, adieu, adieu!

XVII.

Liebe, theure Wilhelmine!

Ja, wenn Du mir so aus Deinem Herzen zu meinem Herzen schreibst, so muß ich Dir gleich antworten, und wenn ich noch zehn Mal mehr zu thun hätte. O wie schmerzt es mich, daß ich vorgestern in meiner üblen Laune jenen trüben Brief an Dich abschickte, den Du gerade heute empfangen haben wirst*), gerade heute, wo ich den Deinigen empfing, der mir so herrlich den Muth und die Liebe von Neuem belebte. Verzeihe mir diesen letzten Ausbruch meiner Unzufriedenheit mit mir, antworte mir gar nicht auf diesen Brief, verbrenne ihn lieber ganz und lies dafür diesen recht oft durch, den ich froh und heiter und mit Innigkeit für Dich niederschreibe.

— Als ich soweit geschrieben hatte, klingelte Jemand; ich mache auf, und wer war es? Dein kleiner Bruder von den Cadetten, den ich noch nie sah und jetzt zu sehen mich sehr freute. Er wollte Carln besuchen, der aber nicht zu Hause war. Ich theilte ihm, an Carls Stelle, Nachrichten von seiner Familie mit, küßte dann den kleinen Schwager, (der Jettchen gleicht und dessen Gesicht etwas Gutes verspricht), leuchtete dann dem armen Jungen durch die öden, noch nicht bewohnten Zimmer und Treppen dieses Hauses, und kehre nun wieder zu Dir zurück. —

---

*) Dieser Brief fehlt.

Ja, liebes Mädchen, so oft ich Dir (gleich) nach Empfang Deines Briefes antworte, kannst Du immer überzeugt sein, daß er mir herzliche Freude gewährt hat; nicht etwa, weil er schön oder künstlich geschrieben ist — denn das achte ich wenig, und darum brauchst Du Dir wenig Mühe zu geben — sondern weil er Züge enthält, die mir Dein Herz liebenswürdiger und Deine Seele ehrwürdiger machen. Denn da ich Dich selbst nicht sehen und beurtheilen kann, was bleibt mir übrig, als aus Deinen Briefen auf Dich zu schließen? Denn das glaube ich thun zu dürfen, indem ich Deine Worte nicht bloß für Worte, sondern für Deinen Schattenriß halte. Daher ist mir jeder Gedanke, der Dich in ein schöneres Licht stellt, jede Empfindung, die Dich schmückt, theuer, wie das Unterpfand einer That, wie das Zeichen eines moralischen Werthes; und ein solcher Brief, der mir irgend eine schöne Seite Deiner Seele zeigt und dadurch unwillkürlich, unerwartet, überraschend mir das Bewußtsein Dich zu besitzen, plötzlich hell und froh macht, ein solcher Brief, sage ich, wirkt auf meine Liebe, wie ein Oeltropfen auf die verlöschende Flamme, die von ihm benetzt plötzlich hell und lustig wieder herauflodert.

Ja, liebe Wilhelmine, wenn jemals die Erinnerung an Dich in mir immer kälter und kälter werden sollte, so bin ich in meinem heiligsten Innern überzeugt, daß es einzig Deine Schuld sein würde, nie die meinige. Nur dann könnte und müßte ich gleichgültig gegen Dich werden, wenn die Erfahrung mich lehrte, daß der Stein, den ich mit meiner ganzen Seele bearbeitete, den Glanz aus ihm hervorzulocken, kein Edelstein wäre. Ich würde Dich darum nicht verlassen, — denn warum solltest Du den Irrthum büßen, den ich beging? Aber unglücklich würde ich sein und Du würdeſt nicht glücklich ſein, weil ich es nicht ſein könnte; denn das Gemeine kann man nur brauchen, nur das Edlere kann man lieben, und nur die Liebe macht das Leben ſüß.

Aber ſei der Liebe würdig und nie wird es Dir daran fehlen. Nicht als ein Geſchenk fordere ſie von mir, Du kannſt ſie Dir erwerben, Du kannſt ſie von mir erzwingen — und nur ſo wird ſie Dich und mich glücklich machen; denn das Herz iſt das einzige Eigenthum, das wir uns lieber rauben laſſen, als auf Bitten und Geſuche verſchenken. Nie iſt es einem Mädchen leichter geweſen, ſich die Liebe ihres Geliebten zu erhalten als Dir, denn ganz unglücklich würde ich ſelbſt ſein, wenn ich ſie Dir je entziehen müßte. Ich würde Dich dann nicht verlaſſen — denn meine Pflicht iſt mir höher ſelbſt als mein Glück, aber eben das würde mich ganz unglücklich machen.

Daher kann ein Wechsler die Aechtheit der Banknote, die ſein Vermögen ſichern ſoll, nicht ängſtlicher unterſuchen, als ich Deine Seele; und jeder ſchöne Zug, den ich an ihr entdecke, iſt mir lieber, ja lieber ſelbſt als wenn ich ihn an mir ſelbſt entdeckte. Manches Mädchen habe ich ſchon mit Dir verglichen, und bin ernſt geworden, z. B. die L . . . ., die D . . . . . und manches iſt noch hier in Berlin, das ich gegen Dich halte, und ernſt macht mich jedesmal dieſe Vergleichung; aber Du haſt eine jahrelange Bekanntſchaft, die innigſte Vertraulichkeit, eine beiſpielloſe That und ebenſo beiſpielloſe Verzeihung für Dich, und wenn Du nur ein Weniges noch, nur die Aehnlichkeit mit meinem Ideale, nur den ernſten Willen, einſt es in Dir darzuſtellen, in Deine Wagſchale legſt, ſo ſinkt die andere mit allen Mädchen und mit allen Schätzen der Erde.

Ein Gedanke, Wilhelmine, ſteht in Deinem Briefe, der

mich mit unbeschreiblicher Freude und Hoffnung erfüllt; ein Gedanke, nach dem meine Seele dürstete, wie die Rose in der Mittagsgluth nach dem Thau — den ich Dir aber nicht in die Seele zu pflanzen wagte, weil er, wie die Orange, keine Verpflanzung leidet und nur dann Früchte trägt, wenn ihn die Kraft des eigenen Bodens hervortreibt. — Du schreibst mir, daß Dir jetzt ein Gefühl die Seele bewegte, als ob eine neue Epoche für Dich anheben würde. Liebe Wilhelmine! Soll ich Dir gestehen, daß ich mich oft schon sinnend mit Ernst und Wehmuth fragte, warum sie nicht schon längst eingetreten war? So viele Erfahrungen hatten die Wahrheit in mir bestätigt, daß die Liebe immer unglaub= liche Veränderungen in dem Menschen hervorbringt; ich habe schwache Jünglinge durch die Liebe stark werden sehen, rohe ganz weichherzig, unempfindliche ganz zärtlich! Jünglinge, die durch Erziehung und Schicksal ganz vernachlässigt waren, wurden fein, gesittet, edel, frei; ihr ganzes Wesen erlitt schnell eine große Reform und gewöhnlich fing sie bei dem Anzuge an; sie kleideten sich sorgsamer, geschmackvoller, gewählter; dann kam die Reform an dem Körper, seine Haltung ward edler, sein Gang sicherer, seine Bewegung zierlicher, offener, freimüthiger, und hierbei blieb es, wenn die Liebe nicht von der höheren Art war; aber war sie es, so kam nun auch die große Revolution an die Seele; Wünsche, Hoffnungen, Aussichten, alles wechselte; die alten, rohen Vergnügungen wurden verworfen, feinere traten an ihre Stelle; die vorher nur in dem lauten Gewühl der Gesellschaft bei Spiel und Wein vergnügt waren, überließen sich jetzt gern in der Ein= samkeit ihren stillen Gefühlen; statt der abenteuerlichen Ritterromane ward eine simple Erzählung von Lafontaine oder ein erhebendes Lied von Hölty die Lieblingslectüre;

nicht mehr wild mit dem Pferde ſtrichen ſie über die Land=
ſtraße, ſtill und einſam beſuchten ſie ſchattige Ufer oder freie
Hügel, und lernten Genüſſe kennen, von deren Daſein ſie
ſonſt nichts ahndeten; tauſend ſchlummernde Gefühle erwachten,
unter ihnen die Wohlthätigkeit meiſtens am lebhafteſten; wo
ein Hülfloſer lag, da gingen ſie, ihm zu helfen: wo ein
Auge in Thränen ſtand, da eilten ſie, ſie zu trocknen. Alles,
was ſchön iſt und edel und gut und groß, das faßten ſie
mit offener, empfänglicher Seele auf, es darzuſtellen in ſich;
ihr Herz erweiterte ſich, die Seele hob ſich ihnen unter der
Bruſt, ſie umfaßte irgend ein Ideal, dem ſie ſich verähnlichen
wollte. Ich ſelbſt hatte etwas Aehnliches an mir erfahren
und nun mußte ich mich wohl bei Dir fragen: Warum —
warum — ?

Das war meine erſte Frage; und die zweite: liebt ſie
mich etwa nicht? War doch meine erſte Ahndung, daß ſie
mich nur zu lieben glaube, weil ich ſie liebe, gegründet?

Das, liebes Mädchen, war, im Vorbeigehen geſagt, die
eigentliche Urſache meiner Traurigkeit an jenem Abende.
Damals wollte und konnte ich ſie Dir nicht ſagen, und auch
jetzt würde ich ſie Dir verſchwiegen haben, wenn Du mir
den Gedanken nicht ſelbſt aus der Seele genommen hätteſt.
Du ſelbſt fühlſt nun, daß Dir eine Epoche bevorſtehe, und
ich ahnde mit unausſprechlicher Freude, daß es die Liebe iſt,
die ſie Dir eröffnet.

Unſere Väter und Mütter und Lehrer ſchelten immer
ſo erbittert auf die Ideale und doch giebt es nichts, das
den Menſchen wahrhaft erheben kann, als ſie allein. Würde
wohl etwas Großes auf der Erde geſchehen, wenn es nicht
Menſchen gäbe, denen ein hohes Bild vor der Seele ſteht,
das ſie ſich anzueignen beſtreben? Poſa würde ſeinen Freund

nicht gerettet haben und Max nicht in die schwedischen Haufen geritten sein. Folge daher nie dem dunklen Triebe, der immer nur zu dem Gemeinen führt! Frage Dich immer in jeder Lage Deines Lebens, ehe Du handelst: wie könntest Du hier am Edelsten, am Schönsten, am Vortrefflichsten handeln? — und was Dein erstes Gefühl Dir antwortet, das thue! Das nenne ich das Ideal, das Dir immer vorschweben soll.

Aber wenn Deine Seele diese Gedanken bestätigt, so giebt es doch noch mehr für Dich zu thun. — Weißt Du, welchen Erfolg an jenem vorletzten Abend Dein guter, vernünftiger Rath hatte, doch zuweilen mit Deinem Vater ein wenig zu sprechen? Ich that es auf der Stelle.

Daß Du endlich auch jenen guten Rath mit dem Tagebuche befolgst, freut mich herzlich und ich verspreche Dir davon in Voraus viel Gutes. An dem meinigen arbeite ich auch fleißig und aufmerksam und gelegentlich können wir sie einmal, wenigstens stellenweise austauschen.

Ich eile zum Schlusse, liebes Minchen, denn es ist spät, und morgen früh kann ich nicht schreiben.

Deine Gefühle auf dem Universitätsberge, Deine Erinnerungen an mich, Deine Gedanken bei dem trockenen Fußsteige, der neben dem beschwerlichen Pfad unbetreten blieb, sind mir wie Perlen, die ich in Gold fassen mögte.

Hier noch einige Nüsse zum Knacken.

1. Wenn die Flamme sich selbst den Zugwind verschafft und so immer höher herauflodert, in wiefern ist sie mit der Leidenschaft zu vergleichen?

2. Wenn der Sturm kleine Flammen auslöscht, große aber noch größer macht, in wiefern ist er mit dem Unglück zu vergleichen?

3. Wenn Du den Nebel siehst, der andere Gegenstände verhüllt, aber nicht den, der Dich selbst umgiebt, womit ist das zu vergleichen?

Schreibe bald und lang und oft, Du weißt warum?

H. K.

Nachschrift, den 12. Januar 1801.

Als ich eben diesen Brief einsiegeln wollte, reichte mir Carl das Versprochene.

Liebe Wilhelmine, ich küsse Dich. Das Ideal, was Du für mich in Deiner Seele trägst, macht Dich dem ähnlich das ich für Dich in der meinigen trage. Wir werden glücklich sein, Wilhelmine — o fahre fort, mir diese Hoffnung immer gewisser und gewisser zu machen! Schenke mir oft einen solchen oder ähnlichen Aufsatz, der mir, wenn er so unerwartet kommt, wie dieser, das Vergnügen seiner Lesung verdoppelt. Es athmet in dieser Schrift ein Ernst, eine Würde, eine Ruhe, eine Bescheidenheit, die mich mit unbeschreiblicher Freude erfüllt, wenn ich sie mir an Deinem Wesen denke. —— Hat Carl vielleicht noch einen Aufsatz bei sich, den er mir erst heute Abend oder morgen früh geben wird —?

XVIII.

Liebe Wilhelmine, ich habe bei Clausius zu Mittag gespeist und mich gegen Abend (jetzt ist es 7 Uhr) weggeschlichen, um ein Stündchen mit Dir zu plaudern. Wie froh macht mich die stille Einsamkeit meines Zimmers gegen das laute Gewühl jener Gesellschaft, der ich soeben entfloh! Ich saß bei Minna und das war das einzige Vergnügen das ich genoß — die andern waren lauter Menschen, die man sieht und wieder vergißt, sobald man die Thür hinter sich zugemacht hat. Eine magdeburgische Kaufmannsfamilie waren die Hauptpersonen des Festes. Der Vater, ein Hypochonder, gesteht, er sei weit fröhlicher gewesen, als er ehemals nur 100,000 Thlr. besaß, — Mutter und Tochter tragen ganz Amerika an ihrem Leibe, die Mutter das nördliche Labrador, die Tochter das südliche Peru. Jene trägt auf ihrem Kopfe einen ganzen Himmel von Diamanten, Sonne, Mond und Sterne, und es scheint, als ob sie mit diesem Himmel zufrieden sei, diese hat ihren Busen in zehnfache Ketten von Gold geschlagen, und es hat das Ansehen, als ob er unter diesen Fesseln nichts Höheres begehrte. Man wird, wenn man vor ihnen steht, ganz kalt, wie die Steine und Metall, womit sie bepanzert sind. Leckerbissen sind es, die der Fischer über den Angelhaken zieht, damit der Fisch ihn nicht sehe — und auf gut Glück wirft er ihn aus in den Strom — aber wer den Betrug kennt, schaudert: denn so schön der Schmuck auch ist, so fürchte ich doch, daß er an ihnen das Schönste ist.

Doch nichts mehr von ihnen — von Dir, liebes Minchen, laß mich sprechen; ihnen konnte ich aus meiner Seele kein Wort schenken — für Dich habe ich Tausende aus dem Herzen.

Ich muß Dir auf zwei Briefe antworten; aber ich kann es nur kurz — o, über jeden Gedanken mögte ich tagelang mit Dir plaudern, aber Du kennst es, das Einzige, was ich höher achte. — Nicht verloren nenne ich die Stunden, die ich Dir widme, aber ich sollte sie doch meinen, oder vielmehr unsern Zwecken nicht entziehen.

Daher hatte ich auch zu Anfange nur etwa auf einen Brief für jede 14 Tage gerechnet; aber wie könnte ich schweigen, wenn Du mir so schreibst. Deinen ersten Brief (vom 15.) empfing ich ¼ Stunde vorher, ehe Clausius' Wagen vor meine Thüre fuhr, mich abzuholen zum Colonie=Ball — o, wie gerne hätte ich mich gleich niedergesetzt, Dir zu antworten. So tief kannst Du empfinden, Mädchen? Ich kenne die Erzählung vom las Casas nicht*) und weiß nicht, ob sie ein so inniges Interesse verdient, obschon es von einem Schriftsteller, wie Engel, zu erwarten ist. Aber das ist gleichviel — daß Du so tief und innig empfinden kannst, war mir eine neue, frohe Entdeckung. Große Empfindungen zeigen eine starke, umfassende Seele an. Wo der Wind das Meer nur flüchtig kräuselt, da ist es flach, aber wo er Wellen thürmt, da ist es tief. — Ich umarme Dich mit Stolz, mein starkes Mädchen. Der Zweifel, der Dir bei der Lesung des

---

*) Sie findet sich in dem „Philosoph für die Welt" von J. J. Engel, 2. Theil. (Sämmtliche Werke". 3. Band.) S. 153 ff.

Aetna*) einfiel, ob ich nämlich nicht gleichgültig gegen Dich werden würde, wenn mir Dein Besitz gewiß wäre, möge Dich nicht beunruhigen. Laß nur Deine Liebe immer für mich den Preis der Tugend sein, sowie es die meinige für Dich sein soll — dann wird es immer für uns Etwas geben, das des Bestrebens würdig ist, und wenn es nicht mehr das Geschenk der Liebe selbst ist, die wir schon besitzen, so ist doch die Erhaltung derselben, da wir sie immer noch verlieren können.

Du hast ein gutes Vertrauen zu dem Strome, der die Eisscholle trug, ein Vertrauen, das wir Beide rechtfertigen können und wollen und werden. So weit auch die Klippe hervorragt in den Lauf des Stromes, die Scholle, die er trägt, scheiternd an sich zu ziehen — sein Lauf ist zu sicher, er führt sie, wenn sie auch die Klippe berührt, ruhig fort in's Meer. —

Ganz willige ich in Deinen Vorschlag, eine oder ein paar Wochen mit Schreiben zu pausiren, um nur dann desto mehr schreiben zu können. Sorge und Mühe muß Dir dieser Briefwechsel nie machen, der nur die Stelle eines Vergnügens, nämlich uns mündlich zu unterhalten, ersetzen soll. Die älteste Schulz ist allerdings ein Mädchen, das mir sehr gefällt, und von dem Du viel lernen kannst. Sie hat Nutzen gezogen aus dem Umgange mit aufgeklärten Leuten und gute Bücher nicht blos gelesen, sondern auch empfunden.

Aber ich sehe nach der Uhr, es ist Zeit, daß ich wieder von Dir scheide. Ich muß wieder zu Clausius, so gerne ich auch bei Dir bliebe. Wann werde ich mich nie von Dir trennen dürfen?

*) Ebenda, S. 3 ff.

Den 22. Januar.

Ich komme nun zu Deinem andern Briefe.

Schmerzhaft ist es mir, wenn Du mir sagst, daß ich selbst an der Vernachläſſigung Deines eigenen Aeußern Schuld bin. — So freilich, wie Du dieſen Gegenſtand be= trachteſt, kannſt Du Recht haben. Du verſtehſt unter Deinem Aeußeren nur Deine Kleidung, und daß dieſe nicht mehr ſo gewählt und preciös iſt und nicht mehr ſo viel Geld, und was noch ſchlimmer iſt, ſo viel Zeit koſtet, daran mag ich freilich Schuld ſein und es reut mich nicht. Ich bin immer im Wohnzimmer lieber, als in der ſogenannten Putzſtube, wo ich mich eng und gepreßt fühle, weil ich kaum auftreten und nichts anrühren darf. Faſt auf eine ähnliche Art unter= ſcheide ich die bloß angezogenen und die geſchmückten Mädchen. Dieſer künſtliche Bau von Seide und Gold und Edelſteinen, die Sorge, die daraus hervorleuchtet, die vergangene für ſeine Ausführung, die gegenwärtige für ſeine Erhaltung, die hervorſtechende Abſicht, Augen auf ſich zu ziehen und in Ermangelung eigenen Glanzes durch etwas zu glänzen, das ganz fremdartig iſt und gar keinen innern Werth hat, das Alles führt die Seele auf einen Ideengang, der unmöglich den Mädchen günſtig ſein kann. Daher ſchaden ſie ſich meiſtens ſelbſt durch den Staat — daß Du aber dieſen abgelegt haſt, das habe ich nie an Dir getadelt. Ich habe Dich nie ordnungs= und geſchmacklos angezogen gefunden, und das würde ich Dir gewiß haben merken laſſen; denn eine einfache und gefällige Unterſtützung ihrer natürlichen Reize iſt dem Mädchen mehr als bloß erlaubt und die gänz= liche Vernachläſſigung derſelben iſt gewiß tadelnswürdig. Aber, liebes Mädchen, an Deiner Kleidung habe ich ja nie etwas ausgeſetzt, und wenn ich einmal ſtillſchweigend

10*

Dich fühlen ließ, daß mir an Deinem Aeußeren etwas zu wünschen übrig blieb, so verstand ich darunter etwas ganz anderes. — Doch dieses ist ja kein Gegenstand für die Sprache, noch viel weniger für die Belehrung. Dieses Aeußere kann nicht zugeschnitten werden, wie ein Kleid, es gründet sich in der Seele, von ihr muß es ausgehen, und sie muß es der Haltung, der Bewegung mittheilen, weil es sonst bloß theatralisch ist.

Wenn Du mich nicht verstehen solltest, so halte darum diese unverständliche Sprache nicht für Geschwätz. Fahre nur fort, Dich auszubilden, und wenn sich einst auch Dein Sinn für das Schöne erhöht und verfeinert hat, so lies dies einmal wieder, dann wirst Du es verstehen.

Deine Uebereilung in der Theegesellschaft bei Tante Massow darf ich nicht mehr richten; Du hast Dich selbst gerichtet. Fahre fort, so aufmerksam auf Dich selbst zu sein, und wenn auch jetzt zuweilen Blicke in Dein Inneres Dich schmerzen, künftig werden sie Dich entzücken. — Keine Tugend ist weiblicher als Duldsamkeit bei den Fehlern Anderer. Darüber will ich Dir künftig etwas schreiben. Erinnere mich daran!

Adieu. Ich danke für das Geld, bald empfängst Du es wieder.

H. K.

XIX.

Liebe Wilhelmine, nicht, weil mir etwa Dein Brief weniger lieb gewesen wäre, als die anderen, nicht dieses, sage ich, war der Grund, daß ich Dir diesmal etwas später antworte, als auf Deine andern Briefe. — Denn das habe ich mir zum Gesetz gemacht, jedes Schreiben, das mir irgend eine schönere Seite von Dir zeigt, und mir darum inniger an das Herz greift, gleich und ohne Aufschub zu beantworten. Aber diesmal war es mir doch ganz unmöglich. Leopold ist hier, Huth hat mich in sein Interesse gezogen und mich aus meiner Einsamkeit ein wenig in die gelehrte Welt von Berlin eingeführt, — worin es mir aber, im Vorbeigehen gesagt, so wenig gefällt, als in der ungelehrten. Allein Du selbst kannst daraus schließen, wie karg ich mit der Zeit sein mußte, um nothwendige Arbeit nicht ganz zu versäumen. Gern möchte ich für Geld Stunden kaufen, wenn dies möglich wäre, und Manchem würde damit gedient sein, der davon einen Ueberfluß hat und nicht weiß, was er damit anfangen soll. Die wenigen Stunden, die mir nach so vielen Zer= streuungen übrig blieben, mußte ich ganz meinem Zweck widmen — heute endlich hat mir der Himmel einen freien Abend geschenkt und Dir soll er gewidmet sein. — Aber ich hebe das Gesetz nicht auf, und künftig beantworte ich jeden Brief von Dir, wenn er so ist, wie der letzte, sogleich — Du mußt dann nur zuweilen mit Wenigem zufrieden sein.

Besonders der Blick, den Du mir diesmal in Dein Herz voll Liebe hast werfen lassen, hat mir unaussprechliche Freude gewährt — obschon das Ganze, um mir Vertrauen zu der Wahrheit Deiner Neigung einzuflößen, eigentlich nicht nöthig war. Wenn Du mich nicht liebtest, so müßtest Du ver= achtungswürdig sein und ich, wenn ich es von Dir nicht glaubte. Ich habe Dir schon einmal gesagt, warum? — Also dieses ist ein für allemal abgethan. Wir lieben uns, hoffe ich, herzlich und innig genug, um es uns nicht mehr sagen zu dürfen, und die Geschichte unserer Liebe macht alte Versicherungen durch Worte unnöthig.

Laß mich jetzt einmal ein Wort von meinem Freunde Brokes reden, von dem mein Herz ganz voll ist. — Er hat mich verlassen, er ist nach Mecklenburg gegangen, dort ein Amt anzutreten, das seiner wartet — — und mit ihm habe ich den einzigen Menschen in dieser volkreichen Königs= stadt verloren, der mein Freund war, den einzigen, den ich recht wahrhaft ehrte und liebte, den einzigen, für den ich in Berlin Herz und Gefühl haben konnte, den einzigen, dem ich es ganz geöffnet hatte und der jede, auch selbst seine geheimsten Falten kannte. Von keinem Andern kann ich dies Letzte sagen, Niemand versteht mich ganz, Niemand kann mich ganz verstehen, als er und Du — ja selbst Du viel= leicht, liebe Wilhelmine, wirst mich und meine künftigen Handlungen, nie ganz verstehen, wenn Du nicht für das, was ich höher achte, als die Liebe, einen so hohen Sinn fassen kannst, als er.

Ich habe Dir schon oft versprochen, Dir etwas von diesem herrlichen Menschen mitzutheilen, der gewiß von den

Wenigen, die die Würde ihrer Gattung behaupten, Einer ist und nicht der schlechteste unter diesen Wenigen. — Eigentlich weiß ich jetzt gar nichts von ihm zu reden, als bloß sein Lob, und ob ich schon gleich mich entsinne, zuweilen auch an diesem den Charakter der Menschheit, nämlich nicht ganz vollkommen zu sein, entdeckt zu haben, so ist doch jetzt mein Gedächtniß für seine Fehler ganz ausgestorben und ich habe nur eines für seine Tugenden. Ich füge dieses hinzu, damit Du etwa nicht glaubst, daß mein Lob aus einer verblendeten Seele entsprang. Wahr ist es, daß die Menschen uns, wie die Sterne, bei ihrem Verschwinden höher erscheinen, als sie wirklich stehen; aber dieser ist in dem ganzen Zeitraume unserer vertrauten Bekanntschaft nie von der Stufe herab- gestiegen, auf welcher ich ihn Dir jetzt zeigen werde. Ich habe ihn anhaltend beobachtet und in den verschiedensten Lagen geprüft und mir das Bild dieses Menschen mit meiner ganzen Seele angeeignet, als ob es eine Erscheinung wäre, die man nur einmal, und nicht wieder sieht.

Ja wenn Du unter den Mädchen wärest, was dieser unter den Männern. — — Zwar, dann müßte ich freilich auch erschrecken. Denn müßte ich nicht auch sein, wie er, um von Dir geliebt zu werden?

Ich sage Dir nichts von seiner Gestalt, die nicht schön war, aber sehr edel. Er ist groß, nicht sehr stark, hat ein gelbbräunliches Haar, ein blaues Auge, viel Ruhe und Sanft- muth im Gesicht, und ebenso im Betragen.

Eben so wenig kann ich Dir von seiner Geschichte sagen. Er hatte eine sehr gebildete und zärtlich liebende Mutter, seine Erziehung war ein wenig poetisch, und ganz dahin abzweckend, sein Herz weich und für alle Eindrücke des Schönen und Guten schnell empfänglich zu machen. Er studierte in Göttingen, lernte in Frankfurt am Main die Liebe kennen, die ihn nicht glücklich machte, gieng dann in dänische Militairdienste, wo es sein freier Geist nicht lange aushielt, nahm dann den Abschied, konnte sich nicht wieder entschließen, ein Amt zu nehmen, gieng, um doch Etwas Gutes zu stiften, mit einem jungen Manne zum zweitenmale auf die Universität, der sich dort unter seiner Anleitung bildete, dessen Eltern interessirten sich für ihn am mecklenburgischen Hofe, der ihm nun jetzt ein Amt anträgt, das er freilich annehmen muß, weil es sein Schicksal so will.

Auch von seinen Tugenden kann ich Dir nur Weniges im Allgemeinen sagen, weil sonst dieser Bogen nicht hin= reichen würde. Er war durchaus immer edel, nicht bloß der äußeren Handlung nach, auch dem innersten Bewegungs= grunde nach. Ein tiefes Gefühl für Recht war immer in ihm herrschend, und wenn er es geltend machte, so zeigte er sich zu gleicher Zeit immer so stark und doch so sanft. Sanftheit war überhaupt die Basis seines ganzen Wesens. Dabei war er von einer ganz reinen, ganz unbefleckten Sittlichkeit und ein Mädchen könnte nicht reiner, nicht un= befleckter sein, als er. Frei war seine Seele und ohne Vor= urtheil, voll Güte und Menschenliebe, und nie stand ein Mensch so unscheinbar unter den andern, über die er doch so unendlich erhaben war. Ein einziger Zug konnte ihn schnell für einen Menschen gewinnen; denn so wie es sein Bedürfniß war, Liebe zu finden, so war es auch sein Bedürfniß, Liebe zu geben. Nur zuweilen gegen Gelehrte war er hart, nicht seine Handlung, sondern sein Wort, indem er sie meistens Vielwisser nannte. Sein Grundsatz war: Handeln ist besser als Wissen. Daher sprach er selbst zu= weilen verächtlich von der Wissenschaft und nach seiner Rede zu urtheilen, so schien es, als wäre er immer vor Allem geflohen, was ihr ähnlich sieht — — aber er meinte eigentlich bloß die Vielwisserei, und wenn er, statt dieser, wegwerfend von den Wissenschaften sprach, so bemerkte ich mitten in seiner Rede, daß er in keiner einzigen ganz fremd und in sehr vielen ganz zu Hause war. Von den meisten hatte er die Hauptzüge aufgefaßt und von den andern wenigstens doch diejenigen Züge, die in sein Ganzes paßten — denn dahin, nämlich Alles in sich immer in Einheit zu bringen und zu erhalten, dahin gieng sein unaufhörliches Bestreben. Daher stand sein Geist auf einer hohen Stufe von Bildung, ob gleich nur eigentlich, wie er sagte, die Ausbildung seines Herzens sein Geschäft war. Denn zwischen diesen beiden Partheien in dem menschlichen Wesen, machte er einen scharfen, schneidenden Unterschied. Immer nannte er den Verstand kalt, und nur das Herz wirkend und schaffend. Daher hatte er ein unüberwindliches Mißtrauen gegen jenen, und hingegen ein eben so unerschütterliches Vertrauen zu diesem gefaßt. Immer seiner ersten Regung gab er sich ganz hin, das nannte er seinen Gesichtsblick, und ich selbst habe nie gefunden, daß dieser ihn getäuscht habe. Er sprach immer wegwerfend von dem Verstande, obgleich er in einer solchen Rede selbst zeigte, daß er mehr habe, als Andere, die damit prahlen. Uebrigens war das Sprechen über seinen innern Zustand aber nicht, wie es scheinen mögte, sein Bedürfniß, selten theilte er sich Einzelnen mit, Vielen nie. In Gesellschaften war er meist still und leidend, wie überhaupt in dem ganzen Leben, und dennoch war er in Gesellschaft immer gern gesehen. Ja, ich habe nie einen Menschen gesehen, der so viel Liebe fand bei allen Wesen — und oft habe ich mich sinnend in Gedanken vertieft, wenn ich sah, daß sogar Deines Bruders Spitz, der gegen seinen Herrn und gegen mich nie recht zärtlich war, dagegen unbeschreiblich freudig um dieses Menschen Knie sprang, sobald er in die Stube trat. Aber er war von einem ganz liebenden, kind= lichen Wesen, ein natürlicher Freund aller Geschöpfe, — liebe Wilhelmine, es ist keine Sprache vorhanden, um das Bild dieses Menschen recht treu zu mahlen. —

Ich will daher von seinem Wesen nur noch das ganz charakteristische herausheben — das war seine Uneigen= nützigkeit. — Liebe Wilhelmine! Bist Du wohl schon recht aufmerksam gewesen auf Dich und auf andere? Weißt Du wohl, was es heißt, ganz uneigennützig sein? Und weißt Du auch wohl, was es heißt, es immer, und aus der innersten Seele und mit Freudigkeit es zu sein? — Ach, es ist schwer. — Wenn Du das nicht recht innig fühlst, so widme einmal einen einzigen Tag dem Geschäft, es an Dir und an Anderen zu untersuchen. Sei einmal recht auf= merksam auf Dich und auf die Dich umgebenden Menschen. Du wirst Dich und sie oft, o sehr oft, wenn auch nur in Kleinigkeiten, in Lagen sehen, wo das eigene Interesse mit fremden streitet — dann prüfe einmal das Betragen, aber besonders den Grund, und oft wirst Du vor Andern oder vor Dir selbst erröthen müssen. — Vielleicht hat die Natur Dir jene Klarheit zu Deinem Glücke versagt, jene traurige Klarheit, die mir zu jeder Miene den Gedanken, zu jedem Worte den Sinn, zu jeder Handlung den Grund nennt. Sie zeigt mir Alles, was mich umgiebt, und mich selbst, in seiner ganzen armseligen Blöße, und der farbige Nebel verschwindet und alle die gefällig geworfenen Schleier sinken und dem Herzen ekelt zuletzt vor dieser Nacktheit. — O glücklich bist Du, wenn Du das nicht verstehst. Aber glaube

mir, es ist sehr schwer **immer ganz** uneigennützig
zu sein.

Und diese schwerste von allen Tugenden, o nie hat ihr
Heiligenschein diesen Menschen verlassen, so lange ich ihn
kannte, auch nicht auf einen Augenblick. Immer von seiner
liebenden Seele geführt, wählte er in jedem streitenden Falle
nie sein eigenes, immer das fremde Interesse; und das
that er nicht nur in wichtigen Lagen, nicht nur in solchen
Lagen, wo die Augen der Menschen auf ihn gerichtet waren,
(denn da zeigt sich freilich mancher durch eine Anstrengung
uneigennützig, der es ohne diese Anstrengung nicht wäre) —
auch in den unscheinbarsten, unbemerktesten Fällen (und das
ist bei Weitem mehr) zeigt sich seine Seele immer von derselben unbefleckten Uneigennützigeit, selbst in solchen Augen=
blicken, wo wir im gemeinen Leben gern einen kleinen
Eigennutz verzeihen, und das immer ganz im Stillen, ganz
anspruchslos, ohne die mindeste Rechnung auf Dank, ja selbst
dann, wenn es ohne meine, durch das Entzücken über diese
nie erblickte Erscheinung immer rege Aufmerksamkeit gar
nicht empfunden und verstanden worden wäre.

Ich kann Dir zu dem Allen Beispiele geben. — Als
ich ihm in Pasewalk meine Lage eröffnete, besann er sich
nicht einen Augenblick, mir nach Wien zu folgen. Er sollte
schon damals ein Amt nehmen, er hieng innig an seiner
Schwester und sie noch inniger an ihm. Ja es ist eine
traurige Gewißheit, daß diese plötzliche geheimnißvolle Ab=
reise ihres Bruders, und das Gefühl, nun von ihrem einzigen
Freunde verlassen zu sein, einzig und allein das arme Weib
bewogen hat, einen Gatten sich zu wählen, mit dem sie jetzt
doch nicht recht glücklich ist. — So theuer, Wilhelmine, ward

unser Glück erkauft. Werden wir nicht auch etwas thun müssen, es zu verdienen?

Doch ich kehre zurück. Er — ich brauche ihn doch nicht mehr zu nennen? Er vergaß sein ganzes eigenes Interesse, und folgte mir. Um mir den Verdacht zu ersparen, als sei ich der eigentliche Zweck der Reise, und als hätte ich ihn nur bewegt mir zu folgen, welches meiner Absicht schaden konnte, gab er bei seiner Familie der ganzen Reise den Anstrich, als geschehe sie nur um seinetwillen. Er selbst hat nur ein kleines Capital, von mir wollte er sich die Kosten der Reise nicht vergüten lassen, er opferte 600 Rthlr. von seinem eigenen Vermögen, mir zu folgen, und uns Beide glücklich zu machen — Du liebst ihn doch auch? —

Aber das ist doch nicht die Uneigennützigkeit, die ich meine. Es ist wahr, daß ich ihr die ganze glückliche Wendung meines Schicksals verdanke, aber doch ist das nicht die Uneigennützigkeit, die mich entzückt. Das Alles, fühle ich, würde ich für ihn auch gethan haben — — aber er hat noch weit mehr gethan, o weit mehr! Es ist ganz unscheinbar, und Du wirst vielleicht darüber lächeln, wenn Du es nicht verstehst — aber mich hat es entzückt. Höre!

Wenn wir beide in den Postwagen stiegen, so nahm er sich immer den Platz, der am Wenigsten bequem war. — Von dem Stroh, das zuweilen in dem Fußboden lag, nahm er sich nie etwas, wenn es nicht hinreichte, die Füße beider zu erwärmen. — Wenn ich in der Nacht zuweilen schlafend an seine Brust sank, so hielt er mich, ohne selbst zu schlafen. Wenn wir in ein Nachtquartier kamen, so wählte er für sich immer das schlechteste Bett. — Wenn wir zusammen Früchte aßen, blieben immer die schönsten, saftvollsten für mich übrig. —

Wenn man uns in Würzburg Bücher aus der Lesegesellschaft brachte, so laß*) er nie in dem zuerst, das mir das liebste war. — Als man uns zum erstenmale die französischen und deutschen Zeitungen brachte, hatte ich, ohne Absicht, zuerst die französischen ergriffen. So oft die Zeitungen nun wieder kamen gab er mir immer die französischen. Ich merkte das, und nahm mir einmal die deutschen. Seitdem gab er mir immer die deutschen. — Um die Zeit, in welcher mein Arzt mich besuchte, gieng er immer spazieren. Ich hatte ihm nie etwas gesagt, aber es mogte schlechtes oder gutes Wetter sein, er verließ das Zimmer und gieng spazieren. — Nie kam er in meine Kammer, auch darum hatte ich ihn nicht gebeten, aber er errieth es, und nie ließ er sich darin sehen. — Ich brannte während der Nacht Licht in meiner Kammer, und der Schein fiel durch die geöffnete Thür gerade auf sein Bett. Nachher habe ich gelegentlich erfahren, daß er viele Nächte deswegen gar nicht geschlafen habe; aber nie hatte er mir es gesagt.

O noch einen Zug werde ich Dir einst erzählen, aber jetzt nicht — noch ein Opfer, das ihn nöthigte jede Nacht mit dem bloßen übergeworfenen Mantel über den kalten Flur zu gehen, und von dem ich auch nicht das Mindeste erfuhr bis spät nachher. —

Aber Du lächelst wohl über diese Kleinigkeiten? — O Wilhelmine, wie schlecht verstehst Du Dich dann auf die Menschen! Große Opfer sind Kleinigkeiten, die kleinen sind es, die schwer sind; und es war leichter, mir nach Wien zu folgen, leichter, mir 600 Thlr. zu opfern, als mit nie ermüdendem Wohlwollen und mit immer stiller und anspruch-

---

*) So steht (statt: las) im Original.

loſer Beeiferung meinen Vortheil mit dem ſeinigen zu erkaufen und in der unendlichen Mannigfaltigkeit der Lagen ſich nie, auch nicht auf einen Augenblick anders zu zeigen, als ganz uneigennützig.

Du glaubſt doch wohl nicht von mir, daß ich nur darum dieſer Uneigennützigkeit ſo lebhaft das Wort rede, weil ſie gerade meinem Vortheil ſchmeichelte —? O pfui. Ich gebe Dir darauf kein Wort zur Antwort.

O wenn Du ahnden könnteſt, warum ich gerade Dir das Alles ſchrieb! — Denke einmal an alle die Abſcheulich= keiten, zu welchen der Eigennuß die Menſchen treibt — denke Dir einmal die glückliche Welt, wenn jeder ſeinen eigenen Vortheil gegen den Vortheil des Andern vergäße — denke Dir wenigstens die glückliche Ehe, in welcher dieſe innige, herrliche Uneigennützigkeit immer herrſchend wäre. — O Du ahndeſt gewiß die Abſicht dieſer Zeilen, die Du darum auch gewiß recht oft durchleſen wirſt — nicht, als ob ich Dich für eigennützig hielte, o behüte, ſo wenig als mich ſelbſt. Aber in mir ſelbſt finde ich doch nicht ein ſo reines, ſo hohes Wohlwollen für den Andern, keine ſolche innige un= ausgeſetzte Beeiferung für ſeinen Vortheil, keine ſo gänzliche Vergeſſenheit meines eigenen — und das iſt jetzt das hohe Bild, das ich mit meiner ganzen Seele mir anzueignen ſtrebe. O mögte es auch das Deinige werden — ja, Wilhelmine, ſagte ich nicht, daß unſer Glück theuer erkauft ward? Jetzt können wir es verdienen. Laß uns dem Beiſpiel jenes vor= trefflichſten der Menſchen folgen — mein heiligſter Wille iſt es. Immer und in allen Fällen will ich meines eigenen Vortheils ganz vergeſſen, wie er, und nicht bloß gegen Dich, auch gegen Andere und wären es auch ganz Fremde ganz uneigennützig ſein, wie er. O mache dieſen herrlichen Vorſatz auch zu dem

Deinen. Verachte nur immer Deinen eigenen Vortheil, er sei groß oder klein, gegen jeden Andern, gegen Deine Schwestern, gegen Freunde, gegen Bekannte, gegen Diener, gegen Fremde, gegen Alle.

Was ist der Genuß eines Vortheils gegen die Entzückung eines freiwilligen Opfers! Auch in dem geringfügigsten Falle erfülle diese schöne Pflicht, ja geize sogar begierig auf Gelegenheit, wo Du sie erfüllen kannst. Rechne aber dabei niemals auf Dank, niemals, wie er. Auch wenn Dein stilles bescheidenes Opfer gar nicht verstanden würde, ja selbst dann wenn Du vorher wüßtest, daß es von Keinem verstanden werden würde, so bringe es dennoch — Du selbst verstehst es, und Dein Selbstgefühl möge Dich belohnen. Verlange aber nie ein Gleiches von den Andern, o niemals. Denn wahre Uneigennützigkeit zeigt sich in dem Talent, sich durch den Eigennutz Anderer nie gekränkt zu fühlen, eben so gut, ja selbst noch besser als in dem Talent, ihm immer zuvor zu kommen. Daher klage den Andern nie um dieser Untugend an. Wenn er Dein freiwilliges Opfer nicht versteht, so schweige und zürne nicht, und wenn er ein Opfer von Dir verlangt, vorausgesetzt daß es nur möglich ist, so thue es, und er mag es Dir danken, oder nicht, schweige wieder und zürne nicht. — O Wilhelmine! Giebt es etwas, das Dich mit so hohen Erwartungen in Deine neue Epoche einführen kann, als diese herrlichen Vorsätze? Ich freue mich darauf, daß ich Dich nicht wieder kennen werde, wenn ich Dich wiedersehe. Auch Du sollst besser mit mir zufrieden sein.

Adieu. Dein Geliebter H. K.

XXI.

Liebe Herzens - Wilhelmine, diese Stunde ist seit unserer Trennung*) eine von den wenigen, die ich vergnügt nennen kann, ja vielleicht die erste. — Nach vielen unruhigen Tagen kam ich heute von einer Fußreise aus Potsdam zurück. Als ich zu Carln in das Zimmer trat, fragte ich nach Briefen von Dir, und als er mir den Deinigen gab, brach ich ihn nicht ganz ohne Besorgniß auf, indem ich fürchtete, er mögte voll Klagen und Scheltwörter über mein langes Stillschweigen sein. Aber Du hast mir einen Brief geschrieben. den ich in aller Hinsicht fast den liebsten nennen mögte. — Es war mir fast als müßte ich stolz darauf sein; denn, sagte ich zu mir selbst, wenn W.'s Gefühl sich so verfeinert, ihr Verstand sich so berichtigt, ihre Sprache sich so veredelt hat, was ist daran — — wem hat sie es zu — — — kurz, ich konnte mir den Genuß nicht verweigern, den Brief, sobald ich ihn gelesen hatte, Carln zu überreichen, welches ich noch nie gethan habe. — Ich küsse die Hand, die ihn schrieb, und das Herz, das ihn dictirte. Fahre so fort, nach dem Preise zu ringen, mein Bestreben soll es sein, ihn so beneidenswürdig zu machen, als möglich. Du sollst einst

---

*) Wie es scheint, war Kleist in der Zwischenzeit in Frankfurt a. O. gewesen.

einen Mann an Deine Brust drücken, den edle Menschen
ehren, und wenn jemals in Deinem Herzen sich eine Sehn=
sucht nach etwas regt, das ich Dir nicht leiste, so ist mein
Ziel verfehlt, so wie das Deinige, wenn Du nicht immer
dieses Bestreben wach in mir erhältst. Ja, Wilhelmine,
meine Liebe ist ganz in Deiner Gewalt. Schmerzhaft würde
es mir sein, wenn ich Dir jemals aus bloßer Pflicht treu
sein müßte. Gern mögte ich meine Treue immer nur der
Neigung verdanken. Ich bin nicht flatterhaft, nicht leicht=
sinnig, nicht jede Schürze reizt mich und ich verachte den
Reichthum; wenn ich doch jemals mein Herz Dir entzöge,
Dir selbst, nicht mir, würdest Du die Schuld zuzuschreiben
haben. Denn so wie meine Liebe Dein Werk, nicht das
meinige war, so ist auch die Erhaltung derselben nur Dein Werk,
nicht das meinige. Meine Sorge ist nichts als Deine Gegen=
liebe, für meine eigene Neigung zu Dir kann ich nichts thun,
gar nichts, Du aber Alles. Dich zu lieben wenn ich Dich
nicht liebenswürdig fände, das wäre mir das Unmögliche.
Die Hand könnte ich Dir geben, und so mein Wort erfüllen,
aber das Herz nicht — denn Du weißt, daß es das seltene
Eigenthum ist, welches man sich nur rauben lassen darf,
wenn es Zinsen tragen soll. Also sorge nie, daß ich gleich=
gültig gegen Dich werden mögte, sorge nur, daß Du mich
nicht gleichgültig gegen Dich machst.

Sei ruhig, so lange Du in Deinem Innersten fühlst,
daß Du meiner Liebe werth bist, und wenn Du an jedem
Abend nach einem heiter verflossenen Tage in Deinem Tage=
buche die Summe Deiner Handlungen ziehest, und nach dem
Abzuge ein Rest bleibt für die guten, und ein stilles, süßes,
mächtig=schwellendes Gefühl Dir sagt, daß Du eine Stufe
höher getreten bist als gestern, so — — so lege Dich ruhig

auf Dein Lager, und denke mit Zuversicht an mich, der viel=
leicht in demselben Augenblicke mit derselben Zuversicht an
Dich denkt, und **hoffe** — nicht zu heiß, aber auch nicht zu
kalt — auf bessere Augenblicke, als die schönsten in der Ver=
gangenheit — — auf bessere noch? — Ich sehe das Bild,
und die Nadeln, und Vossens Luise und die Gartenlaube
und die mondhellen Nächte, — und doch — — Still! —
„Wer rief?" — Mir wars, als drücktest Du mir den Mund
mit Küssen zu.

Ich wollte nun auf Deinen Brief Punct vor Punct.
antworten, und laß ihn darum zum zweitenmale durch (immer
noch mit derselben Freude). — Aber Du hast diesmal in
jede Zeile ein besonderes Interesse gelegt, und jede verdiente
einen eigenen Bogen zur Antwort. Ich kann aber nur einen
Gedanken herausheben, den, der mir der liebste ist. Ueber
die anderen muß ich kurz wegeilen.

Fahre fort, dem schönen Beispiel zu folgen, das Dir
die Blume an Deinem Fenster giebt! So oft Du auf ein
diner oder souper oder Ball gehest, kehre sie um, und wenn
sie bei Deiner Rückkehr doch wieder den Kelch der Sonne
entgegenneigt, so laß Dich nicht von ihr beschämen, und thue
ein Gleiches.

Ich wünsche Dir aus meinem Herzen Glück zu Deinem
weiblichen Brotes. Nicht leicht würde ich in diese Ver=
gleichung einstimmen, aber diese muß ich doch billigen. Mir
selbst hat das Mädchen sehr gefallen. Du hast mir ein paar
unbeschreiblich rührende Züge von ihr aufgezeichnet, und
wenngleich das Wesen, dem sie eigen sind sehr viel werth
ist, so ist doch auch das Wesen, das sie verstand etwas
werth. Denn immer ist es ein Zeichen der eigenen Vor=

trefflichkeit, wenn die Seele auch aus den unscheinbarsten Zügen Anderer das Schöne herauszufinden weiß.

Es hätte sich nicht leicht ein Umstand ereignen können, der im Stande wäre, Dich so schnell auf eine höhere Stufe zu führen, als Deine Neigung für Rousseau. Ich finde in Deinem ganzen Briefe schon etwas von seinem Geiste — das zweite Geschenk, das ich Dir von heute an gerechnet, machen werde, wird das Geschenk von Rousseaus sämmtlichen Werken sein. Ich werde Dir dann auch die Ordnung Deiner Lesung bezeichnen — für jetzt laß Dich nicht stören, den Emil ganz zu beendigen. —

Ich komme jetzt zu dem Gedanken aus Deinem Briefe, der mir in meiner Stimmung der theuerste sein mußte, und der meiner verwundeten Seele fast so wohl thut, wie Balsam einer körperlichen Wunde.

Du schreibst: „Wie sieht es aus in Deinem Innern? Du würdest mir viele Freude machen, wenn Du mir etwas mehr davon mittheiltest, als bisher; glaube mir, ich kann leicht fassen, was Du mir sagst, und ich mögte gern Deine Hauptgedanken mit Dir theilen.“

Liebe Wilhelmine, ich erkenne an diesen fünf Zeilen mehr als an irgend etwas, daß Du wahrhaft meine Freundin bist. Nur unsere äußern Schicksale interessiren die Menschen, die inneren nur den Freund. Unsere äußere Lage kann ganz ruhig sein, indessen unser Innerstes ganz bewegt ist. — Ach, ich kann Dir nicht beschreiben, wie wohl es mir thut, einmal jemandem, der mich versteht, mein Innerstes zu öffnen. Eine ängstliche Bangigkeit ergreift mich immer, wenn ich unter Menschen bin, die alle von dem Grundsatze ausgehen, daß man ein Narr sei, wenn man ohne Vermögen jedes

11*

Amt ausschlägt. Du wirst nicht so hart über mich urtheilen — nicht wahr?

Ja, allerdings dreht sich mein Wesen jetzt um einen Hauptgedanken, der mein Innerstes ergriffen hat, er hat eine tiefe, erschütternde Wirkung auf mich hervorgebracht. — Ich weiß nur nicht, wie ich das, was seit 3 Wochen durch meine Seele flog, auf diesem Blatte zusammenpressen soll. Aber Du sagst ja, Du kannst mich fassen — also darf ich mich schon etwas kürzer fassen. Ich werde Dir den Ursprung und den ganzen Umfang dieses Gedankens nebst allen seinen Folgerungen einst, wenn Du es wünschest, weitläufiger mit-theilen. Also jetzt nur soviel.

Ich hatte schon als Knabe, (mich dünkt am Rhein durch eine Schrift von Wieland) mir den Gedanken angeeignet, daß die Vervollkommnung, der Zweck der Schöpfung wäre. Ich glaubte, daß wir einst nach dem Tode von der Stufe der Vervollkommnung, die wir auf diesem Sterne erreichten, auf einem andern weiter fortschreiten würden, und daß wir den Schatz von Wahrheiten, den wir hier sammelten, auch dort einst brauchen könnten. Aus diesen Gedanken bildete sich so nach und nach eine eigene Religion, und das Be-streben, nie auf einen Augenblick hienieden still zu stehen, und immer unaufhörlich einem höhern Grad von Bildung ent-gegenzuschreiten, ward bald das einzige Princip meiner Thätig-keit. Bildung schien mir das einzige Ziel, das des Be-strebens, Wahrheit der einzige Reichthum, der des Besitzes würdig ist.

Ich weiß nicht, liebe Wilhelmine, ob Du diese zwei Gedanken: Wahrheit und Bildung, mit einer solchen Heiligkeit denken kannst, als ich. — Das freilich würde doch nöthig sein, wenn Du den Verfolg dieser Geschichte meiner

Seele verstehen willst. Mir waren sie so heilig, daß ich
diesen beiden Zwecken, Wahrheit zu sammeln und Bildung
mir zu erwerben, die kostbarsten Opfer brachte — Du
kennst sie. — Doch ich muß mich kurz fassen.

Vor Kurzem ward ich mit der neuen sogenannten
Kantischen Philosophie bekannt — und Dir muß ich jetzt
daraus einen Gedanken mittheilen, indem ich nicht fürchten
darf, daß er Dich so tief, so schmerzhaft erschüttern wird,
als mich. Auch kennst Du das Ganze nicht hinlänglich, um
sein Interesse vollständig zu begreifen. Ich will indessen so
deutlich sprechen, als möglich.

Wenn alle Menschen statt der Augen grüne Gläser
hätten, so würden sie urtheilen müssen, die Gegenstände,
welche sie dadurch erblicken, sind grün — und nie würden
sie entscheiden können, ob ihr Auge ihnen die Dinge zeigt
wie sie sind, oder ob es nicht etwas zu ihnen hinzuthut, was
nicht ihnen, sondern dem Auge gehört. So ist es mit dem
Verstande. Wir können nicht entscheiden, ob das, was wir Wahrheit nennen, Wahrheit ist, oder ob es uns nur so scheint. Ist
das letzte, so ist die Wahrheit, die wir hier sammeln, nach dem
Tode nicht mehr — und alles Bestreben, ein Eigenthum sich
zu erwerben, das uns auch in das Grab folgt, ist vergeblich. —

Ach Wilhelmine, wenn die Spitze dieses Gedankens
Dein Herz nicht trifft, so lache nicht über einen Andern,
der sich tief in seinem heiligsten Innern verwundet fühlt.
Mein einziges, mein höchstes Ziel ist gesunken, und ich habe
nun keines mehr.

Seit diese Ueberzeugung, nämlich, daß hienieden keine
Wahrheit zu finden ist, vor meine Seele trat, habe ich nicht
wieder ein Buch angerührt. Ich bin unthätig in meinem
Zimmer umhergegangen, ich habe mich an das offene Fenster

gesetzt, ich bin hinausgelaufen ins Freie, eine innerliche Un=
ruhe trieb mich zuletzt in Tabagien und Caffehäuser, ich
habe Schauspiele und Concerte besucht, um mich zu zerstreuen,
ich habe sogar, um mich zu betäuben, eine Thorheit begangen,
die Dir Carl lieber erzählen mag, als ich; und dennoch war
der einzige Gedanke, den meine Seele in diesem äußeren
Tumulte mit glühender Angst bearbeitete, immer nur dieser:
dein einziges, dein höchstes Ziel ist gesunken.

An einem Morgen wollte ich mich zur Arbeit zwingen,
aber ein innerlicher Ekel überwältigte meinen Willen. Ich
hatte eine unbeschreibliche Sehnsucht, an Deinem Halse zu
weinen, oder wenigstens einen Freund an die Brust zu drücken.
Ich lief, so schlecht das Wetter auch war, nach Potsdam,
ganz durchnäßt kam ich dort an, drückte Leopold, Gleißberg,
Rühl ans Herz, und mir ward wohler. — —

Rühl verstand mich am besten. Ließ' doch, sagte er
mir, den Kettenträger, (ein Roman)*). Es herrscht in
diesem Buche eine sanfte, freundliche Philosophie, die Dich
gewiß aussöhnen wird mit Allem, worüber Du zürnst. Es
ist wahr, er selbst hatte aus diesem Buche einige Gedanken
geschöpft, die ihn sichtbar ruhiger und weiser gemacht hatten.
Ich faßte den Muth, diesen Roman zu lesen.

Die Rede war von Dingen, die meine Seele längst
schon selbst bearbeitet hatte. Was darin gesagt ward, war
von mir schon längst im Voraus niedergelegt. Ich fing
schon an unruhig zu blättern, als der Verfasser nun von
ganz fremdartigen, politischen Händeln weitläufig zu raiso=
niren anfing. — Und das soll die Nahrung sein für meinen
glühenden Durst? — Ich legte still und beklommen das

---

*) Der Roman ist mir nicht bekannt.

Buch auf den Tisch, ich drückte mein Haupt auf das Kissen
des Sopha, eine unaussprechliche Leere erfüllte mein Inneres
auch das letzte Mittel, mich zu heben, war fehlgeschlagen. —
Was sollst Du nun thun? rief ich. Nach Berlin zurückkehren
ohne Entschluß? Ach, es ist der schmerzlichste Zustand ganz
ohne ein Ziel zu sein, nach dem unser Inneres froh beschäftigt, fortschreitet — und das war ich jetzt. — Du wirst
mich doch nicht falsch verstehen, Wilhelmine? — Ich fürchte
es nicht. In dieser Angst fiel mir ein Gedanke ein.

Liebe Wilhelmine, laß mich reisen! Arbeiten kann ich
nicht, das ist nicht möglich, ich weiß nicht zu welchem Zwecke.
Ich müßte, wenn ich zu Hause bliebe, die Hände in den
Schoß legen, und denken. So will ich lieber spazieren gehen
und denken. Die Bewegung auf der Reise wird mir zu-
träglicher sein, als dieses Brüten auf einem Flecke. Ist es
eine Verirrung, so läßt sie sich vergüten, und schützt mich
vor einer andern, die vielleicht unwiderruflich wäre. Sobald
ich einen Gedanken ersonnen habe, der mich tröstet, sobald
ich einen Zweck gefaßt habe, nach dem ich wieder streben
kann, so kehre ich um, ich schwöre es Dir. Mein Bild
schicke ich Dir, und Deines nehme ich mit mir. Willst Du
es mir unter diesen Bedingungen erlauben? Antworte bald
darauf Deinem treuen Freunde   Heinrich.

N. S. Heute schreibe ich Ulriken, daß ich wahrscheinlich,
wenn Du es mir erlaubst, nach Frankreich reisen würde. Ich
habe ihr versprochen, nicht das Vaterland zu verlassen, ohne
es ihr vorher zu sagen. Will sie mitreisen, so muß ich es
mir gefallen lassen. Ich zweifle aber, daß sie die Bedingungen
annehmen wird. Denn ich kehre um, sobald ich weiß, was
ich thun soll. Sei ruhig. Es muß etwas Gutes aus diesem
inneren Kampfe hervorgehen.

— · — · — ---

XXII.

Berlin den 28. März 1801.

Liebes Mädchen, ich antworte Dir, nach Deinem Wunsche sogleich auf Deinen Brief, ob ich gleich voraussehe, daß diese Antwort nicht lang werden kann, indem ich schon in einer Stunde zu dem Maler gehen und dann Leopold und ein Paar Freunde empfangen muß, die heute aus Potsdam hier ankommen werden, um mich vor meiner Abreise noch einmal zu sehen.

Liebe Wilhelmine, ich ehre Dein Herz und Deine Be= mühung, mich zu beobachten, und die Kühnheit, mit welcher Du Dich einer eignen Meinung nicht schämst, wenn sie auch einem berühmten System widerspräche. — Aber der Irrthum liegt nicht im Herzen, er liegt im Verstande und nur der Verstand kann ihn heben. Ich habe mich unbeschreiblich über den Aufwand von Scharfsinn gefreut, den Du bei dem Gegenstande der Kristalllinse anwendest; ich habe Dich besser verstanden, als Du Dich selbst ausdrückst, und Alles, was Du darüber sagst, ist wahr. Aber ich habe mich nur des Auges in meinem Briefe als eines erklärenden Beispiels bedient, weil ich Dir selbst die trockene Sprache der Philosophie nicht vortragen konnte. Alles, was Du mir nun dagegen einwendest, kann wahr sein, ohne daß der Zweifel gehoben würde — liebe Wilhelmine, ich bin durch mich selbst in einen Irrthum gefallen, ich kann mich auch nur durch mich selbst wieder heben. Diese Verirrung, wenn es eine ist, wird unsrer Liebe nicht den Sturz drohen, sei ganz ruhig. Wenn ich ewig in diesem räthselhaften Zustand bleiben müßte, mit einem innerlich heftigem Trieb zur Thätigkeit, und doch ohne Ziel — ja dann freilich, dann wäre ich ewig unglück= lich, und selbst Deine Liebe könnte mich dann nur zerstreuen nicht mit Bewußtsein beglücken. Aber ich werde das Wort, welches das Räthsel löst, schon finden, sei davon überzeugt — nur ruhig kann ich jetzt nicht sein, in der Stube darf ich nicht darüber brüten, ohne vor den Folgen zu erschrecken. Im Freien werde ich freier denken können. Hier in Berlin finde ich nichts, was mich auch nur auf Augenblicke erfreuen könnte. In der Natur wird es besser sein. Auch werde ich mich unter Fremden wohler befinden, als unter Ein= heimischen, die mich für verrückt halten, wenn ich es wage, mein Innerstes zu zeigen. Lebe wohl. Dieser Zettel gilt für keinen Brief. Bald, wenn ich Antwort von Ulrike habe, schreibe ich Dir wieder. Bleibe mir so treu, wie ich Dir bleiben werde.   H. K.

XXIII.

Liebe Wilhelmine! Meine theure, meine einzige
Freundinn! Ich nehme Abschied von Dir! — Ach, mir
ist es, als wäre es auf ewig! Ich habe mich wie ein
spielendes Kind auf die Mitte der See gewagt, es erheben
sich heftige Winde, gefährlich schaukelt das Fahrzeug über
den Wellen, das Getöse übertönt alle Besinnung, ich kenne
nicht einmal die Himmelsgegend, nach welcher ich steuern soll,
und mir flüstert eine Ahndung zu, daß mir mein Untergang
bevorsteht. — Ach ich weiß es, diese Zeilen sind nicht dazu
gemacht, Dir den Abschied zu erleichtern. Aber willst Du
nicht mitempfinden, wenn ich leide? O gewiß! Wärst Du
sonst meine Freundinn?

Ich will Dir erzählen, wie in diesen Tagen das
Schicksal mit mir gespielt hat.

Du kennst die erste Veranlassung zu meiner bevorstehenden Reise. Es war im Grunde nichts, als ein innerlicher Ekel vor aller wissenschaftlichen Arbeit. Ich wollte
nur nicht müßig die Hände in den Schooß legen und brüten,
sondern mir lieber unter der Bewegung einer Fußreise ein
neues Ziel suchen, da ich das alte verloren hatte, und zurückkehren, sobald ich es gefunden hätte. Die ganze Idee der
Reise war also eigentlich nichts, als ein großer Spaziergang.
Ich hatte aber Ulriken versprochen, nicht über die Grenzen

des Vaterlandes zu reisen, ohne sie mitzunehmen. Ich
kündigte ihr daher meinen Entschluß an. Als ich dies aber
that, hoffte ich zum Theil, daß sie ihn wegen der großen
Schnelligkeit und der außerordentlichen Kosten nicht annehmen
würde, theils fürchtete ich auch nicht, daß, wenn sie ihn an-
nähme, dieser Umstand die eigentliche Absicht meiner Reise
verändern könnte. Doch höre, wie das blinde Verhängniß
mit mir spielt. Ich erkundigte mich bei verschiedenen
Männern, ob ich Pässe zur Reise haben müßte. Sie sagten
mir, daß wenn ich allein auf der Post reisete, ich mit
meiner Studenten-Matrikel wohl durchkommen würde; in Gesellschaft meiner Schwester aber und eines Bedienten müßte
ich durchaus einen Paß haben, weil sonst die Reise eines
Studenten mit seiner unverheiratheten Schwester gewiß auf-
fallen würde, wie ich selbst fürchte. Pässe waren aber nicht
anders zu bekommen, als bei dem Minister der auswärtigen
Angelegenheiten, Herrn v. Alvensleben, und auch bei diesem
nicht anders, als wenn man einen hinreichenden Zweck zur
Reise angeben kann. Welchen Zweck sollte ich aber angeben?
Den wahren? Konnte ich das? Einen falschen? Durfte
ich das? — ich wußte nun gar nicht, was ich thun sollte.
Ich war schon im Begriff, Ulriken die ganze Reise abzu-
schreiben, als ich einen Brief bekam, daß sie in 3 Tagen
hier schon eintreffen würde. Vielleicht, dachte ich nun, läßt
sie sich mit einer kleineren Reise begnügen, und war schon
halb und halb willens, ihr dies vorzuschlagen; aber Carl
hatte schon an so viele Leute so viel von meiner Reise nach
Paris erzählt, und ich selbst war damit nicht ganz verschwiegen gewesen, so daß nun die Leute schon anfingen,
mir Aufträge zu geben — — sollte sich nun mein Entschluß auf einmal wie ein Wetterhahn drehen? — Ach,

Wilhelmine, wir dünken uns frei, und der Zufall führt uns allgewaltig an tausend feingesponnenen Fäden fort. Ich mußte also nun reisen, ich mochte wollen oder nicht, und zwar nach Paris, ich mochte wollen oder nicht. Ich erzählte Carln diese ganze seltsame Veränderung meiner Lage, er tröstete mich und sagte, ich mögte mich jetzt nur in die Verhältnisse fügen, er hoffte, es würde vielleicht recht gut werden und besser, als ich es glaubte. Denn das ist sein Glaube, daß, wenn uns das Schicksal einen Strich durch die Rechnung macht, dies gerade oft zu unserm Besten ausfalle. Darf ich hoffen —? — Ich mußte also nun auch Pässe fordern. Aber welchen Zweck sollte ich angeben? Ach, meine liebe Freundin, kann man nicht in Lagen kommen, wo man selbst mit dem beßten Willen doch etwas thun muß, was nicht ganz recht ist? Wenn ich nicht reisete, hätte ich da nicht Ulrike angeführt? Und wenn ich reisete und also Pässe haben mußte, mußte ich da nicht etwas Unwahres zum Zwecke angeben? — Ich gab also denjenigen Zweck an, der wenigstens nicht ganz unwahr ist, nämlich auf der Reise zu lernen, (welches eigentlich in meinem Sinne ganz wahr ist) wie ich mich ausdrückte: oder in Paris zu studieren, und zwar Mathematik und Naturwissenschaft, — — Ach, Wilhelmine, ich studieren? In dieser Stimmung? — — Doch es mußte so sein. Der Minister, und alle Professoren und alle Bekannten wünschen mir Glück — am Hofe wird es ohne Zweifel bekannt — soll ich nun zurückkehren über den Rhein, so wie ich hinüberging? Habe ich nicht selbst die Erwartung der Menschen gereizt? Werde ich nun nicht in Paris im Ernste etwas lernen müssen? Ach, Wilhelmine, in meiner Seele ziehen Gedanken durcheinander, wie Wolken im Ungewitter. Ich weiß nicht, was ich thun und lassen soll — Alles, was die Menschen von meinem Verstande erwarten, ich kann es nicht leisten. Die Mathematiker glauben, ich werde dort Mathematik studieren, die Chemiker, ich werde von Paris große chemische Kenntnisse zurückbringen — und doch wollte ich eigentlich nichts, als allem Wissen entfliehen. Ja ich habe mir sogar Adressen an französische Gelehrte müssen mitgeben lassen, und so komme ich denn wieder in jenen Kreis von kalten, trocknen, einseitigen Menschen, in deren Gesellschaft ich mich nie wohl befand. — Ach liebe Freundin, ehemals dachte ich mit so großer Entzückung an eine Reise — jetzt nicht. Ich versprach mir sonst so viel davon — jetzt nicht. Ich ahnde nichts gutes. — Ich hatte eine unbeschreibliche Sehnsucht, Dich noch einmal zu sehen, und war schon im Begriff, Dir selbst zu Fuße das Bild zu bringen. Aber immer ein neues Verhältniß und wieder ein neues machte es mir unmöglich. Ja, hätte mir Carl sein Pferd gegeben, ich hätte Dich doch noch einmal umarmt; aber er wollte und konnte auch nicht.

Und so lebe denn wohl! — Ach Wilhelmine, schenkte mir der Himmel ein grünes Haus, ich gäbe alle Reisen, und alle Wissenschaft, und allen Ehrgeiz auf immer auf! Denn nichts als Schmerzen gewährt mir dieses ewig bewegte Herz, das wie ein Planet unaufhörlich in seiner Bahn zur Rechten und zur Linken wankt, und von ganzer Seele sehne ich mich, wonach die ganze Schöpfung und alle immer langsamer und langsamer rollenden Weltkörper streben, nach Ruhe!

Liebe Wilhelmine, Deine Eltern werden die Köpfe schütteln, Ahlemann wird besorgt sein, die Mädchen werden flüstern — wirst Du irgend Jemandem jemals mehr Glauben beimessen, als mir? O dann, dann wärest Du meiner nicht werth! Denn diesen ganzen innerlichen Kampf, der eigentlich unsere Liebe gar nichts angeht, hat unaufhörlich der Wunsch, einst in Deinen Armen davon auszuruhen, unterbrochen; und hell und lebendig ist in mir das Bewußtsein, daß ich schnell lieber den Tod wählen mögte, als durch das ganze Leben das Gefühl, Dich betrogen zu haben, herum zu schleppen.

Ich werde Dir oft schreiben. Aber es mögen Briefe ausbleiben, so lange sie wollen, Du wirst immer überzeugt sein, daß ich alle Abende und alle Morgen, wenn nicht öfter an Dich denke. Dasselbe werde ich von Dir glauben. Also niemals Mißtrauen, oder Bangigkeit. Vertrauen auf uns, Einigkeit unter uns!

Und nun noch ein Paar Aufträge. Beifolgendes Bild konnte ich wegen Mangel an Geld, das ich sehr nöthig brauche, nicht einfassen lassen. Thue Du es auf meine Kosten. Einst ersetze ich sie Dir. Mögtest Du es ähnlicher finden, als ich. Es liegt etwas Spöttisches darin, das mir nicht gefällt, ich wollte, er hätte mich ehrlicher gemalt — Dir zu gefallen, habe ich fleißig während des Malens gelächelt, und so wenig ich auch dazu gestimmt war, so gelang es mir doch, wenn ich an Dich dachte. Du hast mir so oft mit der Hand die Runzeln von der Stirn gestrichen, darum habe in dem Gemälde, wo es nicht möglich war, dafür gesorgt, daß es auch nicht nöthig war. So, ich meine, so freundlich werde ich immer aussehen, wenn, wenn — — o Gott! Wenn? Küsse das Bild auf die Stirn, da küsse ich es jetzt auch.

Der zweite Auftrag ist dieser, mir anzukündigen, ob ich Dir 73 Rth., oder etwas weniger schuldig bin. Carl meint, ich hätte Dir schon etwas bezahlt, aber ich weiß von nichts. Schreibe mir dies, ob ich das Geld der Randow, oder Carl geben oder Dir selbst überschicken soll.

Und nun lebewohl. — Wenn Du mir gleich antwortest, so trifft mich Dein Brief noch in Berlin. Dann werde ich Dir zwar nicht mehr von hier, aber doch vielleicht schon von Potsdam schreiben.

Lebe wohl — Grüße Alles, wenigstens Louise, der Du alle meine Briefe zeigen kannst. Mache, wenn Du willst, überhaupt gar kein Geheimniß mehr aus unserer Liebe, trage das Bild öffentlich, ich selbst habe es hier bei Clausius, der Glogern*), Ulrike c. gezeigt, und Alle wissen, für wen es bestimmt war. Nenne mich Deinen Geliebten, denn ich bin es — und lebe wohl, lebe wohl, — lebe wohl. — — Behalte mich lieb in Deinem innersten Herzen, bleibe treu, traue fest auf mich — lebe wohl — lebe wohl. —

Heinrich.

(Schicke mir doch das Bild-Futeral sogleich zurück, denn es gehört zu Deinem Bilde.)

---

*) Das Wort ist nicht deutlich geschrieben; ich lese: Glogern.

XXIV.

Liebe Freundin, die Paar Zeilen, die Du mir ge=
schrieben hast, athmen zugleich so viel Wehmuth und Würde,
daß selbst Dein Anblick mich kaum weniger hätte rühren können.
Wenn ich mir Dich denke, wie Du in Deinem Zimmer sitzest,
mein Bild vor Dir, das Haupt auf die Arme gedrückt, die
Augen voll Thränen — ach, Wilhelmine, dann kommt dieser
Gedanke noch zu meinem eignen Kummer, ihn zu verdoppeln.
Dir hat die Liebe wenig von ihren Freuden, doch viel von
ihrem Kummer zugetheilt, und Dir schon zwei Trennungen
zugemessen, deren jede gleich gefährlich war. Du hättest ein
so ruhiges Schicksal verdient, warum mußte der Himmel
Dein Loos an einen Jüngling knüpfen, den seine seltsam=
gespannte Seele ewig unruhig bewegt? Ach, Wilhelmine,
Du bist so vielen Glückes würdig, ich bin Dir schuldig. Du
hast mir durch so vielen Edelmuth die Schuld auferlegt —
warum kann ich sie nicht bezahlen? Warum kann ich Dir
nichts geben zum Lohne, als Thränen? — O Gott gebe
mir nur die Möglichkeit, diese Thränen einst wieder mit
Freuden vergüten zu können! — Liebe, theure Freundin,
ich fordere nicht von Dir, daß Du mir den Kummer ver=
heimlichst, wenn Du ihn fühlst, so wie ich selber immer das
süßeste Recht der Freundschaft, nämlich das schwere Herz
auszuschütten, übe; aber laß uns beide uns bemühen, so

ruhig und so heiter unter den Gewitterwolken zu stehen, als es nur immer möglich ist. Verzeihe mir diese Reise — ja verzeihen, ich habe mich nicht in dem Ausdrucke vergriffen, denn ich fühle nun selbst, daß die erste Veranlassung dazu wohl nichts, als eine Uebertreibung war.

Lies doch meine Briefe von dieser Zeit an noch einmal durch und frage Carln recht über mich aus. — Mir ist diese Periode in meinem Leben und dieses gewaltsame Fortziehen der Verhältnisse zu einer Handlung, mit deren Gedanken man sich bloß zu spielen erlaubt hatte, äußerst merkwürdig. — Aber nun ist es unabänderlich geschehen und ich muß reisen. — Ach Wilhelmine, wie hätte sich mir noch vor drei Jahren die Brust gehoben unter der Vorempfindung einer solchen Reise! Und jetzt —! Ach Gott weiß, daß mir das Herz blutet! Frage nur Carln, der mich alle Augenblicke einmal fragt: was seufzest Du denn? — Aber nun will ich doch so viel Nutzen ziehen aus dieser Reise, wie ich kann, und auch in Paris etwas lernen, wenn es mir möglich sein wird. Vielleicht geht doch noch etwas Gutes aus dieser verwickelten Begebenheit meines Lebens hervor — liebe Wilhelmine, soll ich Dir sagen, daß ich es fast hoffe? Ach, ich sehne mich unaussprechlich nach Ruhe! Alles ist dunkel in meiner Zukunft, ich weiß nicht was ich wünschen und hoffen und fürchten soll, ich fühle, daß mich weder die Ehre, noch der Reichthum, noch selbst die Wissenschaften allein ganz befriedigen können; nur ein einziger Wunsch ist mir ganz deutlich, Du bist es, Wilhelmine. — O Gott, wenn mir einst das bescheidene Loos fallen sollte, das ich begehre, ein Weib, ein eigenes Haus und Freiheit — o dann wäre es nicht zu theuer erkauft mit allen Thränen die ich, und mit allen, die Du vergießest, denn mit Entzücken wollte ich sie

Dir vergüten. Ja, laß uns hoffen. — Was ich begehre, genießen Millionen, der Himmel gewährt Wünsche gern, die in seinen Zweck eingreifen, warum sollte er gerade uns beide von seiner Güte ausschließen? Also Hoffnung und Vertrauen auf den Himmel und auf uns! Ich will mich bemühen, die ganze unselige Spitzfündigkeit zu vergessen, die Schuld an dieser innern Verwirrung ist. Vielleicht giebt es dann doch Augenblicke auf dieser Reise, in welchen ich vergnügt bin. O mögten sie auch Dir werden! Fahre nur fort, Dich immer auszubilden, ich müßte unsinnig sein, mit den Füßen von mir zu stoßen, was sich zu meinem eigenen Genuß von Tage zu Tage veredelt. Gewinne Deinen Rousseau so lieb, wie es Dir immer möglich ist, auf diesen Nebenbuhler werde ich nie zürnen. Ich werde Dir oft schreiben, das nächste mal von Dreßden, etwa in 8 Tagen. Dahin schreibe mir, aber gleich, und scheue Dich nicht, mit eigner Hand die Adresse zu schreiben, unsere Liebe soll kein Geheimniß mehr sein. Den 28. April treffe ich ohngefähr in Leipzig ein, da kannst Du an Minna Clausius schreiben, die mit ihrem Vater dort zur Messe ist, und wieder einen Brief einlegen. Wohin Du auf der ganzen Reise schreibst, mußt Du aber immer den Brief bezeichnen, selbst abzuholen (in Frankreich französisch). — Und nun Adieu. Die 73 Rth., worauf Du vergessen hast, mir zu schreiben, habe ich Carln gegeben in der Meinung, daß es Dir so recht sein wird. Adieu, adieu, sei mein starkes Mädchen.

Heinrich K.

XXV.

Liebe Wilhelmine, heute lag ich auf der Brühlschen
Terrasse, ich hatte ein Buch mitgenommen, darin zu lesen,
aber ich war zerstreut und legte es weg. Ich blickte von
dem hohen Ufer herab über das herrliche Elbthal, es lag
da wie ein Gemälde von Claude Lorrain unter meinen
Füßen — es schien mir wie eine Landschaft auf einen
Teppich gestickt, grüne Fluren, Dörfer, ein breiter Strom,
der sich schnell wendet, Dreßden zu küssen und, hat er es
geküßt, schnell wieder flieht — und der prächtige Kranz von
Bergen, der den Teppich wie eine Arabeskenborde umschließt
— und der reine blaue italienische Himmel, der über die
ganze Gegend schwebt. — Mich dünkte, als schmeckte süß die
Luft, holde Gerüche streuten mir die Fruchtbäume zu, und
überall Knospen und Blüthen, die ganze Natur sah aus wie
ein fünfzehnjähriges Mädchen. — Ach, Wilhelmine, ich hatte
eine unaussprechliche Sehnsucht, nur einen Tropfen von
Freude zu empfangen, es schien ein ganzes Meer davon über
die Schöpfung ausgegossen, nur ich allein ging leer aus. —
Ich wünschte mir nur so viel Heiterkeit, und auch diese nur
auf eine so kurze Zeit als nöthig wäre, Dir einen heitern,
kurzen Brief zu schreiben. Aber der Himmel läßt auch meine
bescheidensten Wünsche unerfüllt. Ich beschloß auch für diesen
Tag noch zu schweigen. — Da sah ich Dich im Geiste, wie

12*

Du täglich auf Nachrichten harrest, täglich sie erwartest und täglich getäuscht wirst, ich dachte mir, wie Du Dich härmst und Dich mit falschen Vorstellungen quälst, vielleicht mich krank glaubst, oder wohl gar — Da stand ich schnell auf, rief Ulriken, die lesend hinter mir saß, zu folgen, ging in mein Zimmer, und sitze nun am Tische, Dir wenigstens zu schreiben, daß ich noch immer lebe und noch immer Dich liebe.

Liebe, theure Freundin, erlaß mir eine weitläufigere Mittheilung, ich kann Dir nichts Frohes schreiben und der Kummer ist eine Last, die noch schwerer drückt, wenn mehrere daran tragen. Noch habe ich seit meiner Abreise von Berlin keine wahrhaft vergnügte Stunde genossen, zerstreut bin ich wohl gewesen, aber nicht vergnügt. — Meine heitersten Augenblicke sind solche, wo ich mich selbst vergesse — und doch, giebt es Freude, ohne ruhiges Selbstbewußtsein? Ach, Wilhelmine, Du bist glücklich gegen mich, weil Du eine Freundin hast — ich kann Ulriken Alles mittheilen, nur nicht, was mir das Theuerste ist. Du glaubst auch nicht, wie ihr lustiges, zu allem Abentheuerlichen aufgewecktes Wesen gegen mein Bedürfniß absticht. — Ach, könnte ich vier Monate aus meinem Leben zurücknehmen! Adieu, adieu, ich will vergessen, was nicht mehr zu ändern ist. — Lebe wohl, mit dem ersten frohen Augenblick erhältst Du einen recht langen Brief von mir. Bis dahin laß mich schweigen — wenn Du fürchtest, daß ich Dich kälter lieben werde, so quälst Du Dich vergeblich. O Gott, wenn mir ein einziger Wunsch erfüllt würde, mich aus diesem Labyrinth zu retten. — Liebe Wilhelmine, schreibe mir doch gleich nach Leipzig. Umstände haben uns verhindert, bereits dort zu sein. Du wirst aber wahrscheinlich einen Brief für mich an Minna Clausius geschickt haben, den sie nun, da sie mich nicht in

Leipzig gesprochen hat, wieder nach Berlin zurückgenommen haben wird. Also würde ich jetzt, wenn Du nicht gleich schreibst, keinen Brief von Dir in Leipzig finden, wo ich ungefähr in 10 Tagen einzutreffen denke. Schreibe also doch gleich, wenn Du kannst und es Dir nicht auch so schwer wird wie mir — Abieu, grüße Louisen und denke nur ein halb mal so oft an mich, wie ich an Dich denke, und zur bestimmten Zeit. — Du weißt sie doch noch! Vielleicht er= hältst Du noch von Dreßden aus einen Brief von mir.

H. K.

XXVI.

Liebe Wilhelmine, ich bin bei meiner Ankunft in dieser Stadt in einer recht großen Hoffnung getäuscht worden. Ich hatte nämlich Dir, und außer Dir noch Leopold, Rühle, Gleißenberg 2c. 2c. theils schriftlich, theils mündlich gesagt, daß sie ihre Briefe an mich nach Leipzig adressiren mögten, weil ich die Messe hier besuchen würde. Da ich mich aber in Treßden so lange aufhielt, daß die Messe während dieser Zeit vorüberging, so würde ich nun diesen Umweg über Leipzig nicht gemacht haben, wenn ich nicht gehofft hätte, hier eine ganze Menge von Briefen vorzufinden, besonders da ich in Treßden keinen einzigen, außer vor 4 Wochen den Deinigen empfing. Nun aber denke Dir mein Erstaunen, als ich auf der hiesigen Post nicht ein en einzigen Brief fand, auch für Ulriken nicht, so daß es fast scheint, als wären wir aus dem Gedächtniß unserer Freunde und Verwandten ganz ausgelöscht. — — Liebe Wilhelmine, bin ich es auch aus dem Deinigen? Zürnst Du auf mich, weil ich von Treßden aus nur einmal, und nur so wenige Zeilen an Dich schrieb? Willst Du Dich darum mit Gleichem an mir rächen? Ach, laß diese Rache fahren. — Wenn Du Dir einbildest, daß Du mir nicht mehr lieb und werth bist, so irrst Du Dich, und wenn Du die Kürze meines einzigen Briefes für ein Zeichen davon hältst, so verstehst Du Dich ganz falsch auf meine Seele. — Sonst, ja sonst war es meine Freude, mir selbst oder Dir mein Herz zu öffnen, und meine Gedanken und Gefühle dem Papier anzuvertrauen; aber das ist nicht mehr so. — Ich habe selbst mein eigenes Tagebuch vernachlässigt, weil mich vor allem Schreiben ekelt. Sonst waren die Augenblicke, wo ich mich meiner selbst bewußt ward, meine schönsten — jetzt muß ich sie vermeiden, weil ich mich und meine Lage fast nicht ohne Schaudern denken kann. — Doch nichts in diesem Tone. Auch dieses war ein Grund, warum ich Dir so selten schrieb, weil ich voraussah, daß ich Dir doch nichts von mir schreiben könnte, was Dir Freude machen würde. In den letzten Tagen meines Aufenthaltes in Dresden hatte ich schon einen Brief an Dich bis zur Hälfte vollendet, als ich einsah, daß es besser war, ihn ganz zurückzuhalten, weil er Dir doch nichts als Kummer gewährt haben würde. Ach, warum kann ich dem Wesen, das ich glücklich machen sollte, nichts gewähren, als Thränen? Warum bin ich, wie Tankred, verdammt, das, was ich liebe, mit jeder Handlung zu verletzen? — Doch davon laß mich ein für allemal schweigen. Das Bewußtsein, Dich durch meine Briefe, statt zu erfreuen, zu betrüben, macht sie mir selbst so verhaßt, daß ich bei diesen letzten Zeilen schon halb und halb Willens war, auch dieses Schreiben zu zerreißen. — Doch Eines muß vollendet werden — und ich will Dir darum nur kürzlich die Geschichte meines Aufenthaltes in Dreßden mittheilen, die Dich nicht betrüben wird, wenn ich Dir bloß erzähle, was ich sah 'und hörte, nicht was ich dachte und empfand.

Ich zweifle, daß ich auf meiner ganzen bevorstehenden Reise, selbst Paris nicht ausgenommen, eine Stadt finden werde, in welcher die Zerstreuung so leicht und angenehm ist, als Dreßden. Nichts war so fähig mich so ganz ohne alte Erinnerung wegzuführen von dem traurigen Felde der Wissenschaft, als die in dieser Stadt gehäuften Werke der Kunst. Die Bildergallerie, die Gipsabgüsse, das Antiken=Cabinet, die Kupferstichsammlung, die Kirchen=Musik in der katholischen Kirche, das Alles waren Gegenstände bei deren Genuß man den Verstand nicht braucht, die nur allein auf Sinn und Herz wirken. Mir war so wohl bei diesem ersten Eintrit in diese für mich ganz neue Welt voll Schönheit. Täglich habe ich die griechischen Ideale und die italienischen Meisterstücke besucht, und jedesmal, wenn ich in die Gallerie trat, stundenlang vor dem einzigen Raphael dieser Sammlung, vor jener Mutter Gottes gestanden, mit dem hohen Ernste, mit der stillen Größe, ach Wilhelmine, und mit Umrissen, die mich zugleich an zwei geliebte Wesen erinnerten. — Wie oft, wenn ich auf meinen Spaziergängen junge Künstler sitzen fand, mit dem Bret auf dem Schoß, den Stift in der Hand, beschäftigt die schöne Natur zu copiren, o wie oft habe ich diese glücklichen Menschen beneidet welche kein Zweifel um das Wahre, das sich nirgends findet, bekümmert, die nur in dem Schönen leben, das sich doch zuweilen, wenn auch nur als Ideal ihnen zeigt. Den Einen fragte ich einst, ob man, wenn man sonst nicht ohne Talent sei, sich wohl im 24. Jahre noch mit Erfolg der Kunst widmen könnte? Er antwortete mir, daß Wouvermann, einer der größten Land=schafts=Maler, erst im 40. ein Künstler geworden sei. — Nirgends fand ich mich aber tiefer in meinem Innersten gerührt, als in der katholischen Kirche, wo die größte, er=habenste Musik noch zu den andern Künsten trit, das Herz gewaltsam zu bewegen. Ach, Wilhelmine, unser Gottesdienst ist keiner. Er spricht nur zu dem kalten Verstande, aber zu allen Sinnen ein katholisches Fest. Mitten vor dem Altar, an seinen äußersten Stufen, kniete jedesmal, ganz isolirt von den Andern, ein gemeiner Mensch, das Haupt auf die höheren Stufen gebückt, betend mit Innbrunst. Ihn quälte kein Zweifel, er glaubt. — Ich hatte eine unbeschreibliche Sehnsucht mich neben ihn niederzuwerfen, und zu weinen. — Ach, nur einen Tropfen Vergessenheit und mit Wollust würde ich katholisch werden. — Doch davon wollte ich ja aber schweigen. — Dreßden hat eine große, feierliche Lage, in der Mitte der umkränzten Elbhöhen, die in einiger Entfernung, als ob sie aus Ehrfurcht nicht näher zu treten wagten, es umlagern. Der Strom verläßt plötzlich sein rechtes Ufer, und wendet sich schnell nach Dreßden, seinen Liebling zu küssen. Von der Höhe des Zwingers kann man seinen Lauf fast bis nach Meißen verfolgen. Er wendet sich bald zu dem rechten, bald zu dem linken Ufer, als würde die Wahl ihm schwer, und wankt, wie vor Entzücken, und schlängelt sich spielend in tausend Umwegen durch das freundliche Thal, als wollte er nicht in das Meer. — Wir haben von Dreßden aus Morizburg, Pillnitz, Tharandt, das Du schon kennst, und Freiberg besucht. In Freiberg sind wir beide in das Bergwerk gestiegen. Ich mußte es, damit ich, wenn man mich fragt: sind Sie dort gewesen? doch antworten kann: ja. Ein weiteres Interesse hatte ich jetzt nicht dabei, so sehr mich die Kenntniß, die man sich hier erwerben kann, auch sonst interessirt hätte. Denn wenn das Herz ein Bedürfniß hat, so ist es kalt gegen Alles, was es nicht befriedigt, und nur mit halbem Ohre habe ich gehört, wie tief der Schacht ist, wohin der Gang streicht, wieviel Ausbeute er giebt, u. s. w. — Ich hatte ein Paar Adressen nach Dreßden mit, von denen ich aber nur eine gebraucht und die andern verbrannt habe. Denn für ein Herz, das sich gern jedem Eindruck hingiebt, ist nichts gefährlicher, als Bekanntschaften, weil sie durch neue Verhältnisse das Leben immer noch verwickelter machen, das schon verwickelt genug ist. Doch diese Verstandesregel war es eigentlich nicht, die mich davon abhielt. Ich fand aber in Dreßden ein Paar liebe Leute, daß ich über sie alle Anderen vergaß. Denn ob ich gleich Menschen, die ich kennen lerne, leicht lieb gewinne und dann gern unter ihnen bin, so habe ich doch kein Bedürfniß, viele kennen zu lernen. Diese lieben Leute waren zuerst der Hauptmann von Zanthier, Gouvernerr bei dem jungen Grafen Stollberg und Prinzen von Pleß, ein Mann dem das Herz an einer guten Stelle sitzt. Er machte uns zuerst mit Dreßden bekannt und hat viel zu unserm Vergnügen beigetragen. Außer ihm fanden wir noch in Dreßden ein Paar Verwandte, den Lieutn. v. Einsiedel und seine Frau, welche uns auch mit dem weiblichen Theile von Dreßden bekannt machte. Unter diesem waren besonders zwei Fräulein v. Schlieben, arm und freundlich und gut, die Eigenschaften die zusammengenommen mit zu dem Rührendsten gehören, das ich kenne. Wir sind gern in ihrer Gesellschaft gewesen, und zuletzt waren die Mädchen auch so gern in der unsrigen, daß die Eine am Abend bei unserem Abschied aus vollem Herzen weinte. — Von Dreßden aus machten wir auch noch eine große Streiferei, nach Töplitz, 8 Meilen, eine herrliche Gegend, besonders von dem nahgelegenen Schloßberge aus, wo das ganze Land aussieht, wie ein bewegtes Meer von Erde, die Berge wie collossalische Pyramiden, in den schönsten Linien geformt, als hätten die Engel im Sande gespielt. — Von Töplitz fuhren wir tiefer in Böhmen nach Lowositz, das am südlichen Fuße des Erzgebirges liegt, da, wo die

Elbe hineintrit. Wie eine Jungfrau unter Männern erscheint, so trit sie schlank und klar unter die Felsen! — Leise mit schüchternem Wanken naht sie sich — das rohe Geschlecht drängt sich, den Weg ihr versperrend, um sie herum, der Glänzenden, Reinen ins Antlitz zu schauen — sie aber, ohne zu harren, windet sich flüchtig erröthend, hindurch. — In Außig ließen wir den Wagen zu Lande fahren, und fuhren noch 10 Meilen auf der Elbe nach Dreßden. Ach, Wilhelmine, es war einer von jenen lauen, süßen, halbdämmernden Tagen, die jede Sehnsucht, und alle Wünsche des Herzens ins Leben rufen. —

Es war so still auf der Fläche des Wassers, so ernst zwischen den hohen, dunkeln Felsenufern, die der Strom durchschnitt. Einzelne Häuser waren hie und da an den Felsen gelehnt, wo ein Fischer oder ein Weinbauer sich angesiedelt hatte. Mir schien ihr Loos unbeschreiblich rührend und reizend — das kleine einsame Hüttchen unter dem schützenden Felsen, der Strom, der Kühlung und Nahrung zugleich herbeiführt, Freuden, die keine Idylle mahlen kann, Wünsche, die nicht über die Gipfel der umschließenden Berge fliegen — ach, liebe Wilhelmine, ist Dir das nicht auch alles so rührend und reizend wie mir? Könntest Du bei diesem Glück nicht auch Alles aufgeben, was jenseits der Berge liegt? Ich könnte es — ach, ich sehne mich unaussprechlich nach Ruhe. Für die Zukunft leben zu wollen — ach, — ist ein Knabentraum, und nur wer für den Augenblick lebt, lebt für die Zukunft. Ja wer erfüllt eigentlich getreuer seine Bestimmung nach dem Willen der Natur, als der Hausvater, der Landmann? Ich malte mir ein ganzes künftiges Schicksal aus — ach, Wilhelmine, mit Freuden wollte ich um dieses Glück allen Ruhm und allen Ehrgeiz aufgeben. — Zwei Fischer ruderten gegen den Strom, und triesten von Schweiß. Ich nahm unserm Schiffer das Ruder und fieng an aus Leibeskräften zu arbeiten. Ja, fiel mir ein, das ist ein Scherz, wie aber, wenn es Ernst wäre —? Auch das, antwortete ich mir, und beschloß eine ganze Meile lang unaufhörlich zu arbeiten. Es gelang mir, doch nicht ohne Anstrengung und Mühe — aber es gelang mir. Ich wischte mir den Schweiß ab, und setzte mich neben Ulriken, und faßte ihre Hand — sie war kalt — ich dachte an den Lohn, an Dich. — —

Adieu, adieu. Schreibe mir nach Göttingen, aber gleich, und Dein ganzes Schicksal während der verflossenen Zeit, Deine Verhältnisse, auch etwas von meiner Familie. Wenn es mir so leicht wird, wie heute, so schreibe ich bald wieder.

Dein treuer Freund Heinrich.

XXVII.

Göttingen, d. 3. Juni 1801.

Mein liebes Minchen, ich habe Deinen Brief, der mir aus mehr als einer Rücksicht herzlich wohl that, gestern hier erhalten und eile ihn zu beantworten. — Du bist nicht zufrieden, daß ich Dir das Aeußere meiner Lage beschreibe, ich soll Dir auch etwas aus meinem Innern mittheilen? Ach, liebe Wilhelmine, leicht ist das, wenn Alles in der Seele klar und hell ist, wenn man nur in sich selbst zu blicken braucht, um deutlich darin zu lesen. Aber wo Gedanken mit Gedanken, Gefühle mit Gefühlen kämpfen, da ist es schwer zu nennen, was in der Seele herrscht, weil noch der Sieg unentschieden ist. Alles liegt in mir verworren, wie Werchfasern im Spinnrocken, durcheinander, und ich bin vergebens bemüht mit der Hand des Verstandes den Faden der Wahrheit, den das Rad der Erfahrung hinaus ziehen soll, um die Spule des Gedächtnisses zu ordnen. Ja selbst meine Wünsche wechseln, und bald trit der eine, bald der andere in's Dunkle, wie die Gegenstände einer Landschaft, wenn die Wolken drüber hinziehn. — Was Du mir zum Troste sagst, ist wirklich das Tröstlichste, das ich kenne. Ich selbst fange an, zu glauben, daß der Mensch zu etwas mehr da ist, als bloß zu denken — Arbeit, fühle ich, wird das Einzige sein, was mich ruhiger machen kann.

Alles was mich beunruhigt, ist die Unmöglichkeit, mir ein
Ziel des Bestrebens zu setzen, und die Besorgniß, wenn ich
zu schnell ein falsches ergriffe, die Bestimmung zu verfehlen
und so ein ganzes Leben zu verpfuschen. — Aber sei ruhig,
ich werde das rechte schon finden. Falsch ist jedes Ziel,
das nicht die reine Natur dem Menschen steckt. Ich habe
fast eine Ahndung von dem rechten — wirst Du, Wilhelmine,
mir dahin folgen, wenn Du Dich überzeugen kannst, daß es
das rechte ist? — Doch laß mich lieber schweigen von dem,
was selbst in mir noch ganz undeutlich ist. Die Geschichte
Deines Lebens während der Abwesenheit Deiner Eltern, und
besonders die Art von Freude, welche Du da genossen hast,
hat mich ganz unbeschreiblich gerührt. — Diese Freude,
Wilhelmine, ist Dir gewiß; aber wirst Du Dich mit dieser
einzigen begnügen können —? Kann es ein Mädchen
von Deinem Stande, so bist Du es, und dieser Gedanke
stärkt mich ganz unbeschreiblich. — Sei zufrieden mit diesen
wenigen Zügen aus meinem Innern. Es ist darin so wenig
bestimmt, daß ich mich fürchten muß, etwas aufzuschreiben,
weil es dadurch in gewisser Art bestimmt wird. Errathe
daraus was Du willst — gewiß ist es, daß ich kein anderes
Erdenglück wünsche, als durch Dich. Fahre fort, liebes
Mädchen, Dich immer fähiger zu machen, zu beglücken.
Rousseau ist mir der liebste, durch den ich Dich bilden lassen
mag, da ich es selbst nicht mehr unmittelbar, wie sonst,
kann. Ach, Wilhelmine, Du hast mich an frohe Zeiten
erinnert, und Alles ist mir dabei eingefallen, auch das,
woran Du mich nicht erinnert hast. Glaubst Du wohl,
daß ein Tag vergeht, ohne daß ich an Dich dächte —?
Dein Bild darf ich so oft nicht betrachten als ich wohl
mögte, weil mir jeder unbescheidene Zeuge zuwider ist.

Mehr als einmal habe ich gewünscht, meinem ersten
Entschluß, allein zu reisen, treu geblieben zu sein. — Ich
ehre Ulrike ganz unbeschreiblich, sie trägt in ihrer Seele
Alles, was achtungswürdig und bewunderungswerth ist, vieles
mag sie besitzen, vieles geben können, aber es läßt sich, wie
Göthe sagt, nicht an ihrem Busen ruhen. — Doch dies
bleibt, wie alles, unter uns. — Von unserer Reise kann
ich Dir auch Manches wieder erzählen. Wir reisen, wie
Du vielleicht noch nicht weißt, mit eigenen Pferden, die wir
in Dreßden gekauft haben. Johann leistet uns dabei treff=
liche Dienste, wir sind sehr mit ihm zufrieden, und denken
oft mit Dankbarkeit an Carln, der ihn uns freiwillig abtrat.
— Carl ist wohl jetzt in Frankfurt? Oder ist er in Magde=
burg? Wenn Du ihn siehst oder schreibst, so sage ihm doch
auch ein Wörtchen von mir. Ich hatte versprochen, ihm auch
zuweilen zu schreiben, aber das Schreiben wird mir jetzt so
schwer, daß ich oft selbst die nothwendigsten Briefe vernach=
lässige. Gestern endlich habe ich zum erstenmale an meine
Familie nach Pommern geschrieben — sollte man wohl
glauben, daß ein Mensch, der in seiner Familie Alles
fand, was ein Herz binden kann, Liebe, Vertrauen, Schonung,
Unterstützung mit Rath und That, sein Vaterland verlassen
kann, ohne selbst einmal schriftlich Abschied zu nehmen von
seinen Verwandten? — Und doch sind sie mir die liebsten
und theuersten Menschen auf der Welt! So widersprechen
sich in mir Handlung und Gefühl. — Ach, es ist ekelhaft
zu leben. — — Schreibe also Carln, er solle nicht zürnen,
wenn Briefe von mir ausbleiben, großmüthig sein, und zu=
weilen etwas von sich hören lassen, Neuigkeiten schreiben
und dergleichen. Bitte ihn doch auch, er mögte sich einmal
bei Rühle erkundigen, ob dieser denn gar keine Briefe von

mir erhalten hat, auch nicht die große Schrift, die ich ihm von Berlin aus schickte? Er mögte ihn doch antreiben, einmal an mich zu schreiben, da mir sehr viel daran gelegen wäre, wenigstens zu wissen, ob die Schrift nicht verloren gegangen ist. — Ich will Dich doch von Leipzig nach Göttingen führen, aber ein wenig schneller, als wir reiseten. Denn wir wandern, wie die alten Ritter, von Burg zu Burg, halten uns auf und wechseln gern ein freundliches Wort mit den Leuten. Wir suchen uns in jeder Stadt immer die Würdigsten auf, in Leipzig Plattner, Hindenburg, in Halle Klügel, in Göttingen Blumenbach, Weißberg ꝛc. ꝛc. Aber Du kennst wohl diese Namen nicht? Es sind die Lehrer der Menschheit. — In Leipzig fand endlich Ulrike Gelegenheit zu einem Abentheuer, und hörte verkleidet einer öffentlichen Vorlesung Plattners zu. Das geschah aber mit Vorwissen des Hofraths, indem er selbst wünschte, daß sie Störung zu vermeiden, lieber in Mannskleidern kommen mögte, als in Weiberröcken. Alles lief glücklich ab, der Hofrath und ich, wir waren die einzigen in dem Saale, die um das Geheimniß wußten. — In Halberstadt besuchten wir Gleim, den bekannten Dichter, einen der rührendsten und interessantesten Greise, die ich kenne. An ihn waren wir zwar durch nichts addressirt, als durch unseren Namen; aber es giebt keine bessere Addresse als diesen. Er war nämlich einst ein vertrauter Freund Ewald Kleists, der bei Frankfurt fiel. Kurz vor seinem Tode hatte dieser ihm noch einen Neffen Kleist empfohlen, für den jedoch Gleim niemals hatte etwas thun können, weil er ihn niemals sah. Nun glaubte er, als ich mich melden ließ, ich sei es, und die Freude mit der er uns entgegen kam war unbeschreiblich, Doch ließ er es uns nicht empfinden, als er sich getäuscht.

denn alles, was Kleist heißt, ist ihm theuer. Er führte uns in sein Cabinet, geschmückt mit Gemälden seiner Freunde. Da ist keiner, sagte er, der nicht ein schönes Werk schrieb, oder eine große That beging. Kleist that beides und Kleist steht oben an. — Wehmüthig nannte er uns die Namen der vorangegangenen Freunde, trauernd, daß er noch zurück sei.

Aber er ist 83 Jahr und so die Reihe wohl auch bald an ihm. — Er besitzt einige hundert Briefe von Kleist, auch sein erstes Gedicht. Gleim war es eigentlich, der ihm zuerst die Aussicht nach dem Parnaß zeigte, und die Veranlassung ist seltsam und merkwürdig genug. Kleist war nämlich in einem Duell blessirt, und lag krank im Bette zu Potsdam. Gleim war damals Regimentsquartirmeister und besuchte den Kranken, ohne ihn weiter genau zu kennen. Ach, sagt Kleist, ich habe die größte Langweile, denn ich kann nicht lesen. Wissen Sie was, antwortete Gleim, ich will zuweilen herkommen und Ihnen etwas vorlesen. Damals aber hatte Gleim scherzhafte Gedichte gemacht, im Geschmack Anakreons, und las ihm unter andern eine Ode an den Tod vor, die ohngefähr so lautet: Tod, warum entführst Du mir mein Mädchen? Kannst Du Dich auch verlieben? — — Und so geht es fort. Am Ende heißt es: Was willst Du mit ihr machen? Kannst Du doch mit Zähnen ohne Lippen wohl die Mädchen beißen, doch nicht küssen. — Ueber diese Vorstellung, wie der Tod mit seinen nackten eckigen Zähnen vergebens sich in die weichen Rosenlippen drückt, einen Kuß zu versuchen, geräth Kleist so in's Lachen daß ihm bei der Erschütterung, das Band von der Wunde an der Hand abspringt. Man ruft einen Feldscheer. Es ist ein Glück, sagt dieser, daß sie mich rufen lassen, denn unbemerkt ist der kalte Brand im Entstehen und morgen wäre es zu spät gewesen. — Aus Dankbarkeit widmete Kleist der Dichtkunst das Leben, das sie ihm gerettet hatte. — In Wernigerode lernten wir eine sehr liebenswürdige Familie kennen, die stollbergsche. — In Goßlar fuhren wir in den Rammelsberg, wo in großen Höhlen die Erze mit angezündeten Holzstößen abgebrannt werden, und alles vor Hitze nackend arbeitet. Man glaubt in der Hölle, oder doch wenigstens in der Werkstatt der Cyklopen zu sein. — Von Ilsenburg aus bestiegen wir am Nachmittage des 31ten den Brocken, den Du schon aus meiner früheren Reise= beschreibung kennst. Ich habe auch Quedlinburg lange wieder, aber nur von Weitem, angesehen. — In Ilsenburg habe ich den Teich gesehen, auf welchem die Knobelsdorf als Kind herumgefahren ist. Schreibe doch Carl, der alte Otto ließe die Knobelsdorf grüßen. — Und nun lebe wohl. Heute sind wir hier auf einem Balle, wo die Füße springen werden, indessen das Herz weint. Dann geht der Körper immer weiter und weiter von Dir, indessen die Seele immer zu Dir zurück strebt. Bald an diesen, bald an jenen Ort treibt mich das wilde Geschick, indessen ich kein innigeres Bedürfniß habe, als Ruhe. — Können so viele Wider= sprüche in meinem engen Herzen wohnen? —? Lebe wohl. Hier hast Du meine Reiseroute. Morgen geht es nach Frankfurt, Mainz, Mannheim. Dahin schreibe mir, und theile diese Adresse Carln mit. Wir werden dann unsere Tour über die Schweiz und Südfrankreich nehmen — Süd= frankreich! Du kennst doch noch das Land? Und das alte Project? — In Paris werde ich schon das Studium der Naturwissenschaft fortsetzen müssen und so werde ich wohl am Ende noch wieder in das alte Gleis kommen, vielleicht auch nicht, wer kann es wissen. — Ich bin an lauter Pariser Gelehrte abbressirt, und die lassen Einen nicht fort, ohne daß man etwas von ihnen lernt. Lebe wohl, grüße die goldne Schwester, Carln, und alle die es gern hören, daß ich mich ihrer erinnere.

Heinrich Kleist.

———

XXVIII.

Liebe Wilhelmine, ich habe wieder in Mannheim und in Straßburg vergebens nach Briefen von Dir gefragt, und weiß nun seit 5 Wochen nicht, wie Du Dich befindest, wie Du lebst, was Du thust, nichts, als daß Du mich liebst. Diese Nachricht bleibt treuen Liebenden nie aus, und ich hoffe, Du wirst sie auch von mir empfangen haben. Täglich habe ich mit der alten Innigkeit an Dich gedacht und jede einsame Stunde benutzt, meine Wünsche im Traume zu er= füllen. — Im Traume — denn in der Wirklichkeit —

Ach Wilhelmine, wird es nicht einst einen Augenblick geben, wo wir uns in die Arme drücken und rufen werden: endlich, endlich sind wir glücklich —?

Ich muß von andern Dingen reden. — Ich wollte Dir heute von Straßburg aus einen recht langen Brief schreiben, wozu ich auch so ziemlich gestimmt war. Aber höre, auf welche Art Du um diesen langen Brief gekommen bist. Man hat uns hier so viel von den Friedensfesten, die am 14. Juli in Paris gefeiert werden sollen*), vorerzählt, daß wir uns entschlossen haben, die Schweiz im Stiche zu lassen und

---

*) Sie galten dem am 9. Februar 1801 abgeschlossenen Frieden von Lüneville, durch welchen Frankreich von Oesterreich Belgien, vom deutschen Reiche das linke Rheinufer erhielt.

direct nach Paris zu gehen. Nun aber dürfen wir keinen Tag verlieren, um zur rechten Zeit hinzukommen. Wir reisen also in einer Stunde schon ab, und ich nutze diese Frist bloß, um Dir im Kurzen einige Nachricht von mir zu geben. Sobald in Paris das Friedensfest vorbei ist, schreibe ich Dir gleich, und zwar einen langen Brief. —

Ach Wilhelmine, von der einen Seite ist es mir lieb, endlich einmal wieder ein wenig zur Ruhe zu kommen, von der andern ist es mir, als ob sich mein Herz vor der Stadt die ich betreten soll, sträubte. Noch habe ich von den Fran= zosen nichts als ihre Gräuel, ihre Laster kennen gelernt. Und die Thoren werden denken, man komme nach Paris, um ihre Sitten abzulernen! Als ich in Halberstadt bei Gleim war, trauerte er, daß ich nach Frankreich ginge. Auf meine Frage: warum? antwortete er: weil ich ein Franzose werden würde. Ich versprach ihm aber, als ein Deutscher zurück= zukehren.

Doch ich muß eilen, der Koffer ist eingepackt. Schreibe mir sogleich nach Paris: (A Mons. de Kleist, ci-devant lieutenant dans les gardes prussiennes; poste-restante) wohl viel von Dir, aber auch etwas von den Freunden. Du bist die Einzige, von der ich Briefe empfange aus meinem Vaterlande. Abieu,

Dein treuer Heinrich.

XXIX.

Mein liebes Minchen, recht mit herzlicher Liebe erinnere ich mich in diesem Augenblicke Deiner. — O sage, bist Du mir wohl noch mit so vieler Innigkeit, mit so vielem Vertrauen ergeben, als sonst? Meine schnelle Abreise von Berlin, ohne Abschied von Dir zu nehmen, der seltsame Dir halbunverständliche Grund, meine kurzen, trüben, verwirrten und dabei sparsamen Briefe, — o sage, hat Dir nicht zuweilen eine Ahnbung von Mißtrauen ein wenig das Herz berührt? Ach, ich verzeihe es Dir und bin in meiner innersten Seele froh durch das Bewußtsein, besser zn sein, als zu scheinen. Ja, meine liebe Freundinn, wenn mein Betragen Dich ein wenig beängstigt hat, so war doch nicht mein Herz, sondern bloß meine Lage Schuld daran. Verwirrt durch die Sätze meiner traurigen Philosophie, unfähig mich zu beschäftigen, unfähig irgend etwas zu unternehmen, unfähig, mich um ein Amt zu bewerben, hatte ich Berlin verlassen, bloß weil ich mich vor der Ruhe fürchtete, in welcher ich Ruhe gerade am Wenigsten fand; und nun sehe ich mich auf einer Reise in's Ausland begriffen, ohne Ziel und Zweck, ohne begreifen zu können, wohin mich das führen würde. — Mir war es zuweilen auf dieser Reise, als ob ich meinem Abgrunde entgegen gienge. — Und nur das Gefühl, auch Dich mit mir hinabzuziehen, Dich, die sich mir ganz hingegeben hat, weil sie ihr Glück von mir erwartet — Ach, Wilhelmine, ich habe oft mit mir gekämpft — und warum sollte ich nicht das Herz haben, Dir zu sagen, was ich mich nicht schäme, mir selbst einzugestehen? Ich habe oft mit mir gekämpft, ob es nicht meine Pflicht sei, Dich zu verlassen? Ob es nicht meine Pflicht sei, Dich von dem zu trennen, der sichtbar seinem Abgrunde entgegeneilt? — Doch höre, was ich mir antwortete. Wenn Du sie verläſſeſt, sagte ich mir, wird sie dann wohl glücklicher sein? Iſt sie nicht doch auch dann um die Beſtimmung ihres Lebens be= trogen? Wird sich ein anderer Mann um ein Mädchen bewerben, dessen Verbindung weltbekannt iſt? Und wird sie einen andern Mann lieben können, wie. mich —? Doch nicht Dein Glück allein, auch das meinige trat mir vor die Seele — ach, liebe Freundin, wer kann sich erwehren, ein wenig eigennützig zu sein? Soll ich mir denn, so fragte ich mich, die einzige Aussicht in der Zukunft zerstören, die mich noch ein wenig mit Lebenskraft erwärmt? Soll ich auch den einzigen Wunsch meiner Seele fahren lassen, den Wunsch, Dich mein Weib zu nennen? Soll ich denn ohne Ziel, ohne Wunsch, ohne Kraft, ohne Lebensreiz umher= wandeln auf diesem Sterne, mit dem Bewußtsein, niemals ein Oertchen zu finden, wo das Glück für mich blüht? — Ach, Wilhelmine, es war mir nicht möglich, allen Ansprüchen auf Freude zu entsagen, und wenn ich sie auch nur in der entfernteſten Zukunft fände. Und dann — iſt es denn auch so gewiß, daß ich meinem Abgrund entgegen eile? Wer kann die Wendungen des Schicksals errathen? Giebt es eine Nacht, die ewig dauert? So wie eine unbegreifliche Fügung mich schnell unglücklich machte, kann nicht eine ebenso unbegreifliche Fügung mich ebenso schnell glücklich machen?

Und wenn auch das nicht wäre, wenn auch der Himmel kein
Wunder thäte, worauf man in unsern Tagen nicht eben
sehr hoffen darf, habe ich denn nicht auch Hilfsmittel in
mir selbst? Habe ich denn nicht Talent, und Herz und
Geist, und ist meine gesunkene Kraft denn für immer gesunken? Ist diese Schwäche mehr als eine vorübergehende
Krankheit, auf welche Gesundheit und Stärke folgen? Kann
ich denn nicht arbeiten? Schäme ich mich der Arbeit? Bin
ich stolz, eitel, voll Vorurtheile? Ist mir nicht jede ehrliche
Arbeit willkommen und will ich einen größeren Preis, als
Freiheit, ein eigenes Haus und Dich?

Küsse mein Bild, Wilhelmine, sowie ich soeben das
Deinige geküßt habe. — Doch höre. Eins muß ich Dir
noch sagen, ich bin es Dir schuldig. Es ist gewiß, daß
früh oder spät, aber doch gewiß einmal ein heitrer Morgen
für mich anbricht. Ich verdiene nicht unglücklich zu sein,
und werde es nicht immer bleiben. Aber — es kann ein
Weilchen dauern, und dazu gehört Treue. Auch werde ich
die Blüthe des Glückes pflücken müssen, wo ich sie finde,
überall, gleichviel in welchem Lande, und dazu gehört Liebe.
— Was sagst Du dazu? Frage Dein Herz. Täusche mich
nicht, sowie ich fest beschlossen habe, Dich niemals zu täuschen.

Jetzt muß ich Dir doch auch etwas von meiner Reise
erzählen. — Weißt Du wohl, daß Dein Freund einmal dem
Tode recht nahe war? Erschrick nicht, bloß nahe, und noch
steht er mit allen seinen Füßen im Leben. Am folgenden
Tage, nachdem ich meinen Brief an Dich in Göttingen auf
die Post gegeben hatte, reiseten wir von dieser Stadt ab
nach Frankfurt am Mayn. Fünf Meilen von diesem Orte,
in Butzbach, einem kleinen Städtchen, hielten wir an einem
Morgen an einem Wirthshause an, den Pferden Heu vor-

zulegen, wobei Johann ihnen die Zügel abnahm und wir beide sorglos sitzen blieben. Während Johann in dem Hause war, kommt ein Zug von Steineseln hinter uns her, und einer von ihnen erhebt ein so gräßliches Geschrei, daß wir selbst, wenn wir nicht so vernünftig wären, scheu geworden wären. Unsere Pferde aber, die das Unglück haben, keine Vernunft zu besitzen, hoben sich kerzengerade in die Höhe, und giengen dann spornsteichs mit uns über dem Steinpflaster durch. Ich grif nach der Leine — aber die Zügel lagen den Pferden aufgelöset über der Brust, und ehe wir Zeit hatten an die Größe der Gefahr zu denken, schlug unser leichter Wagen schon um und wir stürzten. — Also an ein Eselsgeschrei hieng ein Menschenleben? Und wenn es geschlossen gewesen wäre, darum hätte ich gelebt? Das wäre die Absicht des Schöpfers gewesen, bei diesem dunkeln, räthselhaften, irdischen Leben? Das hätte ich darin lernen und thun sollen und weiter nichts? — Doch, noch war es nicht geschlossen. Wozu der Himmel es mir gefristet hat, wer kann es wissen? — Kurz wir standen beide frisch und gesund von dem Steinpflaster auf, und umarmten uns. Der Wagen war ganz umgestürzt, die Räder zu oberst, ein Rad war ganz zertrümmert, die Deichsel zerbrochen, die Geschirre zerrissen. Das kostete uns 3 Louisd'or und 24 Stunden, dann gieng es weiter — wohin? Gott weiß es.

Von Mainz aus machten wir eine Rheinreise nach Bonn. — Ach, Wilhelmine, das ist eine Gegend, wie ein Dichtertraum, und die üppigste Phantasie kann nichts Schöneres erdenken, als dieses Thal, das sich bald öffnet, bald schließt, bald blüht, bald öde ist, bald lacht, bald schreckt. Am ersten Tage, bis Coblenz, hatten wir gutes Wetter. Am zweiten, wo wir bis Cölln fahren wollten, erhob sich schon bei der

Abfahrt ein so starker Sturm in widriger Richtung, daß die Schiffer mit dem großen Postschiff, das ganz bedeckt ist, nicht weiter fahren wollten und in einem trierischen Dorfe*) am Ufer landeten. Da blieben wir von 10 Uhr Morgens den ganzen übrigen Tag, immer hoffend, daß sich der Sturm legen würde. Endlich um 11 Uhr in der Nacht schien es ein wenig ruhiger zu werden, und wir schifften uns mit der ganzen Gesellschaft wieder ein. Aber kaum waren wir auf der Mitte des Rheins, als wieder ein so unerhörter Sturm losbrach, daß die Schiffer das Fahrzeug gar nicht mehr regieren konnten. Die Wellen, die auf diesem breiten mächtigen Strome, nicht so unbedeutend sind, als die Wellen der Oder, ergriffen das Schiff an seiner Fläche, und schleuderten es so gewaltig, daß es durch sein höchst gefährliches Schwanken, die ganze Gesellschaft in Schrecken setzte. Ein jeder klammerte sich, alle Andren vergessend, an einen Balken an, ich selbst, mich zu halten — Ach, es ist nichts ekelhafter, als die Furcht vor dem Tode. Das Leben ist das einzige Eigenthum, das nur dann etwas werth ist, wenn wir es nicht achten. Verächtlich ist es, wenn wir es nicht leicht fallen lassen können, und nur der kann es zu großen Zwecken nutzen, der es leicht und freudig wegwerfen könnte. Wer es mit Sorgfalt liebt, moralisch todt ist er schon, denn seine höchste Lebenskraft, nämlich es opfern zu können, modert, indessen er es pflegt. Und doch — o wie unbegreiflich ist der Wille, der über uns waltet! — Dieses räthselhafte Ding, das wir besitzen, wir wissen nicht von wem, das uns fortführt, wir wissen nicht wohin, das unser Eigenthum ist, wir

---

*) Das Erzbisthum Trier reichte bekanntlich bis an den Mittelrhein. Coblenz war Residenz des Erzbischofs.

wissen nicht, ob wir darüber schalten dürfen, eine Habe, die
nichts werth ist, wenn sie uns etwas werth ist, ein Ding
wie ein Widerspruch, flach und tief, öde und reich, würdig
und verächtlich, vieldeutig und unergründlich, ein Ding, das
jeder wegwerfen mögte, wie ein unverständliches Buch, sind
wir nicht durch ein Naturgesetz gezwungen es zu lieben?
Wir müssen vor der Vernichtung beben, die doch nicht so
qualvoll sein kann, als das Dasein, und indessen Mancher
das traurige Geschenk des Lebens beweint, muß er es durch
Essen und Trinken ernähren und die Flamme vor dem Er-
löschen hüten, die ihn weder erleuchtet noch erwärmt.

Das klang ja wohl recht finster? Gebuld — es wird
nicht immer so sein, und ich sehne mich nach einem Tage,
wie der Hirsch in der Mittagshitze nach einem Strome, sich
hinein zu stürzen. — Aber Gebuld! — Gebuld? — Kann
der Himmel die von seinen Menschen verlangen, da er ihnen
selbst ein Herz voll Sehnsucht gab? — Zerstreuung! Zerstreuung! — O wenn mir die Wahrheit des Forschens noch
so würdig schiene, wie sonst, da wäre Beschäftigung hier in
diesem Orte vollauf — Gott gebe mir nur Kraft! Ich will
es versuchen. Ich habe hier schon durch Humboldt und
Luchesini einige Bekanntschaften französischer Gelehrten gemacht, auch schon einige Vorlesungen besucht. — Ach, Wilhelmine, die Menschen sprechen mir von Alkalien und Säuren,
indessen mir ein allgewaltiges Bedürfniß die Lippe trocknet
— Lebe wohl, wohl, schreibe mir bald zum Troste.

Dein H. K.

(künftig etwas aus Paris.)

XXX.

Mein liebes Minchen, Dein Brief, und die paar Zeilen von Carln und Louisen haben mir außerordentlich viele Freude gemacht. Es waren seit 10 Wochen wieder die ersten Zeilen, die ich von Deiner Hand las; denn die Briefe, die Du mir, wie Du sagst, während dieser Zeit geschrieben hast, müssen verloren gegangen sein, weil ich sie nicht empfangen habe. Desto größer war meine Freude, als ich auf der Post meine Adresse und Deine Hand erkannte. — Aber denke Dir meinen Schreck, als der Postmeister meinen Paß zu sehen verlangte, und ich gewahr ward, daß ich ihn unglücklicher= weise vergessen hatte. — Was war zu thun? Die Post ist eine starke halbe Meile von meiner Wohnung entfernt. — Sollte ich zurücklaufen, sollte ich noch zwei Stunden warten, einen Brief zu erbrechen, den ich schon in meiner Hand hielt? — Ich bat den Postmeister, er mögte einmal eine Ausnahme von der Regel machen, ich stellte ihm die Un= bequemlichkeit des Zurücklaufens vor, ich vertraute ihm an, wie viele Freude es mir machen würde, wenn ich den Brief mit mir zurücknehmen könnte, ich schwor ihm zu, daß ich Kleist sei und ihn nicht betrüge. — Umsonst! Der Mann war unerbittlich. Schwarz auf weiß wollte er sehen, Mienen konnte er nicht lesen. — Tausendfältig betrogen, glaubte er nicht mehr, daß in Paris Jemand ehrlich sein könnte. Ich

verachtete, oder vielmehr ich bemitleidete ihn, hohlte meinen
Paß, und vergab ihm, als er mir Deinen Brief überlieferte.
Ganz ermüdet lief ich in ein Caffeehaus und laß ihn —
und der Ernst, der in Deinem Hause herrscht, Deine stille
Bemühung, Dich immer mehr zu bilden, die Beschreibung
Deines Zustandes, in welchem Du Dich, so sehr ich Dich
auch betrübe, doch noch so ziemlich glücklich fühlst, das Alles
rührte mich so innig, daß ich es in dem Schauspielhause, in
welches ich gegangen war, ein großes Stück zu sehen, gar
nicht aushalten konnte, auch vor dem Anfang der Vorstellung
wieder herauslief, und jetzt, noch mit aller Wärme der ersten
Empfindung, mich niedersetze, Dir zu antworten.

Du willst, ich soll Dir etwas von meiner Seele mit=
theilen? Mein liebes Mädchen, wie gern thue ich das, wenn
ich hoffen kann, daß es Dich erfreuen wird. Ja, seit einigen
Wochen scheint es mir, als hätte sich der Sturm ein wenig
gelegt. — Kannst Du Dir wohl vorstellen, wie leicht, wie
wehmüthig froh dem Schiffer zu Muthe sein mag, dessen
Fahrzeug in einer langen, finstern stürmenden Nacht, gefährlich
wankend, umhergetrieben ward, wenn er nun an der sanfteren
Bewegung fühlt, daß ein stiller, heiterer Tag anbrechen wird?
Etwas Aehnliches empfinde ich in meiner Seele. — O mögtest
Du auch ein wenig von der Ruhe genießen, die mir seit
einiger Zeit zu Theil geworden ist, mögtest Du, wenn Du
diesen Brief liesest, auch einmal ein wenig froh sein, so wie
ich es jetzt bin, da ich ihn schreibe. Ja, vielleicht werde ich
diese Reise nach Paris, von welcher ich keinem Menschen,
ja sogar mir selbst nicht Rechenschaft geben kann, doch noch
segnen. Nicht wegen der Freuden, die ich genoß, denn
sparsam waren sie mir zugemessen; aber alle Sinne bestätigen
mir hier, was längst mein Gefühl mir sagte, nämlich daß

uns die Wissenschaften weder besser noch glücklicher machen, und ich hoffe, daß mich das zu einer Entschließung führen wird.

O, ich kann Dir nicht beschreiben, welchen Eindruck der erste Anblick dieser höchsten Sittenlosigkeit bei der höchsten Wissenschaft oft auf mich machte. Wohin das Schicksal diese Nation führen wird —? Gott weiß es. Sie ist reifer zum Untergange als irgend eine andere europäische Nation. Zuweilen, wenn ich die Bibliotheken ansehe, wo in prächtigen Sälen und in prächtigen Bänden die Werke Rousseaus, Helvetius, Voltaires stehen, so denke ich, was haben sie genutzt? Hat ein einziges seinen Zweck erreicht? Haben sie das Rad aufhalten können, das unaufhaltsam stürzend seinem Abgrund entgegeneilt? O hätten alle, die gute Werke geschrieben haben, die Hälfte von diesem Guten gethan, es stünde besser um die Welt. Ja selbst dieses Studium der Naturwissenschaft, auf welches der ganze Geist der französischen Nation mit fast vereinten Kräften gefallen ist, wohin wird es führen? Warum verschwendet der Staat Millionen an alle diese Anstalten zur Ausbreitung der Gelehrsamkeit? Ist es ihm um Wahrheit zu thun? Dem Staate? Ein Staat kennt keinen andern Vortheil, als den er nach Procenten berechnen kann. Er will die Wahrheit anwenden. — Und worauf? Auf Künste und Gewerbe. Er will das Bequeme noch bequemer machen, das Sinnliche noch versinnlichen, den raffinirtesten Luxus noch raffiniren. — Und wenn am Ende auch das üppigste und verwöhnteste Bedürfniß keinen Wunsch mehr ersinnen kann, was ist dann? — O wie unbegreiflich ist der Wille, der über die Menschengattung waltet! Ohne Wissenschaft zittern wir vor jeder Lufterscheinung, unser Leben ist jedem Raubthier ausgesetzt, eine Giftpflanze kann uns tödten — und sobald wir in das

Reich des Wissens treten, sobald wir unsere Kenntnisse an=
wenden, uns zu sichern und zu schützen, gleich ist der erste
Schritt zu dem Luxus und mit ihm zu allen Lastern der
Sinnlichkeit gethan. Denn wenn wir zum Beispiel die
Wissenschaften nutzen, uns vor dem Genuß giftiger Pflanzen
zu hüten, warum sollen .wir sie nicht auch nutzen, wohl=
schmeckende zu sammeln, und wo ist nun die Grenze, hinter
welcher die poulets à la suprème und alle diese raffinements
der französischen Kochkunst liegen? Und doch — gesetzt,
Rousseau hätte in der Beantwortung der Frage, ob die
Wissenschaften den Menschen glücklicher gemacht haben, recht,
wenn er sie mit nein beantwortet, welche seltsamen Wider=
sprüche würden aus dieser Wahrheit folgen. Denn es mußten
viele Jahrtausende vergehen, ehe so viele Kenntnisse ge=
sammelt werden konnten, wie nöthig waren, einzusehen, daß
man keine haben müßte. Nun also müßte man alle Kenntnisse
vergessen, den Fehler wieder gut zu machen; und somit fienge
das Elend wieder von vorne an. Denn der Mensch hat
ein unwidersprechliches Bedürfniß sich aufzuklären. Ohne
Aufklärung ist er nicht viel mehr als ein Thier. Sein
moralisches Bedürfniß treibt ihn zu den Wissenschaften an,
wenn dies auch kein physisches thäte. Er wäre also, wie
Ixion, verdammt, ein Rad auf einen Berg zu wälzen, das
halb erhoben, immer wieder in den Abgrund stürzt*). Auch
ist immer Licht, wo Schatten ist, und umgekehrt. Wenn die
Unwissenheit unsre Einfalt, unsre Unschuld und alle Genüsse
der freundlichen Natur sichert, so öffnet sie dagegen allen
Gräueln des Aberglaubens die Thore. — Wenn dagegen

---

*) Kleist verwechselt den auf ein Rad geschmiedeten Ixion mit
dem den Stein immer von Neuem zu wälzen verurtheilten Sisyphus.

die Wissenschaften uns in das Labyrinth des Luxus führen, so schützen sie uns vor allen Gräueln des Aberglaubens. Jede reicht uns Tugenden und Laster, und wir mögen am Ende aufgeklärt oder unwissend sein, so haben wir dabei so viel verloren, als gewonnen. — Und so mögen wir denn vielleicht am Ende thun, was wir wollen, wir thun recht. — Ja, wahrlich, wenn man überlegt, daß wir ein Leben bedürfen, um zu lernen, wie wir leben müßten, daß wir selbst im Tode noch nicht ahnden, was der Himmel mit uns will, wenn niemand den Zweck seines Daseins und seiner Bestimmung kennt, wenn die menschliche Vernunft nicht hinreicht, sich und die Seele und das Leben und die Dinge um sich zu begreifen, wenn man seit Jahrtausenden noch zweifelt, ob es ein Recht giebt, — kann Gott von solchen Wesen Verantwortlichkeit fordern? Man sage nicht, daß eine Stimme im Innern uns heimlich und deutlich anvertraue, was Recht sei. Dieselbe Stimme, die dem Christen zuruft, seinem Feinde zu vergeben, ruft dem Seeländer zu, ihn zu braten und mit Andacht ißt er ihn auf. — Wenn die Ueberzeugung solche Thaten recht= fertigen kann, darf man ihr trauen? — Was heißt das auch, etwas Böses thun, der Wirkung nach? Was ist böse? **Absolut böse?** Tausendfältig verknüpft und verschlungen sind die Dinge der Welt, jede Handlung ist die Mutter von Millionen andren, und oft die schlechteste erzeugt die besten. Sage mir, wer auf dieser Erde hat schon etwas Böses gethan? Etwas, das böse wäre in alle Ewigkeit fort? — Und was uns auch die Geschichte von Nero, und Attila, und Cartouche, von den Hunnen, und den Kreuzzügen und der spanischen Inquisition erzählt, so rollt doch dieser Planet immer noch freundlich durch den Himmelsraum, und die

Frühlinge wiederholen sich, und die Menschen leben, genießen
und sterben nach wie vor. — Ja, thun, was der Himmel
sichtbar, unzweifelhaft von uns fordert, das ist genug. —
Leben, so lange die Brust sich hebt, genießen, was rundum
blüht, hin und wieder etwas Gutes thun, weil das auch ein
Genuß ist, arbeiten, damit man genießen und wirken könne,
Andern das Leben geben, damit sie es wieder so machen
und die Gattung erhalten werde — und dann sterben. —
Dem hat der Himmel ein Geheimniß eröffnet, der das thuet
und weiter nichts. Freiheit, ein eignes Haus und Weib,
meine drei Wünsche, die ich mir beim Auf= und Untergange
der Sonne wiederhole, wie ein Mönch seine drei Gelübbe.
O um diesen Preis will ich allen Ehrgeiz fahren lassen und
alle Pracht der Reichen und allen Ruhm der Gelehrten —
Nachruhm! Was ist das für ein seltsames Ding, das man
erst genießen kann, wenn man nicht mehr ist? O über den
Irrthum, der die Menschen um zwei Leben betrügt, der
sie selbst nach dem Tode noch äfft! Denn wer kennt die
Namen der Magier und ihre Weisheit? Wer wird nach
Jahrtausenden von uns und unserm Ruhme reden? Was
wissen Asien und Afrika und Amerika von unsern Genien?
Und nun die Planeten —? Und die Sonne? Und die
Milchstraße —? Und die Nebelflecke —? Ja, unsinnig
ist es, wenn wir nicht gerade für die Quadratruthe leben,
auf welcher, und für den Augenblick, in welchem wir uns
befinden. Genießen! Das ist der Preis des Lebens! Ja,
wahrlich, wenn wir seiner niemals froh werden, können wir
nicht mit Recht den Schöpfer fragen, warum gabst Du es
mir? Lebensgenuß seinen Geschöpfen zu geben, das ist die
Verpflichtung des Himmels; die Verpflichtung des Menschen
ist es, ihn zu verdienen. Ja, es liegt eine Schuld auf den

Menschen, etwas Gutes zu thun. — Ich werde das immer deutlicher und deutlicher einsehen, immer lebhafter und lebhafter fühlen lernen, bis Vernunft und Herz mit aller Gewalt meiner Seele einen Entschluß bewirken. Sei ruhig! bis dahin. Ich bedarf Zeit, denn ich bedarf Gewißheit und Sicherheit in der Seele zu dem Schritte, der die ganze Bahn der Zukunft bestimmen soll. Ich will mich nicht mehr übereilen — thue ich es noch einmal, so ist es das letztemal — denn ich verachte entweder alsdann meine Seele oder die Erde, und trenne sie. Aber sei ruhig, ich werde mich nicht übereilen. Dürfte ich auf meine eigene Bildung keine Kräfte verschwenden, so würde ich vielleicht jetzt schon wählen. Aber noch fühle ich meine eignen Blößen.

Ich habe den Lauf meiner Studien plötzlich unterbrochen, und werde das Versäumte hier nachholen, aber nicht mehr bloß um der Wahrheit willen, sondern für einen menschenfreundlicheren Zweck — Erlaß es mir, mich deutlicher zu erklären. Ich bin noch nicht bestimmt und ein geschriebenes Wort ist ewig. Aber hoffe das Beßte. — Ich werde Dich endlich einmal erfreuen können, Wilhelmine, und Deine Sorge sei es, mir die Innigkeit Deiner Liebe aufzubewahren, ohne welche ich in Deinen Armen niemals glücklich sein würde. Kein Tag möge vergehen, ohne mich zu sehen — Du kannst mich leicht finden, wenn Du in die Gartenlaube oder in Carls Zimmer, oder an den Bach gehst, der aus den Linden in die Oder fließt —. So möge die Vergangenheit und die Zukunft Dir die Gegenwart versüßen, so mögest Du träumend glücklich sein, bis — bis — — — Ja wer könnte das aussprechen —?

Lebe wohl, ich drücke Dir einen langen Kuß auf die Lippen — Adieu Adieu —

N. S. Gieb das folgende Blat Louisen, das Billet schicke Carln. Grüße Deine Eltern — sage mir, warum bin ich unruhig so oft ich an sie denke, und doch nicht, wenn ich an Dich denke? — Das macht, weil wir uns verstehen. — O mögte doch die ganze Welt in mein Herz sehen! Ja, grüße sie und sage ihnen, daß ich sie ehre, sie mögen auch von mir denken, was sie wollen. — Schreibe bald (Ich habe Dir schon von Paris aus einmal geschrieben) — aber nicht mehr poste restante, sondern dans la rue Noyer no. 21.

Paris, d. 16. August 1801.

Empfangen Sie, goldnes Louischen*), zum Lohne für Ihren lieben, in Carls Schreiben eingeschlossenen Worte diesen Brief aus Paris. Sie beneiden mich, wie es scheint, um meinen Aufenthalt und wünschen an meiner Stelle zu sein. Wenn Sie mir folgen wollen, so will ich Ihren Geist in die Nähe der Coulissen führen, die aus der Ferne betrachtet, so reizend scheinen. Aber erschrecken müssen Sie nicht, wenn Sie die Gestalten ein wenig mit Farben überladen und ein wenig grob gezeichnet finden.

Denken Sie sich in der Mitte zwischen drei Hügeln, auf einem Flächenraum von ungefähr einer Quadratmeile. einen Haufen von übereinandergeschobenen Häusern, welche schnell in die Höhe wachsen, gleichsam den Boden zu ver= vielfachen, denken Sie sich alle Häuser durchgängig von jener blaßen, matten Modefarbe, welche man weder gelb noch grau nennen kann, und unter ihnen einige schöne, edle, aber einzeln

---

*) Luise war die nächstälteste Schwester der Braut. Sie ist unverheirathet als Domina des abligen Fräuleinstiftes in Lindow gestorben. Sie war die an Geist hervorragendste unter den Schwestern stand auch in Beziehungen zu den höchsten Kreisen in Berlins.

in der Stadt verstreut, denken Sie sich enge, krumme, stinkende Straßen, in welchen oft an einem Tage Koth mit Staub, und Staub mit Koth abwechseln, denken Sie sich endlich einen Strom, der, wie mancher fremde Jüngling, rein und klar in diese Stadt trit, aber schmutzig und mit tausend Unrath geschwängert, sie verläßt, und der in fast gerader Linie sie durchschneidet, als wollte er den ekelhaften Ort, in welchen er sich verirrte, schnell auf dem kürzesten Wege durcheilen — denken Sie sich alle diese Züge in einem Bilde und Sie haben ohngefähr das Bild von einer Stadt, deren Aufenthalt Ihnen so reizend scheint.

Verrath, Mord und Diebstahl sind hier ganz unbedeutende Dinge, deren Nachricht niemanden afficirt. Ein Ehebruch des Vaters mit der Tochter, des Sohnes mit der Mutter, ein Todschlag unter Freunden und Anverwandten, sind Dinge, dont on a eu d'exemple*) und die der Nachbar kaum des Anhörens würdigt. Kürzlich wurden einer Frau 50000 Rth. gestohlen, fast täglich fallen Mordthaten vor, ja vor einigen Tagen starb eine ganze Familie an der Vergiftung; aber das Alles ist das langweiligste Ding von der Welt, bei deren Erzählung sich jedermann ennuyirt. Auch ist es etwas ganz Gewöhnliches, einen todten Körper in der Seine oder auf der Straße zu finden. Ein solcher wird dann in einem**), an dem pont St. Michel dazu bestimmten Gewölbe geworfen, wo immer ein ganzer Haufe übereinanderliegt, damit die Anverwandten, wenn ein Mitglied aus ihrer Mitte fehlt, hinkommen und es finden mögen. Jedes Nationalfest kostet im Durchschnitt zehn Menschen das Leben. Das sieht man

---

*) Diese nicht ganz correcte französische Phrase steht so im Original.

**) So steht im Original.

oft mit Gewißheit vorher, ohne darum dem Unglück vorzu=
beugen. Bei dem Friedensfeste am 14. Juli stieg in der
Nacht ein Ballon mit einem eisernen Reifen in die Höhe,
an welchem ein Feuerwerk befestigt war, das in der Luft
abbrennen und dann den Ballon entzünden sollte. Das
Schauspiel war schön, aber es war voraus zu sehen, daß
wenn der Ballon im Feuer aufgegangen war, der Reifen
auf ein Feld fallen würde, das vollgepfropft von Menschen
war. Aber ein Menschenleben ist hier ein Ding, von welchem
man 800000 Exemplare hat — der Ballon stieg, der Reifen
fiel, ein Paar schlug er todt, weiter war es nichts.

Zwei Antipoden können einander nicht fremder und un=
bekannter sein, als zwei Nachbarn von Paris, und ein armer
Fremdling kann sich gar an niemanden knüpfen, niemand
knüpft sich an ihn — zuweilen gehe ich durch die langen,
krummen, engen, schmutzigen, stinkenden Straßen, ich winde
mich durch einen Haufen von Menschen, welche schreien,
laufen, keuchen, einander schieben, stoßen, umdrehen, ohne es
übel zu nehmen, ich sehe Einen fragend an, er sieht mich
wieder an, ich frage ihn ein Paar Worte, er antwortet mir
höflich, ich werde warm, er ennuyirt sich, wir sind einander
herzlich satt, er empfiehlt sich, ich verbeuge mich, und wir
haben einander vergessen, sobald wir um die Ecke sind. —
Geschwind laufe ich nach dem Louvre, und erwärme mich an
dem Marmor, an dem Apoll von Belvedere, an der medi=
ceischen Venus, oder trete unter die italienischen Tableaus,
wo Menschen auf Leinwand gemahlt sind. —

Uebrigens muß man gestehen, daß es vielleicht nirgends
Unterhaltung giebt*), als unter den Franzosen. Man nenne

*) Das „so viel", welches man vermißt, fehlt im Original.

einem Teutschen ein Wort, oder zeige ihm ein Ding, darauf wird er kleben bleiben, er wird es tausendmal mit seinem Geiste anfassen, drehen und wenden, bis er es von allen Seiten kennet, und Alles, was sich davon sagen läßt, erschöpft hat. Dagegen ist der zweite Gedanke über ein und dasselbe Ding dem Franzosen langweilig. Er springt von dem Wetter auf die Mode, von der Mode auf das Herz, von dem Herzen auf die Kunst, gewinnt jedem Dinge die interessante Seite ab, spricht mit Ernst von dem Lächerlichen, lachend von dem Ernsthaften, und wenn man dem eine Viertelstunde zugehört hat, so ist es, als ob man in einem Kuckkasten*) gesehen hätte. Man versucht es, seinen Geist zwei Minuten lang an einen heiligen Gegenstand zu fesseln; er wird das Gespräch kurzweg mit einem ah-ba!**) abbrechen. Der Deutsche spricht mit Verstand, der Franzose mit Witz. Das Gespräch des Ersteren ist eine Reise zum Nutzen, das Gespräch des Andern wie ein Spaziergang zum Vergnügen. Der Deutsche geht um das Ding herum, der Franzose fängt den Lichtstrahl auf, den es ihm zuwirft und geht vorüber.

Zwei Reisende, die zu zwei verschiedenen Zeiten nach Paris kommen, sehen zwei ganz verschiedene Menschenarten. Ein Aprillmonat kann kaum so schnell mit der Witterung wechseln, als die Franzosen mit der Kleidung. Bald ist ein Rock zu eng für Einen, bald ist er groß genug für zwei, und ein Kleid, das sie heute einen Schlafrock nennen, tragen sie morgen zum Tanze, und umgekehrt. Dabei sitzt ihnen der Hintere bald unter dem Kopfe, bald über den Hacken, bald

---

*) So steht im Original.
**) Desgleichen.

haben sie kurze Arme, bald keine Hände, die Füße scheinen bald einem Hottentotten, bald einem Sinesen anzugehören, und die Philosophen mögen uns von der Menschengattung erzählen, was sie wollen, in Frankreich gleicht jede Generation weder der, von welcher sie abstammt, noch der, welche ihr folgt.

Seltsam ist die Verachtung, in welcher der französische Soldat bei dem französchen Bürger steht. Wenn man die Sieger von Marengo mit den Siegern von Maraton, und selbst mit den Ueberwundenen von Cannä vergleicht, so muß man gestehen, daß ihnen ein trauriges Schicksal geworden ist. Von allen Gesellschaften, die man hier du ton nennt, sind die französischen Helden ausgeschlossen — warum? Weil sie nicht artig genug sind. Denn dem Franzosen ist es nicht genug, daß ein Mensch eine große, starke, erhabene Seele zeigt, er will auch, daß er sich zierlich betrage, und ein Officier möge eine That begangen haben die Bayards oder Turennes würdig wäre, so ist das hinreichend, von ihm zu sprechen, ihn zu loben und zu rühmen, nicht aber mit ihm in Gesellschaften zu sein. Tanzen soll er, er soll wenigstens die 4 französischen Positionen und die 15 Formeln kennen, die man hier Höflichkeiten nennt, und selbst Achilles und Hektor würden hier kalt empfangen werden, weil sie keine éducation hatten, und nicht amusant genug waren.

Eine ganz rasende Sucht nach Vergnügungen verfolgt die Franzosen und treibt sie von einem Orte zum andern. Sie ziehen den ganzen Tag mit allen ihren Sinnen auf die Jagd, den Genuß zu fangen, und kehren nicht eher heim, als bis die Jagdtasche bis zum Ekel angefüllt ist. Ganze Haufen von Affischen laden überall den Einwohner und Fremdling zu Festen ein. An allen Ecken der Straßen und auf allen

öffentlichen Plätzen schreit irgend ein Possenreißer seine Künste
aus, und lockt die Vorübergehenden vor seinen Kuckkasten
oder fesselt sie wenigstens auf ein Paar Minuten, durch seine
Sprünge und Faxen. Selbst mit dem Schauspiele oder mit
der Oper, die um 11 Uhr schließt, ist die Jagd noch nicht
beendigt. Alles strömt nun nach öffentlichen Orten, der ge-
meinere Theil in das palais royal, und in die Caffeehäuser,
wo entweder ein Concert von Blinden, oder ein Bauchredner
oder irgend ein andrer Harlekin die Gesellschaft auf Kosten
des Wirthes vergnügt, der vornehmere Theil nach Frascati oder
dem pavillon d'Hannovre, zwei fürstlichen Hotels, welche seit der
Emigration ihrer Besitzer das Eigenthum ihrer Köche geworden sind. Da wird dann der letzte Tropfen aus dem
Becher der Freude vollständig eingeschlürft: eine prächtige Gruppe
von Gemächern, die luxuriösesten Getränke, ein schöner Garten,
eine Illumination und ein Feuerwerk. — Denn nichts hat
der Franzose lieber, als wenn man ihm die Augen verblendet.

Das, goldnes Louischen, sind die Vergnügen dieser
Stadt. Ist es nicht entzückend, ist es nicht beneidenswürdig,
so viel zu genießen? —? Ach, zuweilen, wenn ich dem
Fluge einer Rakete nachsehe, oder in den Schein einer Lampe
blicke, oder ein künstliches Eis auf meiner Zunge zergehen
lasse, wenn ich mich dann frage: genießest Du —? O dann
fühle ich mich so leer, so arm, dann bewegen sich die Wünsche
o unruhig, dann treibt es mich fort aus dem Getümmel
unter den Himmel der Nacht, wo die Milchstraße und die
Nebelflecke dämmern. —

Ja, zuweilen, wenn ich einmal einen Tag widmete, mit
dem Haufen auf diese Jagd zu ziehen, die man doch auch
kennen lernen muß, wenn ich dann, ohne Beute, ermüdet
zurückkehre, und still stehe auf dem pont-neuf, über dem

Seine-strom, diesem einzigen schmalen Streifen Natur, der sich in diese unnatürliche Stadt verirrte, o dann habe ich eine unaussprechliche Sehnsucht, hinzufliegen nach jener Höhe, welche bläulich in der Ferne dämmert, und alle diese Dächer und Schornsteine aus dem Auge zu verlieren, und nichts zu sehen, als rundum den Himmel. — Aber — giebt es einen Ort in der Gegend dieser Stadt, wo man ihrer nicht gewahr würde?

Ueberdrüßig aller dieser Feuerwerke und Illuminationen und Schauspiele und Possenreißereien, hat ein Franzose den Einfall gehabt, den Einwohnern von Paris ein Vergnügen von einer ganz neuen Art zu bereiten, nämlich das Vergnügen an der Natur. Der Landgraf von Hessen-Kassel hat sich auf der Wilhelmshöhe eine gothische Ritterburg, und der Kurfürst von der Pfalz in Schwetzingen eine türkische Moschee erbaut. Sie besuchen zuweilen diese Orte, beobachten die fremden Gebräuche und versetzen sich so in Verhältnisse, von welchen sie durch Zeit und Raum getrennt sind. Auf eine ähnliche Art hat man hier in Paris die Natur nach= geahmt, von welcher die Franzosen weiter, als der Landgraf von der Ritterzeit und der Kurfürst von der Türkei entfernt sind. Von Zeit zu Zeit verläßt man die matte, fade, stinkende Stadt und geht? in die Vorstadt, die große, ein= fältige, rührende Natur zu genießen. Man bezahlt (im hameau de Chantilly) am Eingange 20 sols für die Er= laubniß, einen Tag in patriarchalischer Simplicität zu durch= leben. Arm in Arm wandert man, so natürlich wie möglich, über Wiesen, an dem Ufer der Seen, unter dem Schatten der Erlen, hundert Schritte lang bis an die Mauer, wo die Unnatur anfängt — dann kehrt man wieder um. Gegen die Mittagszeit (das heißt um 5 Uhr) sucht jeder sich eine Hütte, der Eine die Hütte eines Fischers, der Andere die eines Jägers, Schiffers, Schäfers etc. etc., jede mit den Insignien der Arbeit und einem Namen bezeichnet, welchen der Bewohner führt, so lange er sich darin aufhält. Fünfzig Laquaien, aber ganz natürlich gekleidet, springen umher, die Schäfer= oder die Fischer=Familie zu bedienen. Die raffinirtesten Speisen und die feinsten Weine werden aufgetragen, aber in hölzernen Näpfen und irdenen Gefäßen; und, damit nichts der Täuschung fehle, so ißt man mit Löffeln von Zinn. Gegen Abend schifft man sich zu zwei und zwei ein, und fährt, unter ländlicher Musik, eine Stunde lang spazieren auf einem See, welcher 20 Scheite im Durchmesser hat. Dann ist es Nacht, ein Ball unter freiem Himmel beschließt das romantische Fest, und jeder eilt nun aus der Natur wieder in die Unnatur hinein. —

Große, stille, feierliche Natur, Du, die Cathedrale der Gottheit, deren Gewölbe der Himmel, deren Säulen die Alpen, deren Kronleuchter die Sterne, deren Chorknaben die Jahreszeiten sind, welche Düfte schwingen in den Rauchfässern der Blumen gegen die Altäre der Felder, an welchen Gott Messe lieset und Freuden austheilt zum Abendmahl unter der Kirchenmusik, welche die Stürme und die Gewitter rauschen, indessen die Seelen entzückt ihre Genüsse an dem Rosenkranze der Erinnerung zählen — so spielt man mit Dir—?

Zwei waren doch an diesem Abend in dem hameau de Chantilly, welche genossen; nämlich ein Jüngling und ein Mädchen, welche ohne zu tanzen, dem Spiele in einiger Entfernung zusahen. Sie saßen unter dem Dunkel der Bäume nur matt von den Lampen des Tanzplatzes erleuchtet — nebeneinander, versteht sich; und ob sie gleich niemals lachten, so schienen sie doch so vergnügt, daß ich mich selbst an ihrer Freude erfreute, und mich hinter sie setzte in der Ferne, wo

sie mich nicht sahen. Sie hatten beide die nachbarlichen
Aerme auf ein Geländer gelehnt, das ihren Rücken halb deckte
Das geschah aber bloß, um sich zu stützen. Die Kante war
schmal, die warmen Hände mußten zuweilen einander be=
rühren. Das geschah aber so unmerklich, daß es niemand
sah. Sie sehen sich meistens an, und sprachen wenig, oder
viel, wie man will. Wenn sie mit eigentlichen Worten
sprachen, so war es ein Laut, wie wenn eine Silberpappel
im Winde zittert. Dabei neigten sie einander mehr die
Wangen als das Ohr zu, und es schien, als ob es ihnen
mehr um den Athem, als um den Laut zu thun wäre. Ihr
Antlitz glühte wie ein Wunsch. — Zuweilen sahen sie mit
feuchten Blicken, träumend in den Schein der Lampen. —
Es schien, als folgten sie der Musik in ein unbekanntes
Land. — Dann, schüchtern, mit einemmale zählten sie die
Menschen und wogen ihre Mienen. — Als sie mich erblickten,
warfen sie ihre Augen auf den Boden, als ob sie ihn suchten.
Da stand ich auf und gieng weg. —

Wohin? Fragen Sie das? — Nach Frankfurt gieng ich.

Ich wüßte nichts mehr hinzuzusetzen. Leben Sie wohl
und behalten Sie lieb Ihren Freund   H. K.

N. S. Weil doch kein Blatt unbeschrieben die Reise
von Paris nach Frankfurt machen soll, so schreibe ich Ihnen
noch ein Paar Moden. Das ist Ihnen doch lieb? Binden
Sie die Bänder Ihrer Haube so, von dem Ohre an die
Kante der Wangen entlang, daß die Schleife gerade die
Mitte des Kinns schmückt — oder werfen Sie, wenn Sie
ausgehen, den Schleier, der an Ihrem Haupte befestigt ist,
so um das Haupt Ihrer Schwester, daß er, à l'inséparable,
beide bedeckt — und Sie sehen aus wie eine Pariser Dame
au dernier gôut.

———————

XXXI.

Paris, den 10. October 1801.

Liebe Wilhelmine. Also mein letzter Brief hat Dir so
viel Freude gemacht? O mögte Dir auch dieser unter so
vielen trüben Tagen, ein Paar froher Stunden schenken!
Andere beglücken, es ist das reinste Glück auf dieser Erde. —
Nur schwer ist es, wenn wir selbst nicht glücklich sind, und
Andere doch gerade in unserm Glücke das ihrige setzen. —
Indessen fühle ich mich doch wirklich von Tage zu Tage
immer heiterer und heiterer, und hoffe, daß endlich die Natur
auch mir einmal das Maas von Glück zumessen wird, das
sie allen ihren Wesen schuldig ist. Auf welchem Wege ich
es suchen soll, darüber bin ich freilich noch nicht recht einig,
obgleich sich mein Herz fast überwiegend immer zu einem
neigt — Aber ob auch Dein Herz sich dazu neigen wird? —?
Ach, Wilhelmine, da bin ich fast schüchtern in der Mit=
theilung. Aber wenn ich denke, daß Du meine Freundinn
bist, so schwindet alle Zurückhaltung, und darum will ich
Dir die mancherlei Gedanken, die meine Seele jetzt für die
Zukunft bearbeitet, mittheilen.

Ein großes Bedürfniß ist in mir rege geworden, ohne
dessen Befriedigung ich niemals glücklich sein werde; es ist
dieses, etwas Gutes zu thun. Ja, ich glaube fast, daß
dieses Bedürfniß bis jetzt immer meiner Trauer dunkel zum
Grunde lag, und daß ich mir jetzt bloß deutlich bewußt

geworden bin. Es liegt eine Schuld auf dem Menschen die, wie eine Ehrenschuld, jeden, der Ehrgefühl hat, unaufhörlich mahnt. Vielleicht kannst Du Dir, wie dringend dieses Bedürfniß ist, nicht lebhaft vorstellen. Aber das kommt, weil Dein Geschlecht ein leidendes ist. — Besonders seitdem mich die Wissenschaften gar nicht mehr befriedigen, ist dieses Bedürfniß in mir rege geworden. Kurz, es steht fest beschlossen in meiner Seele, ich will diese Schuld abtragen.

Wenn ich mich aber nun umsehe in der Welt und frage: wo giebt es denn wohl etwas Gutes zu thun!? — ach, Wilhelmine, darauf weiß ich nur eine einzige Antwort. Es scheint allerdings für ein thatenlechzendes Herz zunächst rathsam, sich einen großen Wirkungskreis zu suchen; aber — liebes Mädchen, Du mußt, was ich Dir auch sagen werde, mich nicht mehr nach dem Maßstabe der Welt beurtheilen. Eine Reihe von Jahren, in welchen ich über die Welt im Großen frei denken konnte, hat mich dem, was die Menschen Welt nennen, sehr unähnlich gemacht. Manches, was die Menschen ehrwürdig nennen, ist es mir nicht, vieles, was ihnen verächtlich scheint, ist es mir nicht. Ich trage eine Vorschrift in meiner Brust, gegen welche alle äußern, und wenn sie ein König unterschrieben hätte, nichtswürdig sind. Daher fühle ich mich ganz unfähig, mich in irgend ein conventionelles Verhältniß der Welt zu passen. Ich finde viele ihrer Einrichtungen so wenig meinem Sinne gemäß, daß es mir unmöglich wäre, zu ihrer Erhaltung oder Ausbildung mitzuwirken. Dabei wüßte ich doch oft nichts Besseres an ihrer Stelle zu setzen. — Ach, es ist so schwer, zu bestimmen, was gut ist der Wirkung nach. Selbst manche von jenen Thaten, welche die Geschichte bewundert, waren sie wohl gut in diesem reinen Sinne? Ist nicht oft ein

Mann, der einem Volke nützlich ist, verderblich für zehn andere? — Ach ich kann Dir das Alles gar nicht aufschreiben, denn das ist ein endloses Thema. — Ich wäre auch in einer solchen Lage nicht glücklich, o gar nicht glücklich. Doch das sollte mich noch nicht abhalten, hinein zu treten, wüßte ich nur etwas wahrhaft Gutes, etwas, das mit meinen Forderungen übereinstimmt, zu leisten. — Dazu kommt, daß mir auch, vielleicht durch meine eigene Schuld, die Möglichkeit, eine neue Laufbahn in meinem Vaterlande zu betreten, benommen ist. Wenigstens würde ich ohne Erniedrigung kaum, nachdem ich zweimal Ehrenstellen ausgeschlagen habe*), wieder selbst darum anhalten können. Und doch würde ich auch dieses saure Mittel nicht scheuen, wenn es mich nur auch zum Lohne an meinen Zweck führte. — Die Wissenschaften habe ich ganz aufgegeben. Ich kann Dir nicht beschreiben, wie ekelhaft mir ein wissender Mensch ist, wenn ich ihn mit einem handelnden vergleiche. Kenntnisse, wenn sie noch einen Werth haben, so ist es nur insofern sie vorbereiten zum Handeln. Aber unsere Gelehrten, kommen sie wohl vor allem Vorbereiten jemals zum Zweck? Sie schleifen unaufhörlich die Klinge, ohne sie jemals zu brauchen, sie lernen und lernen, und haben niemals Zeit, die Hauptsache zu thun. — Unter diesen Umständen in mein Vaterland zurückzukehren, kann unmöglich rathsam sein. Ja, wenn ich mich über alle Urtheile hinwegsetzen könnte, wenn mir ein grünes Häuschen bescheert wäre, das mich und Dich empfinge! — Du wirst mich wegen dieser Abhängigkeit von

---

*) Welches diese gewesen sein sollten, ist nicht klar. Zu einer Stelle im Finanzfach scheint ihm einmal (Ende 1800) Hoffnung gemacht worden zu sein (Koberstein, S, 40.): von einem zweiten Anerbieten einer Anstellung in dieser Zeit ist nichts bekannt.

dem Urtheile Anderer schwach nennen, und ich muß Dir darin
Recht geben, so unangenehm mir das Gefühl auch ist. Ich
selbst habe freilich durch einige seltsame Schritte die Er=
wartung der Menschen gereizt. Was soll ich nun antworten,
wenn sie die Erfüllung von mir fordern? Und warum soll
ich denn gerade ihre Erwartung erfüllen? O es ist mir
zur Last. — Es mag wahr sein, daß ich so eine Art von
verunglücktem Genie bin, wenn auch nicht in ihrem Sinne
verunglückt, doch in dem meinen. Kenntnisse, was sind sie?
Und wenn Tausende mich darin überträfen, übertreffen sie
mein Herz? Aber davon halten sie nicht viel. — Ohne ein
Amt in meinem Vaterlande zu leben, könnte ich jetzt wegen
meiner Vermögensumstände fast nicht mehr. Ach, Wilhelmine,
wie viele traurige Vorstellungen ängstigen mich jetzt unauf=
hörlich, und Du willst, ich soll Dir vergnügt schreiben?
Und doch — habe noch ein wenig Geduld. Vielleicht, wenn
der Anfang dieses Briefes nicht erfreulich ist, so ist es sein
Ende. — Nahrungssorgen für mich allein sind es doch
nicht eigentlich, die mich so sehr ängstigen, denn wenn ich
mich an das Bücherschreiben machen wollte, so könnte ich
mehr als ich bedarf, verdienen. Aber Bücherschreiben
für Geld — o nichts davon! Ich habe mir, da ich unter
den Menschen in dieser Stadt so wenig für mein Bedürf=
niß finde, in einsamer Stunde (denn ich gehe wenig aus)
ein Ideal ausgearbeitet; aber ich begreife nicht, wie ein
Dichter das Lied seiner Liebe einem so rohen Haufen, wie
die Menschen sind, übergeben kann. Bastard nennen sie es.
Dich wollte ich wohl in das Gewölbe führen, wo ich mein
Kind, wie eine vestalische Priesterinn das ihrige, feierlich
aufbewahre bei dem Schein der Lampe. — Also aus diesem
Erwerbszweige wird nichts. Ich verachte ihn aus vielen

Gründen, das ist genug. Denn nie in meinem Leben, und
wenn das Schicksal noch so sehr drängte, werde ich etwas
thun, das meinen inneren Forderungen, sei es auch noch so
leise, widerspräche. — Nun, liebe Wilhelmine, komme ich auf
das Erfreuliche. Fasse Muth, sieh mein Bild an und küsse
es. — Da schwebt mir unaufhörlich ein Gedanke vor die
Seele — aber wie werde ich ihn aussprechen, damit er
Dir heiliger Ernst, und nicht kindisch — träumerisch er=
scheine? Ein Ausweg bleibt mir übrig, zu dem mich zu=
gleich Neigung und Nothwendigkeit führen. — Weißt Du,
was die alten Männer thun, wenn sie 50 Jahre lang um
Reichthümer und Ehrenstellen gebuhlt haben? Sie lassen sich
auf einen Heerd nieder und bebauen ein Feld. Dann und
dann erst nennen sie sich weise. — Sage mir, könnte man
nicht klüger sein als sie, und früher dahin gehen, wohin
man am Ende doch soll? — Unter den persischen Magiern
gab es ein religiöses Gesetz: ein Mensch könne nichts der
Gottheit wohlgefälligeres thun, als dieses, ein Feld zu be=
bauen, einen Baum zu pflanzen, und ein Kind zu zeugen. —
Das nenne ich Weisheit, und keine Wahrheit hat noch so tief
in meine Seele gegriffen, als diese. Das soll ich thun,
das weiß ich bestimmt. — Ach, Wilhelmine, welch ein un=
sägliches Glück mag in dem Bewußtsein liegen, seine Be=
stimmung ganz nach dem Willen der Natur zu erfüllen! Ruhe
vor den Leidenschaften!! Ach der unseelige Ehrgeiz, er ist
ein Gift für alle Freuden. — Darum will ich mich los=
reißen von allen Verhältnissen, die mich unaufhörlich zwingen
zu streben, zu beneiden, zu wetteifern. Denn nur in der
Welt ist es schmerzhaft, wenig zu sein, außer ihr nicht.
— Was meinst Du, Wilhelmine, ich habe noch etwas von
meinem Vermögen, wenig zwar, doch wird es hinreichen, mir

etwa in der Schweiz einen Bauerhof zu kaufen, der mich
ernähren kann, wenn ich selbst arbeite. Ich habe Dir das
so trocken hingeschrieben, weil ich Dich durch Deine Phantasie
nicht bestechen wollte. Denn sonst giebt es wohl keine Lage,
die für ein reines Herz so unüberschwänglich reich an Genüssen wäre als diese. Die Romane haben unsern Sinn
verdorben. Denn durch sie hat das Heilige aufgehört, heilig
zu sein, und das reinste, menschlichste, einfältigste Glück ist
zu einer bloßen Träumerei herabgewürdigt worden. — Doch
wie gesagt, ich will Deine Phantasie nicht bestechen. Ich
will die schöne Seite dieses Standes gar nicht berühren, und
dies einem künftigen Briefe aufbewahren, wenn Du Geschmack
an diesem Gedanken finden kannst. Für jetzt prüfe bloß mit
Deiner Vernunft. Ich will im eigentlichsten Verstande ein Bauer
werden, mit einem etwas wohlklingenderem Worte, ein Landmann. — Was meine Familie und die Welt dagegen einwenden
mögte, wird mich nicht irre führen. Ein jeder hat seine eigene
Art, glücklich zu sein, und niemand darf verlangen, daß man es
in der seinigen sein soll. Was ich thue, ist nichts Böses, und
die Menschen mögen über mich spötteln so viel sie wollen,
heimlich in ihrem Herzen werden sie mich ehren müssen. — Doch
wenn auch das nicht wäre, ich selbst ehre mich. Meine Vernunft
will es so, und das ist genug.

Aber nun, Wilhelmine, wenn ich diese Forderung meiner
Vernunft erfülle, wenn ich mir ein Landgut kaufe, bleibt mir
dann kein Wunsch übrig? Fehlt mir dann nichts mehr?
Fehlt mir nicht noch ein Weib? Und giebt es ein anderes
für mich, als Du? Ach, Wilhelmine, wenn es möglich wäre,
wenn Deine Begriffe von Glück hier mit den meinigen zu-
sammenfielen! Denke an die heiligen Augenblicke, die wir
durchleben könnten. Doch nichts davon für jetzt — Denke

jetzt vielmehr nur an das, was Dir in dieser Lage weniger reizend scheinen mögte. Denke an das Geschäft, das Dir anheimfiele — aber dann denke auch an die Liebe, die es belohnen wird. — Wilhelmine! — Ach, viele Hindernisse schrecken mich fast zurück. Aber wenn es möglich wäre sie zu übersteigen! — Wilhelmine! Ich fühle, daß es unbescheiden ist, ein solches Opfer von Dir zu verlangen. Aber wenn Du es mir bringen könntest! Deine Erziehung, Deine Seele, Dein ganzes bisheriges Leben ist von der Art, daß es einen solchen Schritt nicht unmöglich macht. — Indessen, vielleicht ist es doch anders. Aengstige Dich darum nicht. Ich habe kein Recht auf solche Aufopferungen und wenn Du dies mir verweigerst, so werde ich darum an Deiner Liebe nicht zweifeln. — Indessen, liebes Mädchen, weiß ich nur fast keinen andern Ausweg. Ich habe mit Ulriken häufig meine Lage und die Zukunft überlegt, und das Mädchen thut Alles Mögliche, mich, wie sie meint, auf den rechten Weg zurückzuführen, aber das ist eben das Uebel, daß jeder seinen Weg für den rechten hält. — Wenn Du einstimmen könntest in meinen innigsten Wunsch, dann, Wilhelmine, dann will ich Dir zeigen, welch' ein Glück uns bevorsteht, an das kein andres reicht. Dann erwarte einen froheren Brief von mir. — Wenn ein solcher Schrit wirklich Dein Glück begründen könnte, so wird auch Dein Vater nichts dagegen einwenden. — Antworte mir bald. Mein Plan ist, den Winter noch in dieser traurigen Stadt zuzubringen, dann auf das Frühjahr nach der Schweiz zu reisen, und mir ein Oertchen auszusuchen, wo es Dir und mir und unsern Kindern einst wohlgefallen könnte. — Ich muß diesen Brief auf die Post tragen, denn mit Sehnsucht sehe ich Deiner Antwort entgegen.   H. K.

XXXII.

Liebe Wilhelmine, Du wirst ohne Zweifel schon meinen letzten Brief, in welchem ich Dir meinen Plan für die Zukunft mittheilte, nämlich mich in der Schweiz anzukaufen, empfangen haben. Was sagst Du dazu? Freiheit, die edelste Art der Arbeit, ein Eigenthum, ein Weib — ach, liebes Mädchen, für mich ist kein Loos wünschenswerther als dieses. Aber auch für Dich? Stelle Dir Deine Lage nicht so reizlos vor. Sie ist es freilich für jeden, dem der rechte Sinn fehlt. Aber darf ich das von Dir fürchten? Bist Du an Pracht und Verschwendung gewöhnt? Sind die Vergnügungen des Stadtlebens nicht auch flache Freuden für Dich? Kann Deine Seele sie genießen? Und bleibt nicht immer noch ein Wunsch unerfüllt, den nur allein eine solche Zukunft, wie ich sie Dir bereite, erfüllen kann? — Liebe Wilhelmine, ich habe, Deine Einbildungskraft nicht zu bestechen, in meinem letzten Briefe Dich gebeten, für die erste Zeit meinen Plan nur an seiner weniger reizenden Seite zu prüfen. Aber nun stelle Dir auch einmal seine reizende vor, und wenn Du mit dem rechten Sinn Vortheile und Nachtheile abwägst, o tief, tief sinkt die Schale des Glückes. Höre mich einmal an, oder vielmehr beantworte mir diese eine Frage: Welches ist das höchste Bedürfniß des Weibes? Ich müßte mich sehr irren, wenn Du anders antworten

15*

könnteſt als: die Liebe ihres Mannes. Und nun ſage mir,
ob irgend eine Lage alle Genüſſe der Liebe ſo erhöhen, ob
irgend ein Verhältniß zwei Herzen ſo fähig machen kann,
Liebe zu geben und Liebe zu empfangen, als ein ſtilles
Landleben? — Glaubſt Du, daß ſich die Leute in der Stadt
lieben? Ja, ich glaube es, aber nur in der Zeit, wo ſie
nichts Beſſeres zu thun wiſſen. Der Mann hat ein Amt,
er ſtrebt nach Reichthum und Ehre, das koſtet ihm Zeit.
Indeſſen würde ihm doch noch einige für die Liebe übrig
bleiben. Aber er hat Freunde, er liebt Vergnügungen, das
koſtet ihm Zeit. Indeſſen würde ihm doch noch einige für
die Liebe übrig bleiben. Aber wenn er in ſeinem Hauſe
iſt, ſo iſt ſein zerſtreuter Geiſt außer demſelben, und ſo
bleiben nur ein Paar Stunden übrig, in welchen er ſeinem
Weibe ein Paar karge Opfer bringt. — Etwas Aehnliches
gilt von dem Weibe, und das iſt ein Grund, warum ich
das Stadtleben fürchte. Aber nun das Landleben! Der
Mann arbeitet; für wen? Für ſein Weib. Er ruht aus;
wo? Bei ſeinem Weibe. Er geht in die Einſamkeit; wo=
hin? Zu ſeinem Weibe. Er geht in Geſellſchaft; wohin?
Zu ſeinem Weibe. Er trauert; wo? Bei ſeinem Weibe.
Er vergnügt ſich; wo? Bei ſeinem Weibe. Das Weib iſt
ihm Alles — und wenn ein Mädchen ein ſolches Loos
ziehen kann, wird ſie ſäumen? — Ich ſehe mit Sehnſucht
einem Briefe von Dir entgegen. Deine Antwort auf meinen
letzten Brief wird mich ſchwerlich noch in Paris treffen.
Ich habe überlegt, daß es ſowohl meines Vermögens, als
der Zeit wegen nothwendig ſei, mit der Ausführung meines
Planes zu eilen. Ueberdies feſſelt mich Paris durch gar
nichts, und ich werde daher noch vor dem Winter nach der
Schweiz reiſen, um den Winter ſelbſt für Erkundigungen und

Anstalten zu nutzen. — Sei nicht unruhig. Deine Ein=
stimmung ist ein Haupterforderniß. Ich werde nichts Ent=
scheidendes unternehmen, bis ich Nachricht von Dir erhalten
habe. Auch wenn aus der Ausführung dieses Planes nichts
werden sollte, ist es mir doch lieb, aus dieser Stadt zu
kommen, von der ich fast sagen mögte, daß sie mir ekelhaft
ist. — Schreibe mir also sogleich nach Bern, und solltest
Du mir auch schon nach Paris geschrieben haben. Ich werde
mir diesen Brief nachschicken lassen. Mit Ulriken hat es
mir große Kämpfe gekostet. Sie hält die Ausführung meines
Planes nicht für möglich, und glaubt auch nicht einmal, daß
er mich glücklich machen wird. Aber ich hoffe sie von Beidem
durch die Erfahrung zu überzeugen. — So gern sie auch
die Schweiz sehen mögte, so ist es doch im Winter nicht
rathsam. Sie geht also nach Frankfurt zurück, ich begleite
sie bis Frankfurt am Main. — Aber dies Alles, liebe
Wilhelmine, mußt Du aufs Sorgfältigste verschweigen; sage
auch noch Deinem Vater nichts von meinem Plane, er soll
ihn erst erfahren, wenn er ausgeführt ist. Auch bei uns
sage nichts von dem ganzen Inhalt dieses Briefes. Sie
mögten sich seltsame Dinge vorstellen, und es ist genug, daß
Du im Voraus von Allem unterrichtet bist. Ulrike wird
sie überraschen und es ihnen beibringen. — Lebe wohl, und
wünsche mir Glück. Ich kann nicht länger schreiben, denn
der Brief muß auf die Post. — Schreibe Carln, daß er sich
gefaßt machen mögte, seinen Johann wieder aufzunehmen.
Ende Novembers ist er in Frankfurt a/Oder.   H. K.

XXXIII.

Liebe Wilhelmine, ich fürchte nicht, daß Dich Ulrikens Ankunft ohne mich schmerzhaft überraschen wird, da ich Dich bereits von Paris aus darauf vorbereitet und Dir meinen Plan, noch in diesem Winter nach der Schweiz zu reisen, darin mitgetheilt habe.

Deinen Brief habe ich noch in Paris, noch an dem Morgen meiner Abreise, fast kaum eine Stunde, ehe ich mich in den Wagen setzte, erhalten. — Ob er mir Freude gemacht hat?

Liebe Freundin, ich mögte nicht gern an Deiner Liebe zweifeln müssen, und noch wankt mein Glaube nicht. Wenn es auch keine hohe Neigung ist, innig ist sie doch immer, und noch immer, trotz Deines Briefes, kann sie mich glücklich machen.

Ich wüßte kein besseres, herzlicheres Mittel, uns Beide wieder auf die alte Bahn zu führen, als dieses: Laß uns Beide Deinen letzten Brief vergessen!

Herzlich lieb ist es mir, daß ich ihn nicht gleich in der ersten Stimmung beantwortete, und daß ich auf einer Reise von 15 Tagen Zeit genug gehabt habe, Dich zu entschuldigen. Ich fühle nun, daß ich doch immer noch auf Deine Liebe rechnen kann, und daß Deine Weigerung, mir nach der Schweiz zu folgen, auf vielen Gründen beruhen kann, die unserer Vereinigung gar keinen Abbruch thun.

Deine Anhänglichkeit an Dein väterliches Haus ist mir so ehrwürdig und wird mir doch, wenn Du mich nur wahrhaft liebst, so wenig schaden, daß es gar nicht nöthig ist, das mindeste dagegen einzuwenden. Sind nicht fast alle Töchter in demselben Falle, und folgen sie nicht doch, so schwer es ihnen auch scheint, dem weisen Spruche aus der Bibel: Du sollst Vater und Mutter verlassen und Deinem Manne anhangen?

Wenn Du mich nur wahrhaft liebst, wenn Du nur wahrhaft bei mir glücklich zu werden hofft. — Und da mogte freilich in meiner ersten Einladung, aus Furcht Dich bloß zu überreden, zu wenig Ueberzeugendes, zu wenig Einladendes liegen.

Deine ganze Weigerung scheint daher mehr ein Mißverständniß, als die Frucht einer ruhigen Prüfung zu sein. Du schreibst, Dein Körper sei zu schwach für die Pflichten einer Bauersfrau — und dabei hast Du Dir wahrscheinlich die niedrigsten, ekelhaftesten gedacht. Aber denke Dir die besseren, angenehmeren, denke, daß Dir in einer solchen Wirthschaft, wie ich sie unternehmen werde, wenigstens zwei oder drei Mägde zur Seite gehen, wirst Du auch jetzt noch zu schwach sein?

Liebe Wilhelmine, wenn Du Dich jetzt nicht recht gesund fühlst, so denke, daß vielleicht Dein städtisches Leben an manchem Schuld sei, und daß gewiß die Art der Arbeit, die ich Dir vorschlage, statt Deine Kräfte zu übersteigen, sie vielmehr stärken wird. Aufblühen wirst Du vielleicht. — Doch ich verschweige Alles, was nur irgend einer Ueberredung ähnlich sehen könnte. Freiwillig und gern mußt

Du mir folgen können, wenn nicht jeder trübe Blick mir ein Vorwurf sein soll. — Dennoch würde ich mehr hinzusetzen, wenn ich nur mit voller Ueberzeugung wüßte, daß Du mich nicht weniger innig liebst, als ich es doch nothwendig bedarf. Manche Deiner Gründe der Weigerung sind so seltsam. — Du schreibst, Kopfschmerzen bekämst Du im Sonnenschein. — Doch nichts davon! Alles ist vergessen, wenn Du Dich noch in Fröhlichkeit und Heiterkeit entschließen kannst. Ich habe Dir kurz vor meiner Abreise von Paris Alles gezeigt, was auf dem Wege, den ich Dich führen will, Herrliches und Vortreffliches für Dich liegt. Die Antwort auf diesen Brief soll entscheidend sein. Du wirst ihn wahrscheinlich schon nach Bern geschickt haben, und ich ihn dort bei meiner Durchreise empfangen. Es wird der Augenblick sein, der über das Glück der Zukunft entscheidet.

Heinrich Kleist.

N. S. Louisens Vorschlag ist mir um des Wohlwollens willen, das ihn gebildet hat, innig rührend. Aber wenn ich auch, als ich Deinen Brief erhielt, meinen Koffer noch nicht durch die Post nach Bern geschickt gehabt hätte, so würde ich doch nicht haben nach Frkft. zurückkehren können, wenigstens jetzt noch nicht. Denn, ob ich gleich alle die falschen Urtheile, die von Gelehrten und Ungelehrten über mich ergehen werden, in der Ferne ertragen kann, so wäre es mir doch unerträglich gewesen, sie anzuhören oder aus Mienen zu lesen. Ich kann nicht ohne Kränkung an alle die Hoffnungen denken, die ich erst geweckt, dann getäuscht habe — und ich sollte nach Frkft. zurückkehren? Ja, wenn Frkft. nicht größer wäre, als der Nonnenwinkel. —

Küsse Louisen und bitte sie, ein gutes Wort für mich bei Dir einzulegen. Sage ihr, daß wenn mir keine Jugendfreundin zur Gattin würde, ich nie eine besitzen würde. Das wird sie bewegen.

Carln hätte ich eigentlich nothwendig schreiben müssen wegen Johann. Es ist mir aber unmöglich und ich bitte Dich, ihn zu benachrichtigen, daß dieser Mensch mich auf eine unwürdige Art, 2 Tage vor der Abreise, da schon die Pferde gekauft waren, in Paris verlassen hat. Wäre er mir nur halb so gut gewesen, als ich ihm, er wäre bei mir geblieben. — Giebt es denn nirgends Treue? — Ach Wilhelmine!

Brief der Braut an Kleist.

Frankfurth a. O., am 10. April 1802.

Mein lieber Heinrich! Wo Dein jetziger Aufenthalt ist, weiß ich zwar nicht bestimmt, auch ist es sehr ungewiß, ob das, was ich jetzt schreibe, Dich dort noch treffen wird, wo ich hörte, daß Du Dich aufhältst; doch ich kann unmöglich länger schweigen. Mag ich auch einmal vergebens schreiben, so ist es doch nicht meine Schuld, wenn Du von mir keine Nachricht erhältst. Ueber zwei Monate war Deine Familie in Gulben, und ich konnte auch nicht einmal durch sie erfahren, ob Du noch unter den Sterblichen wandelst, oder vielleicht auch schon die engen Kleider dieser Welt mit bessern vertauscht hast.

Endlich sind sie wieder hier, und, da ich schmerzlich erfahren habe, wie wehe es thut, gar nichts zu wissen von dem, was uns über alles am Herzen liegt, so will ich auch nicht länger säumen, Dir zu sagen, wie mir es geht. Viel Gutes wirst Du nicht erfahren.

Ulrike wird Dir geschrieben haben, daß ich das Unglück hatte, ganz plötzlich meinen liebsten Bruder zu verlieren — wie schmerzlich das für mich war, brauche ich Dir wohl nicht zu sagen. Du weißt, daß wir von der frühesten Jugend an immer recht gute Freunde waren und uns recht herzlich liebten. Vor kurzem waren wir auf der silbernen Hochzeit unserer Eltern so froh zusammen, er hatte uns ganz gesund verlassen und auf einmal erhalten wir die Nachricht von seinem Tode. — Die erste Zeit war ich ganz wie erstarrt, ich sprach und weinte nicht. Ahlemann, der während dieser traurigen Zeit oft bei uns war, versichert, er habe sich über mein starres Lächeln sehr erschreckt. Die Natur erlag diesem schrecklichen Zustande, und ich wurde sehr krank. Eine Nacht, da Louise nach dem Arzt schickte, weil ich einen sehr starken Krampf in der Brust hatte und jeden Augenblick glaubte, zu ersticken, war der Gedanke an den Tod mir gar nicht schrecklich.

Doch der Zuruf aus meinem Herzen: „es werden geliebte Menschen um Dich trauern, Einen kannst Du noch glücklich machen!" der belebte mich auf's neue, und ich freute mich, daß die Medicin mich wieder herstellte. Damals, lieber Heinrich, hätte ein Brief von Dir meinen Zustand sehr erleichtern können, doch Dein Schweigen vermehrte meinen Schmerz.

Meine Eltern, die ich gewohnt war immer froh zu sehn, nun mit einmal so ganz niedergeschlagen und besonders meine Mutter immer in Thränen zu sehn — das war zu viel für mich. Dabei hatte ich noch einen großen Kampf zu überstehn. In Lindow war die Domina gestorben. Und da man auf die älteste im Kloster viel zu sagen hatte, und ich die zweite war, konnte ich erwarten, daß ich Domina werden würde. Ich wurde auch wirklich angefragt, ob ich es sein wollte; Mutter redete mir sehr zu, da dieser Posten für mich sehr vortheilhaft sein würde, und ich doch meine Zukunft nicht bestimmen könnte. Doch der Gedanke, in Lindow leben zu müssen, (was dann nothwendig war) und die Erinnerung an das Versprechen, was ich Dir gab, nicht da zu wohnen, bestimmten mich, das Fräulein von Randow zur Domina zu wählen, welche nun bald ihren Posten antreten wird.

---

*) Es ist das derselbe Bruder Carl, der in Kleists Briefen so oft erwähnt wird. Er war in Kleists Alter (geb. den 23. Aug. 1777), und starb am 30. Januar 1802 an einer Halsentzündung.

Bedauerst Du mich nicht? ich habe v i e l ertragen müssen. Tröste mich bald durch eine erfreuliche Nachricht von Dir, schenke mir einmal ein paar Stunden und schreibe mir recht v i e l!

Von Deinen Schwestern höre ich nur, daß Du nicht oft an sie schreibst, höchstens noch den Namen Deines Aufenthaltes, Du kannst Dir also leicht vorstellen, wie sehr mir verlangt, etwas mehr von Dir zu hören.

Freuden giebt es für mich sehr wenig; — unsere kleine Emilie*) macht mir zuweilen frohe Stunden. Sie fängt schon an zu sprechen; wenn ich frage: „was macht Dein Herz?" so sagt sie ganz deutlich: „mon coeur palpite" und dabei hält sie die rechte Hand auf's Herz. Frage ich: „wo ist Kleist?" so macht sie das Buch voneinander und küßt Dein Bild.

Mache Du mich bald froher durch einen Brief von Dir, ich bedarf es sehr, von Dir getröstet zu werden.

Der Frühling ist wiedergekehrt, aber nicht mit ihm die frohen Stunden, die er mir raubte! Doch ich will hoffen! Der Strom, der nie wiederkehrt, führt durch Klippen und Wüsten endlich zu fruchtbaren, schönen Gegenden, warum soll ich nicht auch vom Strom der Zeit erwarten, daß er auch mich endlich schöneren Gefilden zuführe? Ich wünsche Dir recht viel frohe Tage auf Deiner Reise und dann bald einen glücklichen Ruhepunkt.

Ich habe die beiden Gemälde von L. und ein Buch, worin Gedichte stehn, in meiner Verwahrung. Das übrige von Deinen Sachen hat Dein Bruder. Man glaubte, das gehörte Carln und schickte mir es heimlich zu.

Schreibe recht recht bald an Deine Wilhelmine!

---

*) Wohl eine kleine Verwandte der Braut.

XXXIV.

Kleists letzter Brief an seine Braut.

Auf der Aarinsel bei Thun, d. 20. Mai 1802.

Liebe Wilhelmine, um die Zeit des Jahreswechsels erhielt ich den letzten Brief von Dir, in welchem Du noch einmal mit vieler Herzlichkeit auf mich einstürmst, zurückzukehren ins Vaterland, mich dann mit vieler Zartheit an Dein Vaterhaus und die Schwächlichkeit Deines Körpers erinnerst, als Gründe, die es Dir unmöglich machen, mir in die Schweiz zu folgen, dann mit den Worten schließest: „Wenn Du dies Alles gelesen hast, so thue was Du willst!“ Nun hatte ich es wirklich, in der Absicht, mich in diesem Lande anzukaufen, in einer Menge von vorhergehenden Briefen an Bitten und Erklärungen von meiner Seite nicht fehlen lassen, so daß von einem neuen Briefe kein besserer Erfolg zu erwarten war; und da mir eben aus jenen Worten einzuleuchten schien, Du selbst erwartetest keine weiteren Bestürmungen, so erspare ich mir und Dir das Widrige einer schriftlichen Erklärung, die mir nun aber Dein jüngst empfangener Brief doch nothwendig macht.

Ich werde wahrscheinlicher Weise niemals in mein Vaterland zurückkehren. Ihr Weiber versteht in der Regel ein Wort in der deutschen Sprache nicht, es heißt: Ehrgeiz. Es ist nur ein einziger Fall, in welchem ich zurückkehre, wenn ich der Erwartung der Menschen, die ich thörichter Weise durch eine Menge von prahlerischen Schritten gereizt habe, entsprechen kann. Der Fall ist möglich, aber nicht wahrscheinlich. Kurz, kann ich nicht mit Ruhm im Vaterlande erscheinen, geschieht es nie. Das ist entschieden, wie die Natur meiner Seele.

Ich war im Begriff, mir ein kleines Gut in der Schweiz zu kaufen, und Pannwitz*) hatte mir schon den Rest meines ganzen Vermögens dazu überschickt, als ein abscheulicher Volksaufstand mich plötzlich, acht Tage ehe ich das Geld empfing, davon abschreckte. Ich fing es nun an für ein Glück anzusehen, daß Du mir nicht hattest in die Schweiz folgen wollen, zog in ein einsames Häuschen auf einer Insel in der Aar, wo ich mich nun, mit Lust oder Unlust, gleichviel, an die Schriftstellerei machen muß.

Indessen geht, bis mir dieses glückt, wenn es mir überhaupt glückt, mein kleines Vermögen gänzlich darauf, und ich bin wahrscheinlicher Weise in einem Jahre ganz arm. Und in dieser Lage, da ich noch außer dem Kummer, den ich mit Dir theile, ganz andere Sorgen habe, die Du gar nicht kennst, kommt Dein Brief und weckt wieder die Erinnerung an Dich, die glücklicher, glücklicher Weise ein wenig ins Dunkel getreten war.

Liebes Mädchen, schreibe mir nicht mehr! Ich habe keinen anderen Wunsch, als: bald zu sterben!

H. K.

---

*) Ein Schwager Kleists.

Beilagen.

A.

Brief der Braut an eine Freundin über die von dieser zur Mittheilung an Tieck erbetenen Briefe*).

„Liebe Frau Professorin! Sie waren so gütig mir den Brief meiner Schwester**) mitzutheilen, welchen ich Ihnen mit vielem Dank wieder zustelle. Ich habe die Schilderung von meinem unglücklichen Jugendfreunde mit großem Interesse gelesen; doch finde ich, daß Louise von dem Gange seines inneren Lebens zu wenig und von mir zu viel gesagt hat! Wenn man sein schreckliches Ende entschuldigen will, muß man sein unglückliches Gemüth genau gekannt haben. Meine Schwester hat mich schon längst gebeten, dem Dr. Tieck einige von Kleists Briefen mitzutheilen; ich konnte mich nicht dazu entschließen, da von mir so viel darin die Rede ist. Doch diese Briefe sind der treueste Spiegel seiner Seele, und da ich wünsche, daß die schrecklichen Urtheile, welche man nach seinem Tode über ihn fällte, durch einen Blick in sein Inneres möchten gemildert werden, so will ich mich selbst vergessen und Ihnen einige Briefe zuschicken, welche mir die interessantesten zu sein scheinen. Ich überlasse es Ihrem Zart

---

*) Jedenfalls dieselben, wie ich schon im Vorwort bemerkt habe, die dann Bülow von Tieck erhielt und veröffentlichte.

**) Louise.

gefühl, was Sie davon Herrn Tieck mittheilen wollen.
Wunderbare Fügungen des Himmels haben mich von Kleist
getrennt; doch wird er meinem Herzen immer werth bleiben.
Mein größter Wunsch war es, daß er an der Seite eines
anderen weiblichen Wesens glücklich werden möchte; doch
wurde auch dieser Wunsch nicht erfüllt. Von den letzten
Jahren seines Lebens weiß ich wenig. Einmal hat er uns
in Leipzig besucht. Er soll die letzte Zeit körperlich und
geistig krank gewesen sein, sogar mit Mangel gekämpft haben,
was ich erst nach seinem Tode erfuhr."

B.

Ein Gedicht, von Kleists Hand geschrieben und mit seiner Chiffre
H. K. unterzeichnet*).

Nicht aus des Herzens bloßem Wunsche keimt
Des Glückes schöne Götterpflanze auf.
Der Mensch soll mit der Mühe Pflugschar sich
Des Schicksals harten Boden öffnen, soll
Des Glückes Erndtetag sich selbst bereiten,
Und Thaten in die offnen Furchen streun.

---

*) Welche Bewandtniß es mit diesen Versen hat, ist nicht klar.
Nach Ton und Inhalt könnten sie von Kleist sein; auch steht, wie
bemerkt, sein Zeichen, womit er fast alle seine Briefe unterschrieb,
H. K., darunter, und sie sind von seiner Hand geschrieben. Allein
er selbst sagt in dem Briefe vom 21. August 1800, nachdem er zur
Bekräftigung seines Entschlusses, etwas zu wagen, und zur Be-
schwichtigung mancher von der Braut dagegen erhobenen Bedenken
ein paar jener Verse citirt hat, wörtlich — ganz so als ob er von

Er soll des Glückes heilgen Tempel sich
Nicht mit Hermens Caduceus[1]) öffnen,
Nicht wie ein Nabob seinen trägen Arm
Nach der Erfüllung jedes Wunsches strecken.
Er soll mit Etwas den Genuß erkaufen,
Wärs auch mit des Genusses Sehnsucht nur.

———

einem fremden Dichter spräche: „Das sind herrliche, wahre Gedanken! Ich habe sie oft durchgelesen, und sie scheinen mir so ganz
aus Deiner Seele genommen, daß Deine Schrift das Uebrige thut,
um mir vollends einzubilden, das Gedicht wäre von keinem Andern,
als von Dir. So oft ich es wieder lese, fühle ich mich gestärkt
selbst zu dem Größten, und so gehe ich denn mit Zuversicht meinem
Ziele entgegen." Obgleich nun Kleists Braut von sinnigem Wesen und
nicht ohne dichterische Begabung war, so möchte ich doch — bei dem
entschieden männlichen Charakter gerade dieses Gedichts — an ein
weibliche Verfasserschaft desselben schwer glauben. Wohl aber halte ich
es für möglich, daß das Gedicht weder von Kleist noch von seiner Braut,
sondern von einem Dritten herrührt, daß die Braut, der es in die
Hände kam und auf die es, vielleicht als beziehungsreich für Kleist,
einen lebhaften Eindruck machte, es für Kleist abschrieb, und da
dieser wiederum eine Copie davon machte, welche er seiner Braut
im Umtausch gegen ihre Abschrift des Gedichts, die er behielt, über-
sandte. Das H. K. darunter würde dann nur etwa als eine Erinnerung daran, daß eben er ihr das Gedicht gleichsam zugeeignet
habe, zu betrachten sein. Als das Werk eines bekannten Dichters
wüßte ich übrigens das Gedicht nicht zu bezeichnen. Wie Bülow
dazu gekommen ist, dem Gedicht die Ueberschrift „An Wilhelmine"
zu geben, wovon im Original nichts steht, weiß ich nicht. Zuerst
abgedruckt war das Gedicht, wie Wilbrandt berichtet, in einem
Musenalmanach vom Jahre 1830.

[1]) Merkurs Zauberstab, der alle Schlösser löste. (Dem Gedicht
beigefügte Anmerkung.)

Nicht vor den Bogen trit der Hirsch und wendet
Die Scheibe seiner Brust dem Pfeile zu;
Der Jäger muß in Feld und Wald ihn suchen,
Wenn er daheim mit Beute kehren will.
Er muß mit jedem Halme sich berathen,
Ob er des Hirsches leichte Schenkel trug,
An jedes Baums entreißtem Aste prüfen,
Ob ihn sein königlich Geweih berührt.
Er muß die Spur durch Thal und Berg verfolgen,
Sich rastlos durch des Moors Gesträuppe drehn,
Sich auf des Felsens Gipfel schwingen, sich
Hinab in tiefer Schlünde Absturz stürzen,
Bis in der Wildniß dicksten Mitternacht
Er kraftlos neben seine Beute sinkt.

Der Schwalbe Nest hangt an des Knaben Hütte,
Allein die leichte Beute reizt ihn nicht.
Er will des Adlers königliche Brut,
Die in der Eiche hohem Wipfel thronet.
Denn das Erworb'ne — wärs mit einem Tropfen
                                        Schweiß
Auch nur erworben — ist uns mehr, als das
Gefundne werth. Den wir mit unsres Lebens
Gefahr erretteten, der ist uns theuer,
So wie dem Araber der theuer ist,
Dem er ein Stück von seinem Brote gab.

Am Ufer glänzt die helle Perlenmutter,
Und des Agats buntfarbiges Gestein;
Allein der Perlenfischer achtet
Nicht was die Erde bietet, stürzt

Sich lieber in des Meeres Wogen, senkt
Sich nieder in die dunkle Tiefe, und
Kehrt stolzer, als der Bergmann mit dem Golde,
Mit einer Auster blassem Schleim zurück.

Den Bergmann soll die Wünschelruthe nicht
Mit blindem Glück an goldne Schätze führen,
Er soll durch Erd' und Stein sich einen Weg
Bis zu des Erzes edlem Gange bahnen,
Damit er an dem Körnchen Gold, das er
Mit Schweiß erwarb, sich mehr, als an dem Schatze,
Den ihm die Wünschelruthe zeigt, erfreue.

Des Künstlers Meißel übt sich an Kristallen,
Die schon von selbst mit Farben spielen, nicht.
Er übt sich an dem rohen Kiesel, den
Des Knaben Fußtritt nicht verschonte, wühlet
Sich durch die Rinde, lockt den Feuerfunken,
Der in des Kiesels kaltem Busen schlummert,
In tausend Blitzen aus dem Stein hervor,
Und schmückt mit ihm der Herrscher Diadem.

Nicht zu dem Schiffer schwimmet aus der Ferne
Des Indiers goldner Ueberfluß heran,
Er muß auf ungewissen Brettern sich
. Dem trügerischen Meere anvertraun.
Er muß der Sandbank hohe Fläche meiden,
Der Klippe spitzgeschliffnen Dolch umgehn,
Sich mühsam durch der Meere Strudel winden,
Mit Stürmen kämpfen, sich mit Wogen schlagen,
Bis ihn der Küste sichrer Port empfängt.

Auch zu der Liebe schwimmt nicht stets das Glück,
Wie zu dem Kaufmann nicht der Indus schwimmt.
Sie muß sich ruhig in des Lebens Schiff
Des Schicksals wildem Meere anvertraun,
Dem Wind des Zufalls seine Segel öffnen,
Es an der Hoffnung Steuerruder lenken,
Und, stürmt es, vor der Treue Anker gehn.
Sie muß des Wankelmuthes Sandbank meiden,
Geschickt des Mißtrauns spitzen Fels umgehn,
Und mit des Schicksals wilden Wogen kämpfen,
Bis in des Glückes sichern Port sie läuft.*)

H. K.

---

*) In dem Original finden sich an zwei Stellen des Gedichts Correcturen. Der Vers: S. 242 3. 1 von oben hieß zuerst: „Nicht vor den Bogen trit der Hirsch, dem Jäger", die letzten beiden Worte waren aber ausgestrichen und statt deren die Worte: „und wendet" darüber geschrieben. Ebenso war S. 243 3. 14 von unten statt „verschonte" erst geschrieben „verschonet" und statt „wühlet: wählet"; beides war dann corrigirt. Ein Kleist=Verehrer, dem ich die Ansicht des Originals verschaffte, wollte aus diesen Correcturen schließen, daß Kleist der Verfasser des Gedichtes sein müßte, weil beim bloßen Abschreiben keine Textänderungen vorkämen. Ich würde dies zugeben, wenn die beiden angeführten Correcturen (die einzigen, die sich finden!) wirklich inhaltliche Aenderungen enthielten, so daß man sähe, Kleist habe erst einen Gedanken im Sinne gehabt, den er dann aber durch einen andern ersetzt habe. Allein so ist es nicht; vielmehr hat Kleist beide Male offenbar nur beim Abschreiben sich versehen und dieses Versehen durch die Correctur gut gemacht.

C.

Fragezettel*).

1. Wenn der Mann sein brutales Recht des Stärkeren mit den Waffen der Gewalt gegen die Frau ausübt, hat nicht auch die Frau ein Recht gegen den Mann, das man das Recht des Schwächeren nennen könnte, und das sie mit den Waffen der Sanftmuth geltend machen kann?

2. Was knüpft die Menschen mehr mit Banden des Vertrauens aneinander, Tugenden oder Schwächen?

3. Darf die Frau niemandem gefallen, als dem Manne?

4. Welche Eifersucht stört den Frieden in der Ehe?

Damit indessen nicht immer bloß Dein Verstand geübt wird, liebe Wilhelmine, sondern auch andere Seelenkräfte, so will ich auch einmal Deiner Einbildungskraft eine kleine Aufgabe geben. Du sollst mir nämlich die Lage beschreiben, die Deinen Erwartungen von dem künftigen Glücke der Ehe am Meisten entsprechen könnte. Du kannst dabei Deiner Einbildungskraft freien Lauf lassen, den Schauplatz des ehelichen Glückes ganz nach Deinen Begriffen vom Schönen bilden, das Haus ganz nach Deiner Willkühr ordnen und einrichten, die Geschäfte bestimmen, denen Du Dich am liebsten

---

*) Die folgenden Fragezettel, welche Kleist seiner Braut zur Beantwortung als „Denkübungen" zustellte, gebe ich ohne eine bestimmte (etwa chronologische) Reihenfolge, da für eine solche sich kein Anhalt findet. Einige Male hat, wie man sieht, Kleist seinen Fragen selbst die Antworten beigefügt, jedenfalls um der Braut ein Muster und eine Andeutung zu geben, wie sie es zu machen habe. Auch in seinen Briefen kamen schon eben solche Andeutungen vor.

unterziehen würdest und die Vergnügungen nennen, die Du Dir oder mir oder Anderen am liebsten darin bereiten mögtest.

Frage.

Eine Frau, die achtungswürdig ist, ist darum noch nicht interessant. Wodurch erwirbt und erhält sich nun wohl eine Frau das Interesse ihres Mannes?

Antwort.

Es ist mit dem Interesse wie mit allen Dingen dieser Erde. Es ist nicht genug, daß der Himmel sie erschaffen hat, er muß sie auch unterhalten, wenn sie fortdauern sollen. Und nichts bedarf der Nahrung, der sorgfältigsten, mehr, als das räthselhafte Ding, das sich erzeugt, wir wissen nicht wie, und wieder verschwindet, wir wissen nicht wie — das Interesse.

Interesse erwecken und es sich selbst überlassen, heißt einem Kinde das Leben geben, und es sich selbst überlassen. Das Eine stirbt wie das Andere dahin, nicht, weil man ihm etwas Schädliches zufügt, sondern weil man ihm nichts zufügt.

Aber das Kind ist nicht so ekel in der Ernährung als das Interesse. Das Kind begnügt sich mit einer Nahrung, das Interesse will immer eine ausgesuchte, verfeinerte, wechselnde Nahrung. Es stirbt, wenn man ihm heute und morgen vorsetzt, was es schon gestern und vorgestern genoß.

Denn nichts ist dem Interesse so zuwider, als Einförmigkeit, und nichts ihm dagegen so günstig, als Wechsel und Neuheit. Daher macht uns das Reisen so vieles Vergnügen, weil mit den immer wechselnden Standorten auch die Ansichten der Natur immer wechseln und daher hat überhaupt das Leben ein so hohes, ja das höchste Interesse, weil es gleichsam eine große Reise ist und weil jeder Augenblick etwas Neues herbeiführt, uns eine neue Ansicht zeigt oder eine neue Aussicht eröffnet.

Nun ist aber nichts so fähig, eine immerwechselnde Gestalt anzunehmen, als Talente. Die Tugend · und die Liebe tragen ihrer Natur nach immer nur ein Gewand, und dürfen es ihrer Natur nach nicht wechseln. Talente hingegen können mit Form und Einkleidung unaufhörlich wechseln und gefallen vielleicht eben nur darum, weil sie das können.

Daher wird eine Frau, die sich das Interesse ihres Mannes erhalten will, ihre Talente, wenn sie von der Natur damit beschenkt ist, immer ausbilden und üben müssen, damit der Mann immer bei ihr den Genuß des Schönen finde. den er nie ganz entbehren kann, und den er sonst bei Fremden suchen müßte. Denn Tugend und Liebe begründen zwar das Familienglück, aber nur Talente machen es wirklich anziehend. Dabei ist nicht eben nothwendig, daß die Talente des Zeichnens, der Musik, des Vorlesens ꝛc. bis zur Vollkommenheit ausgebildet sind, wenn nur überhaupt der Sinn für das wahre Schöne dabei herrschend ist.

Fragen.

1. Darf man jeden irrigen Grundsatz anderer Menschen bekämpfen oder muß man nicht unschädliche Grundsätze dulden und ehren, wenn an ihnen die Ruhe eines Menschen hängt?

2. Darf man wohl von einem Menschen immer mit unerbittlicher Strenge die Erfüllung seiner Pflichten verlangen, oder kann man nicht schon mit ihm zufrieden sein, wenn er seine Pflichten nur immer anerkennt und den guten Willen, sie zu erfüllen, nie verliert?

3. Darf der Mensch wohl Alles thun, was recht ist, oder

muß er sich nicht damit begnügen, daß nur Alles recht sei, was er thut?

4. Darf man sich in dieser Welt wohl bestreben, das Vollkommene wirklich zu machen, oder muß man sich nicht begnügen, nur das Vorhandene vollkommen zu machen?

5. Was ist besser, gut sein oder gut handeln?

Wenn ein Mädchen gefragt wird, was sie von einer zukünftigen Ehe fordert, um am Glücklichsten darin zu sein, so muß sie zuerst bestimmen:

I. Welche Eigenschaften ihr künftiger Gatte haben soll, ob er an Geist und Körper außerordentlich, oder gewöhnlich, und in welchem Grade er dies sein soll 2c., ferner ob reich, vornehm 2c.

II. Welch ein Amt er bekleiden soll, ob ein militairisches oder ein Civilamt, oder gar keines.

III. Wo der Schauplatz der Ehe sein soll, ob in der Stadt oder auf dem Lande, und wie er in einem dieser Fälle seinen einzelnen Bestimmungen nach beschaffen sein soll, ob er im Gebirge, oder in der Ebene, oder am Meere liegen soll 2c.

IV. Wie das Haus selbst eingerichtet sein soll, ob groß und prächtig, oder nur geräumig, bequem 2c. 2c.

V. Ob Luxus in der Wirthschaft herrschen soll, oder Wohlstand 2c.

VI. Welche Geschäfte sie führen will, welche nicht 2c.

VII. Welche Vergnügungen in dem Hause herrschen sollen, ob geräuschvolle, oder stille, prächtige oder edle, moderne oder sinnreiche 2c. 2c.

VIII. Welchen Grad von Herrschaft sie darin führen und welchen sie ihrem Gatten überlassen will?

IX. Wie ihr Gatte sich überhaupt gegen sie betragen soll, ob schmeichelnd oder wahr, demüthig oder stolz; ob er im Hause lustig, oder froh, oder ernst sein soll; ob er sie außer dem Hause mit Éclat ehren soll, oder ob es genug sei, wenn dies zu Hause im Stillen geschieht; ob überhaupt außer dem Hause vor den Menschen viel geschehen müsse, oder ob es nicht genug sei, ganz im Stillen desto mehr zu genießen?

Da das Ganze nichts als ein Wunsch ist, so hat die Phantasie ihren uneingeschränkten Spielraum, und darf sich an keine Fessel der Wirklichkeit binden. —

Frage. Was ist wünschenswerther, auf eine kurze Zeit, oder nie glücklich gewesen zu sein?

Antwort.

Wenn man den Zustand dessen, der ein Glück verlor, mit dem Zustande dessen vergleicht, der nie ein Glück genoß, so schwanken die Schaalen unter den Gewichten fast gleicher Uebel und es ist schwer die Frage zu entscheiden. Doch scheint es, als ob sich die Waage auf die Seite des letzteren neigte.

Wer einst an den Brüsten des Glückes den goldnen Traum des Lebens träumte, der streckt zwar, wenn ihn das Schicksal mit rauher Stimme weckt, wehmüthig die Arme aus nach den göttlichen Gestalten, die nun auf immer entfliehen, und sein Schmerz ist um so größer, je größer das Glück war, dessen er genoß; aber ihm ist doch aus dem Füllhorn des Seegens, das von oben herab sich öffnet, auch ein Blümchen zugefallen, das ihn selbst in der Erinnerung

noch erfreuen kann, wenn es gleich längst verblüht ist. Ihm
sind doch die Ansprüche, die er an dies Leben zu machen
hatte, nicht ganz unerfüllt geblieben, nicht mit allen seinen
Forderungen ist er von der großen Erbschaft abgewiesen
worden, welche der Himmel den Kindern der Erde vermacht
hat, nicht murren wird er mit dem Vater der Menschen,
der ihn von seiner Liebe nicht ausschloß, nicht mit bitterm
Groll seine Geschwister beneiden, die mit ihm nur zu gleichen
Theilen gingen, nicht zürnen auf den Genuß seines Glückes,
weil er nicht ewig währte, so wie man dem Frühlinge nicht
zürnt, weil er kurz ist und den Tag nicht verwünscht, weil
ihn die Nacht ablöset. Muthiger und sicherer, als wenn er
nie auf hellem Pfade gewandelt wäre, wird er nun auch die
dunkeln Wege seines Lebens durchwandeln und in der Erinnerung zuweilen mit wehmüthiger Freude die bemoosten
Ruinen seines ehemaligen Glückes besuchen, um das Herbst-
blümchen der Weisheit zu pflücken.

Aber wenn von allen seinen brennenden Wünschen auch
nicht der bescheidenste erfüllt wurde, wer von jenem großen
Vermächtniß, von dessen Ueberfluß alle seine Brüder schwelgen,
auch nicht einmal den Pflichttheil erhalten hat, der steht da
wie ein verstoßener Sohn, ausgeschlossen von der Liebe des
Allvaters, der sein Vater nicht ist — und die Schaale, auf
welcher sein Zustand ruht, neigt sich tief gegen die Schaale
des Andern.